Die Jobs der Zukunft

campus concret
Band 55

Sylvia Englert arbeitet als Lektorin, Journalistin und Autorin in einem Redaktionsbüro bei München. Sie schreibt regelmäßig für verschiedenen Zeitungen, vor allem die *Süddeutsche Zeitung*. Bei Campus sind von ihr bisher erschienen: *Ein Schuljahr im Ausland* sowie *So finden Sie einen Verlag für Ihr Manuskript*.

Sylvia Englert

Die Jobs der Zukunft

Neue Berufsbilder und was sich dahinter verbirgt

Campus Verlag
Frankfurt/New York

Die Deutsche Bibliothek – CIP-Einheitsaufnahme

Ein Titeldatensatz für diese Publikation ist bei
Der Deutschen Bibliothek erhältlich
ISBN 3-593-36556-1

Umschlaggestaltung: Guido Klütsch, Köln
Satz: Fotosatz L. Huhn, Maintal-Bischofsheim
Druck und Bindung: Media-Print, Paderborn
Gedruckt auf säurefreiem und chlorfrei gebleichtem Papier.
Printed in Germany

Inhalt

Vorwort

Ein Blick in die Stellenanzeigen genügt, um eine Ahnung davon zu bekommen, dass sich in der Berufswelt in den letzten Jahren einiges getan hat. Da werden Facility-Manager, Infobroker, Shopping-Producer, Ideenmanager gesucht, und man fragt sich: Was sind das überhaupt für Berufe? Manches ist nur ein altes Berufsbild im neuen Gewand, andere Jobs existierten vor wenigen Jahren noch gar nicht und sind durch einen neuen oder geänderten Bedarf entstanden. Eine Bestandsaufnahme hat noch kaum jemand versucht. Meist ist nur von den neuen Medien beziehungsweise den neuen Jobs in der Computerbranche die Rede, doch das ist nur die Spitze des Eisbergs. Auch in der Finanzbranche hat sich beispielsweise einiges getan. Über ein Jahr lang habe ich für dieses Buch Stellenanzeigen ausgewertet, recherchiert und Hunderte von Interviews geführt.

Dieses Buch soll Stellensuchenden, Personalberatern und Personalabteilungen Orientierung bieten und Ein- und Umsteigern Denkanstöße jenseits der traditionellen Berufsbilder geben. Die neuen und wenig bekannten Jobs bieten gerade Umsteigern sehr gute Chancen, da bei den meisten noch keine geregelte Ausbildung existiert und der Quereinstieg üblich ist. Es kommt viel mehr auf Neigungen, Talente und Soft Skills an – ob einer gut organisieren, mit Menschen umgehen oder improvisieren kann. Das Buch soll Ihnen helfen, im neuen Arbeitsmarkt Ihre Nische zu finden, frei nach dem Motto: »Oh, so etwas gibt es? Dafür bin ich ja prima geeignet, darauf hätte ich Lust!« Sie finden hier eine Auswahl dieser neu entstandenen Berufe, ergänzt durch Jobs, die in den letzten

Jahren ihr Profil verändert haben oder schlicht bislang kaum bekannt sind. Dabei ging es mir nicht um Ausbildungs-, sondern um Erwerbsberufe, also um Tätigkeiten, um Funktionen, die in der Praxis tatsächlich vorkommen.

»Neu« bedeutete für mich, dass sie möglichst seit weniger als zehn Jahren in den deutschsprachigen Ländern vorkommen sollten – die meisten sind jedoch erheblich jünger. Jeder Beruf wird in einer kurzen Reportage vorgestellt, die Ihnen einen Einblick vermittelt in die Aufgaben und in den Arbeitsalltag der Menschen, die diesen Beruf ausüben. In der Infobox finden Sie Adressen und weiterführende Informationen zu dem jeweiligen Beruf. Ganz bewusst sind nicht nur Berufe aus der Informationstechnologie vertreten, obwohl es ein Leichtes gewesen wäre, das Buch ausschließlich damit zu füllen, sondern es werden auch Berufe aus den Bereichen Gesundheit, Beratung, Umwelt, Forschung und Soziales vorgestellt. Deshalb ist beispielsweise auch nur einer aus der Riege der vier neuen IT-Ausbildungsberufe bei den Porträts vertreten. Die anderen drei und noch viele andere neue oder scheinbar neue Funktionen, Ausbildungen und Bezeichnungen werden im Anhang beschrieben.

Das Buch basiert auf der Serie über neue Berufe (»Englisch für die Jobsuche«), die in den Jahren 1999 und 2000 im Ressort Bildung & Beruf der *Süddeutschen Zeitung* erschienen ist. Es war erstaunlich, auf welche Resonanz die Artikel stießen, in denen jedes Mal die Frage gestellt wurde: »Was macht eigentlich ein ...?«

Danken möchte ich Peter Felixberger vom Redaktionsbüro Wort & Tat, der die Serie mit entwickelt und einige Artikel beigesteuert hat, aber auch Manfred Braun von der *Süddeutschen Zeitung* und Winfried Kretschmer für sein geduldiges Gegenlesen. Christian Münker beteiligte sich mit wertvollen Hinweisen und liebevoller Unterstützung an der Entstehung der Artikel und dieses Buches.

1.

Die Trends hinter den neuen Jobs

Die rasante Entwicklung in Wirtschaft, Technik und Gesellschaft ist unübersehbar: Große Firmen fusionieren mit anderen großen Firmen zu gigantischen internationalen Konzernen, und doch stehlen ihnen oft genug junge, aber schon milliardenschwere Start-ups die Schau. Computernetze wuchern, die Gentechnik floriert und Roboter führen in Kliniken ultrapräzise Operationen aus. Millionen Menschen widmen sich den neuen Volkssportarten, sich bei Neuemissionen um Aktien zu balgen oder MP-3-Dateien aus dem Internet herunterzuladen. Selbst diejenigen, die wenig Lust haben, sich mit einem freudigen »Ich bin drin!« in die schöne neue multimediale Welt zu stürzen, merken spätestens am Arbeitsplatz, dass die Veränderungen auch sie betreffen. Die Unternehmenssprache ist heute oft genug eine Mischung aus Englisch und Deutsch, die sogar dem Mischmasch-Slang der Teenies den Rang abläuft. Innerhalb von wenigen Jahren oder Monaten entwickeln sich in vielen Firmen ganz neue Aufgaben und Arbeitsbereiche, während andere an Bedeutung verlieren. Arbeitnehmerdenken ist out, Selbstverantwortung ist in und oft auch nötig, weil man auf einmal Teil eines flexiblen Projektteams ist oder gerade – ob freiwillig oder unfreiwillig – zum Freiberufler geworden ist. Es versteht sich von selbst, dass aus all diesen und noch vielen anderen Trends reichlich neue Berufe und Berufsbezeichnungen entstehen. Die Veränderungen, denen wir uns gegenübersehen, sind in den Medien schon so ausführlich gewürdigt worden, dass ich in diesem Kapitel nur noch kurz einige Fakten in Beziehung setze zu den neuen Berufen, die in diesem Buch vorgestellt werden.

Schmerzhaft für viele und zugleich mit einem enormen Chancenreichtum verbunden ist die Strukturverlagerung, die auf dem Arbeitsmarkt stattfindet: Durch Deregulierung und Privatisierung wird Personal abgebaut, gleichzeitig sprießen jedoch andere Stellen und neue Berufe wie der »Energietrader« aus dem Boden. Während in den alten Industrien Arbeitsplätze wahrscheinlich unwiederbringlich verloren gehen, Hilfs- und Produktionstätigkeiten auf dem Rückzug sind, entstehen eine Vielzahl von neuen Arbeitsmöglichkeiten in qualifizierten Berufen, die mit Technologie (von Bio bis E-Business) und Dienstleistung im weitesten Sinne zu tun haben. Oft finden sich diese Jobs in kleinen, innovativen Firmen, die zum Beispiel den Bedarf nach zielgerichtet recherchierter Information decken (Infobroker) oder – wie im Fall von ausgelagerten Callcentern – die Betreuung von Produktkäufern leisten (Call-Center-Agent). Durch die besonderen Bedürfnisse der zahlreichen Start-ups entstehen um sie herum ebenfalls neue Berufe: Die von der Öffentlichkeit »Venture-Capitalist« genannten Investment-Manager beispielsweise fördern vielversprechende Ideen mit Risikokapital und gutem Rat, fungieren als Geburtshelfer für neue Firmen und entlassen diese schließlich an die Börse.

Auch das Börsenfieber hat neue Jobs und den ein oder anderen neuen Beruf geschaffen: Eine Studie des Personaldienstleisters Adecco, für die im ersten Quartal 1999 110 000 Stellenanzeigen ausgewertet wurden, zeigt, dass die Stellenangebote des Bankgewerbes um 30 Prozent zugenommen haben. Zwar bauen die Banken Personal in ihren Zweigstellen ab, doch gleichzeitig entstehen neue Stellen in den Zentralen: Fondsmanager und Wertpapieranalysten beispielsweise werden verzweifelt gesucht. Einer der neuen Berufe im Finanzumfeld ist der »Investor-Relations-Manager«, der sich um derzeitige und potenzielle Anleger kümmert und ehrliche Informationen über die Lage des Unternehmens an Medien und Öffentlichkeit gibt.

Rendite – das ist das, worauf es Investoren ankommt, und diesen Druck geben sie an die Unternehmen weiter. Diese reagieren darauf mit »Verschlankung« und »Reengineering«, um Kosten zu sparen. Sie sind nicht die Einzigen, auch der Bund versucht sich langsam aus vielen Dienstleistungen und Förderungsmaßnahmen zurückzuziehen. Der Zwang, effizient zu arbeiten und mit immer weniger Unterstützung der öffentlichen Hand immer schneller gute und auf dem Markt verwertbare Ergebnisse zu erzeugen, ist für den Bereich Forschung & Entwicklung nicht ohne Folgen geblieben. Gleichzeitig sind seine Leistungen gefragt wie noch nie und dank des immer höheren Innovationsdrucks kann er laut einer Zukunftsstudie der Prognos AG im Auftrag des Instituts für Arbeitsmarkt- und Berufsforschung mit einem erheblichen Bedeutungsgewinn rechnen. In einer ähnlichen Situation sind das Gesundheitswesen und der soziale Bereich – sie arbeiten unter immer größerem Kostendruck und gelten doch als eine Boombranche der Zukunft: »Mit einem Beschäftigungswachstum von über 60 Prozent hat der Gesundheitssektor in den letzten 15 Jahren bei weitem die Zuwächse harter Wirtschaftsbereiche wie der Industrie übertroffen: Das freiberufliche Gesundheitswesen gehörte in den letzten 20 Jahren zu den wenigen Jobmaschinen«, berichtete die *Süddeutsche Zeitung*.[1] Die Folge: Sowohl in Forschungsinstitute als auch in Krankenhäuser halten Managementmethoden Einzug, um die trägen Apparate effizient und kostenbewusst neu zu strukturieren. So konnten die Berufe wie »Forschungsmanager« und »Gesundheitsmanager« entstehen, die Fachqualifikation mit Betriebswirtschafts- und Marketing-Know-how kombinieren. Die Zukunft dieser Berufe ist noch ungewiss, die Aufgaben an jedem Arbeitsplatz unterschiedlich, doch manche Experten prophezeien, dass sie innerhalb von wenigen Jahren zum festen Bestandteil der Arbeitswelt werden. Gleichzeitig hat auf dem Gesundheitssektor die Akzentverschiebung auf Vorbeugung und größere Verantwortung des Einzelnen für sein körperlich-seelisches Wohlbefinden Berufe wie Gesundheits- und Ernährungsberater oder Aromatherapeuten hervorgebracht. Das starke Interesse an Wellness und Fitness lässt neue Trainerausbildungen boomen.

Neue Berufe hat auch der ökologische Umbau der Gesellschaft hervorgebracht. Üppigere Solarförderungen, das Kreislaufwirtschafts- und Abfallgesetz und das Bewusstsein, dass Mobilität

1 Ole Schulz: »Berufe in der Zukunftsbranche Gesundheit«. *Süddeutsche Zeitung*, 13./14. November 1999.

mehr ist als neue Autobahnen durch die Landschaft zu ziehen, haben Umweltschutzberufen eine bescheidene Renaissance beschert und beispielsweise den »Solarteur«, den »Energieberater« und den »Mobilitätsberater« hervorgebracht. Doch eine Jobgarantie gibt es auch hier nicht, und Hans-Jürgen Block, Experte für Umweltberufe, empfiehlt, eine Ausbildung in herkömmlichen Berufen zu absolvieren und diese mit einer berufsbezogenen Zusatzausbildung im Umweltschutz zu ergänzen. In vielen Studiengängen ist Ökologie ein selbstverständlicher Bestandteil geworden, sodass reine Umweltspezialisten es nach wie vor nicht ganz leicht haben, ihre Brötchen zu verdienen.[2]

Alles, was mit Informationen, Daten und Ideen zu tun hat, erlebt dagegen einen Höhenflug ohnegleichen. In diesem Umfeld ist ein ganzer Strauß an neuen Berufen zu finden: Infobroker stöbern im Auftrag von Unternehmen im Netz und in weltweiten Datenbanken, Data-Warehouse-Spezialisten machen den Schatz an Daten, über den jedes Unternehmen verfügt, als Entscheidungsbasis für das Management zugänglich, Ideenmanager moderieren und kanalisieren die Einfälle der Belegschaft, um die Innovationskraft des Unternehmens zu steigern. Darum, dass die Datenstruktur des Unternehmens im täglichen Betrieb funktioniert, kümmern sich die Datenbank- und Netzwerkadministratoren – ihnen bleibt der tägliche Kampf mit den »Bugs« in der elektronischen Infrastruktur und mit ahnungslosen Anwendern überlassen.

Zu den glamouröseren neuen Berufen der Informationsgesellschaft gehört alles in der Sparte Internet, Multimedia und E-Commerce. Wer in diesem Bereich arbeitet, ist gesucht und umworben, ausgezeichnet bezahlt, meist jung und hoch motiviert. Da sich bei den Tätigkeiten publizistische, künstlerische und technische Aufgaben treffen, bieten sie gleichzeitig hervorragende Chancen für diejenigen, die eine kreative und abwechslungsreiche Arbeit suchen. Es scheint so, als würde der Boom in diesem einst als von den Medien gepushtes Phänomen geschmähten Bereich noch eine ganze Weile weitergehen: 1999 hatten laut der Unternehmensbe-

2 Hans-Jürgen Block: *Grüne Studiengänge erfolgreich studieren.* München: dtv, 1996, S. 85.

ratung McKinsey schon 42 Prozent der Deutschen Zugriff auf das Internet, mit stark steigender Tendenz. McKinsey-Chef Kluge prophezeit, dass der Trend sich fortsetzen und Deutschland sich zur führenden europäischen E-Commerce-Nation entwickeln wird: »Das wird ansteigen auf 57 Prozent in 2004, das sind dann knapp 50 Millionen Menschen in Deutschland, die online sein werden.«[3] Nach dem anfänglichen schöpferischen Chaos im Multimedia-Arbeits- und Fortbildungsmarkt hat dieser Bereich inzwischen klare Strukturen entwickelt und ist dabei, sich stetig weiter zu professionalisieren. Berufe wie Screen-Designer, Webmaster und Multimedia-Producer sind inzwischen recht gut bekannt, doch in diesem Buch dürfen sie natürlich nicht fehlen. Inzwischen sind auch solide kaufmännisch-technische Lehrberufe für den Bereich Informationstechnologie – IT-Systemelektroniker, Fachinformatiker, IT-System- und Informatikkaufmann – aus der Taufe gehoben worden und zum durchschlagenden Erfolg avanciert. Nicht ohne Grund: Kaum noch ein Bereich in Unternehmen funktioniert ohne Computer. Wenn Systeme, Netzwerk oder Datenbanken versagen, steht in manchen Firmen der ganze Betrieb still. Da ist es kein Wunder, dass nach Informationen des Bundes Deutscher Unternehmensberater (BDU) auch der IT-Berater Hochkonjunktur hat und dieser Bereich des Consultings schon fast die Hälfte des gesamten Beratungsmarkts ausmacht.

Der Bereich Beratung und Ausbildung soll nach der Prognos/IAB-Studie auch in Zukunft zu den großen Gewinnern der New Economy zählen: im Bereich IT, weil die Unternehmen sich für die neuen Technologien fit machen, ihre Systeme auf der Höhe der Zeit halten wollen, gleichzeitig aber ihre IT-Abteilungen schrumpfen und sie sich bei Bedarf lieber Know-how von außen holen; im Bereich Management und Organisation, denn »es ist zu erwarten, dass die Bedeutung der Unternehmensführung mit zunehmender Globalisierung und Komplexität steigt, zumal dann, wenn sich wichtige Märkte zunehmend in Käufermärkte wandeln«[4].

---

3 »Speed, speed, speed«. *WirtschaftsWoche* 10/2000, S. 91.

4 Inge Weidig, Peter Hofer, Heimfrid Wolff: *Arbeitslandschaft der Zukunft.* Nürnberg: Institut für Arbeitsmarkt und Berufsforschung, 1998, S. 69.

Die immer schnelleren Innovationszyklen zwingen nicht nur die Berater, sondern auch Helga Normalarbeitnehmerin dazu, sich ständig Neues anzueignen – jeder hat das Schlagwort vom »lebenslangen Lernen« schon einmal gehört. Durch Computer und neue Medien, die diesen Bedarf mit ausgelöst haben, wird die ständige Fortbildung gleichzeitig leichter. Viele große Unternehmen und immer mehr Universitäten und Fachhochschulen nutzen die Möglichkeit zum multimedialen Fernlernen über das Internet, was wiederum neue Berufe hervorgebracht hat: Den Teletutor oder Fernlern-Trainer beispielsweise, der den Teilnehmern Fragen beantwortet und Hilfestellung gibt. Er ist halb Pädagoge, halb Dienstleister – laut der Prognosen, nach denen Dienstleistung in Zukunft stark an Bedeutung gewinnen wird, eine zukunftsträchtige Kombination. »Wir leben nicht in *der* Dienstleistungsgesellschaft, nicht in *der* Informationsgesellschaft, auch nicht in *der* Erlebnis-, Freizeit-, Selbstbedienungs- oder Selbstbeschäftigungsgesellschaft. Es gibt sie alle (noch) – auch die längst begrabene Agrar- und die zum Verschrotten freigegebene Industriegesellschaft«, meinen Dagmar Deckstein und Peter Felixberger. »Schließlich braucht auch der höchstbezahlte Informatiker ein Hotelbett und ein gutes Abendessen, und der junge Infobroker behält seine Vorliebe für maßgeschneiderte Möbel und Kartoffelchips sehr wahrscheinlich ebenfalls bei.«[5] Zu dem Heer der neuen Dienstleister zählen zum Beispiel auch die sehr gesuchten »Call-Center-Agents«, die besagtem jungen Infobroker weiterhelfen, wenn er mit den vielen Funktion seines Handys nicht mehr klarkommt oder Fragen zu seiner neuen Software hat. Ratlosen Kunden aus der Patsche helfen ist ihre Spezialität.

Der technische und wissenschaftliche Fortschritt hat nicht nur viele Berufe hervorgebracht, die diesen Fortschritt und seine Produkte erklären und anderen helfen, mit ihnen umzugehen. Auch an vorderster Front, der Entwicklung, sind neue Disziplinen, Fächer, Berufsbilder aufgetaucht. Die wachsende Vielfalt von intelligenten

5 Dagmar Deckstein, Peter Felixberger: *Arbeit neu denken. Wie wir die Chancen der New Economy nutzen können.* Frankfurt/New York: Campus, 2000, S. 38.

Maschinen, die nicht nur aus Mechanik, sondern auch aus Elektronik und Software bestehen, hat beispielsweise den Beruf des Mechatronikers nach sich gezogen. Früher mussten Firmen gleich mehrere Spezialisten losschicken – einen, der sich um die Mechanik kümmerte, einen Elektroniker und vielleicht sogar noch einen dritten Mitarbeiter für die Programmierung der Software. Der Mechatroniker hat alle drei Komponenten im Griff.

Auch die Bio- und Gentechnologie boomt weiterhin, mit spürbaren Folgen für den Arbeitsmarkt: Zurzeit breitet sich in Deutschland beispielsweise der Beruf des Bioinformatikers aus. Er hilft, die gigantischen Datenmassen, die in der Genomanalyse entstehen, zu verarbeiten.

Fast in allen diesen neuen Berufen ist qualifiziertes Personal knapp. Was des einen Leid, ist des anderen Freud – Personalberater und Recruiter, firmeninterne »Anwerber« eines neuen Typs, haben Hochkonjunktur. Schwierig, geeignete Leute zu finden, ist es auch deshalb, weil die neuen Berufe typischerweise an der Schnittstelle unterschiedlicher Bereiche entstehen und mehrere verschiedene Qualifikationen miteinander verbinden: Investor-Relations-Manager und Applikationsingenieure brauchen Finanz- beziehungsweise Technik-Know-how, aber auch kommunikative Fähigkeiten, Gesundheitsmanager solides medizinisches Wissen, aber auch betriebswirtschaftliche Grundlagen, Multimedia-Producer sowohl Kreativität als auch IT- und Projektmanagement-Erfahrung.

2.
Wie neue Berufe und Bezeichnungen entstehen

Neue Berufe werden in Zeitschriften und Zeitungen gern vorgestellt. Eher selten steht jedoch im Blickpunkt, wie neue Bezeichnungen, Ausbildungen und Studiengänge entstehen und welche Organisationen hinter diesen neuen Ausbildungsmöglichkeiten stecken. Darum soll es in diesem Kapitel gehen.

Neue Bezeichnungen: Facility-Manager oder doch nur Hausmeister?

Einer der Hauptakteure bei der Entstehung neuer geregelter Berufe ist das Bundesinstitut für Berufsbildung (BIBB). Es ist darauf angewiesen, möglichst rasch zu erfahren, was sich in der Praxis tut, welche Berufe sich auf dem Markt entwickeln und welche Qualifikationen gesucht werden. Als Mittel der »Früherkennung« nutzt das BIBB jetzt verstärkt die Auswertung von Stellenanzeigen. In den Jobangeboten zeigt sich mit am schnellsten, was die Wirtschaft braucht oder zu brauchen meint, und hier spiegelt sich wider, wie sehr die Arbeitswelt sich verändert hat. Die Zeiten, als man die Stellenanzeigen ohne ein Englisch-Wörterbuch in der Hand lesen konnte, sind vorbei: Es wimmelt von Controllern, Key-Account-Managern, Support-Engineers. Man mag einwenden, dass diese Begriffe längst eingedeutscht sind, aber was ist mit dem Legal-Assistant, dem Field-Engineer oder dem Direct-Search-Analyst? Für die Stellensuchenden sind solche Bezeichnungen ein Ratespiel mit nicht viel mehr Anhaltspunkten als dem oft mageren Anzeigentext: Hinter welchem tollen Titel steckt Etikettenschwindel und hinter welchem ein neuer Beruf oder eine neue Funktion?

Der Boom der englischen Bezeichnungen ist nicht überraschend. Schon seit längerem operieren die großen Firmen weltweit, und nun schließen allmählich auch die Mittelständler und die Kleinen auf: »Das bedeutet andere Unternehmensstrukturen, andere Abläufe, und das hat natürlich auch Rückwirkungen auf unsere Berufslandschaft«, so Ottmar Schader, Pressesprecher des Arbeitsamts München. Vor allem international arbeitende Firmen möchten keine Gebietsvertriebsleiter mehr, sondern Area-Sales-Manager. Bei Zürich Agrippina, einem großen Konzern mit Hauptsitz in der Schweiz, heißen Sachbearbeiter für bestimmte Versicherungssparten schon längst Underwriter – wie in anderen Ländern auch. Durch die ständige englische Korrespondenz rutschen, wie eine Mitarbeiterin erzählt, die Begriffe mit der Zeit auch in den deutschen Briefwechsel hinein.

»Wir sind die Niederlassung einer amerikanischen Firma und haben uns bewusst entschieden, dass wir nur amerikanische Titel verwenden. Unsere Leute brauchen sowieso alle Englischkenntnisse, also können wir voraussetzen, dass sie die Bezeichnungen in der Stellenanzeige auch verstehen«, verlautet es von dem Internet-Buchshop Amazon.de. Und so tummeln sich dort Vendor-Relations-Manager, die gute Kundenbeziehungen aufbauen sollen, Sourcing-Manager – sie kümmern sich um Fragen der Logistik – und Catalog-Manager, die den Online-Katalog des Internet-Buchshops pflegen. Der traditionelle Buchhändler, der schon seit über zweihundert Jahren Buchhändler heißt und der Umwandlung zum Book-Manager immer noch widersteht, hebt da nur skeptisch die Augenbrauen.

Nicht in jeder Firma können sich die Angestellten mit ihrer neuen Bezeichnung anfreunden. »Es kommt drauf an, wie alt die Leute sind. Die älteren Herrschaften bewerben sich nicht als Engineer, wie es in der Anzeige steht, sondern immer noch als Ingenieur«, sagt Carolin Süßbauer von der Managementberatung Steinbach & Partner. Die Arbeitsämter verstehen zwar, dass die Firmen auf die Internationalisierung mit neuen Berufsbezeichnungen reagieren. Doch sie sind dadurch meist überfordert. Vor allem die Computerfirmen überraschen die Stellenvermittler mit immer exotischeren Berufsbezeichnungen. Aber auch der Rest der Wirtschaft entwickelt auf diesem Gebiet immer mehr Kreativität. Informationsmappen und Stichwortkataloge der Arbeitsämter sind meist nur im Internet auf einem aktuellen Stand (www.arbeitsamt.de) die nicht-virtuellen Berufsinformationszentren hinken hinterher. Branchenkenner bringen die neuen Titel dagegen nicht aus dem Gleichgewicht, und speziell Studierende stellen sich rasch auf den neuen Markt ein. Mit dem Direct-Search-Analyst konnten eine ganze Menge Bewerber etwas anfangen. »Wir hatten eine sehr positive Resonanz auf die Anzeige, trotz Fasching«, meint Karl-Heinz Bode, ein Consultant der Personalberatungsfirma Humana. Da der Beruf aus England komme, sei es ganz normal, dass es dafür eine englische Bezeichnung gebe. Auch wenn in Deutschland noch ein andere Name dafür existiert: »Eigentlich ist so ein Analyst ein klassischer Headhunter, aber mit dem Begriff werden die Deutschen nicht fertig, das klingt zu sehr nach Wildwest.«

Dass viele Titel im Englischen interessanter und wichtiger wirken, ist neben der Internationalisierung einer der Gründe, warum die Stellenanzeigen sich immer mehr lesen wie ein Kurs in Wirtschaftsenglisch. »Wir wollten nicht Vertragsmanager reinschreiben. Contract-Manager klingt einfach besser«, sagt Ute Liebau, Personalreferentin der Mitteldeutschen Erdöl-Raffinerie. Nicht selten kommt es aber auch vor, dass sich die Personalabteilung bei der Suche nach einem deutschen Pendant vergeblich das Gehirn zermartert. Denn nicht alles ist nur alter Wein in neuen Schläuchen. Es sind auch Berufe entstanden, für die es noch keine deutsche Bezeichnung gibt: Merchandiser, Fundraiser, Screen-Designer. Die Vorreiterrolle der USA wirkt sich dann postwendend in einer neuen englischen Bezeichnung auf dem hiesigen Arbeitsmarkt aus. »Wir haben nichts Deutsches gefunden, ganz ehrlich«, meint eine Mitarbeiterin von 3M, die in einer Anzeige Trade-Marketer und Merchandiser suchte. »Den Beruf gibt es in der Form noch nicht. Marketingassistentin wäre das, was dem am nächsten käme, aber das trifft es nicht genau.«

Die neuen Berufe und Bezeichnungen können jedoch durchaus

ihre Tücken haben. »Es gibt keine festen Definitionen. Selbst unter Webmaster kann man etwas ganz Verschiedenes verstehen«, gibt Werner Brendli vom Hochschulteam des Münchner Arbeitsamts zu bedenken und rät: »Nicht von solchen Bezeichnungen blenden lassen, sondern genau auf die Stellenbeschreibung achten und dahinter blicken, worum es wirklich geht.« Die Gefahr, auf eine niedrig qualifizierte Dienstleistung, die lediglich sprachlich aufgemotzt ist, hereinzufallen, kann man meist durch genaues Lesen der Arbeitsplatzbeschreibung ausschließen. Auch einschüchtern lassen sollte man sich von beeindruckenden Wortschöpfungen nicht: Wer sich den Job aufgrund der Beschreibung zutrauen würde, sollte es auf eine Bewerbung ankommen lassen.

Die Ausbildungsmacher

Viele neue Tätigkeiten und Bezeichnungen finden sich ausschließlich in der Praxis: Sie tauchen in Unternehmen auf, etablieren sich, werden von anderen Unternehmen übernommen und sickern allmählich ins öffentliche Bewusstsein, meist durch Medienberichte, aber auch durch Stellenanzeigen und Mundpropaganda. Entstehen in einem Unternehmen neue Aufgaben – zum Beispiel, sich um die Internetanbindung zu kümmern, um das Data-Warehouse oder um die Investoren –, dann übernimmt sie zunächst oft ein Mitarbeiter, der mit etwas Ähnlichem zu tun hat. Stellt sich heraus, dass das neue Arbeitsfeld weiter wächst und nicht mehr nebenbei erledigt werden kann, versucht das Management meist, jemanden intern für die neue Funktion zu rekrutieren. Häufig kann der Mitarbeiter, der sich bisher nebenbei darum kümmerte, den Job ganztägig übernehmen. So ging es beispielsweise Karsten Pierschke vom Berliner Softwarehaus PSI. Schon bei der Vorbereitung des Börsengangs war der junge Diplom-Kaufmann in der Abteilung Öffentlichkeitsarbeit dabei und führte Gespräche mit Analysten, was ihm Spaß machte. Als das Feld Investor-Relations dann immer wichtiger wurde, fragte man ihn, ob er die Investor-Relations in Zukunft hauptberuflich machen wollte. Pierschke zögerte nicht und sagte Ja. Ähnlich ging es den meisten anderen Leuten, die in neuen Berufen arbeiten – ein Quäntchen Zufall ist immer dabei, die meisten erzählen, sie seien in den Beruf »hereingerutscht«. Das berichtet auch Jörg Bock, der heute als »E-Jurist« in der Internet-Firma seiner Frau arbeitet. Er wählte im Jurastudium den Schwerpunkt Wirtschaftsrecht und kam nach seinem Zweiten Staatsexamen durch seine Arbeit bei der Industrie- und Handelskammer zum E-Recht. »Es kamen viele Anfragen zu E-Commerce, das ist alles auf meinem Schreibtisch gelandet, weil ich mich für Computer interessiert habe und die Leute das wussten. Es hat mir viel Spaß gemacht, solche Fragen zu bearbeiten, und ich habe beschlossen, in diesem Bereich zu bleiben.«

Wenn intern niemand zu finden ist, der eine neu entstandene Aufgabe erledigen kann oder will, versucht das Management, für die neue Funktion einen Spezialisten von außen anzuheuern. Das stellt die Personalabteilung zwar meist vor eine schwere Nervenprobe, gibt aber denjenigen, die irgendwie »hereingerutscht« sind, eine Chance, sich beruflich weiterzuentwickeln. So erwachsen aus neuen Tätigkeiten allmählich Berufsbilder, und diejenigen, die sie ausüben, wachsen mit und qualifizieren sich durch »Learning by Doing«, bis sie erfahrene Praktiker sind, die sich auch gegenüber den Nachrückenden, für den neuen Beruf »richtig« Qualifizierten noch behaupten können.

Neben diesem Feld der in der Wirtschaft wuchernden Berufe und Tätigkeiten, um die es in diesem Buch vor allem geht, gibt es noch die Welt der »offiziellen« Berufe, der anerkannten Ausbildungsberufe, mit denen sich Kammern, Bundes- und Landesregierungen, das Bundesinstitut für Berufsbildung sowie Arbeitgeberverbände und Gewerkschaften beschäftigen. Unter neuen Berufen versteht man hier ausschließlich von höchster Stelle Abgesegnetes wie die seit 1. August 1997 in Kraft getretenen neuen Ausbildungsberufe des »Bauwerksabdichters«, des »Fachinformatikers« oder des »Spielzeugherstellers«. Natürlich werden schon seit Urzeiten Bauwerke abgedichtet oder Spielzeug hergestellt. Neu ist an diesen Berufen, dass es vorher keine geregelte Ausbildung dafür gab. Zu diesen bereits existierenden Tätigkeiten, die nun eine eigene Ausbildung erhalten haben, zählen zum Beispiel der Fachwirt für Finanzberatung, der Automobilkaufmann (findet sich vor allem in den Schauräumen von Autohäusern) und der Systemgastronom (bringt als Restaurantmitarbeiter oder -leiter bei McDonald's, Nordsee & Co. den Burger oder das Fischbrötchen auf den Teller). Meist bekommen die erfahrenen Praktiker mit einer festgelegten Anzahl von Berufsjahren unabhängig von ihrem Schulabschluss die Chance, sich nach der neuen Ausbildungsordnung prüfen zu lassen, damit die »erste Generation« im neuen Beruf nicht schlechter qualifiziert dasteht als die nachrückende.

Aber auch Innovativeres entspringt der Tätigkeit der Ausbildungsmacher, zum Beispiel die vier neuen IT-Berufe, in denen seit 1997 ausgebildet wird. Besonders in den letzten zehn Jahren wurde in Reaktion auf die gesellschaftlichen und technischen Veränderungen intensiv an der Ausbildungslandschaft herumgetüfelt. Mitte der neunziger Jahre beschleunigte die Reformwelle noch einmal deutlich: Zwischen 1980 und 1995 wurden 166 Ausbildungsberufe modernisiert und 14 neu geschaffen, zwischen 1996 und 2000 wurden 108 modernisiert und 34 neue sind entstanden. Darüber hinaus hat man die Ausbildungslandschaft auch deutlich gelichtet: 1970 gab es noch 606 anerkannte Ausbildungsberufe, derzeit sind 355 übrig, von Arzthelfer und Asphaltbauer bis Zimmerer und Zupfinstrumentenmacher. Vieles war nicht mehr zeitgemäß und konnte ersatzlos gestrichen werden, ansonsten versuchte man vor allem der wuchernden Spezialisierung den Garaus zu machen: Der neue Beruf Industriemechaniker wurde beispielsweise aus den ehemaligen Ausbildungsberufen Mechaniker, Feinmechaniker, Betriebsschlosser, Maschinenschlosser, Systemmacher, Metallgewebemacher und Schlossmacher gebildet. Sieben auf einen Streich sozusagen. Hinter der Modernisierung standen nicht zuletzt die Industrie- und Handelskammern beziehungsweise der Deutsche Industrie- und Handelstag (DIHT): »Der DIHT hat mit seiner Aktion neue Berufe einen Prozess angestoßen, der zur Modernisierung und zu so vielen neuen Berufen geführt hat wie in 30 Jahren vorher nicht«, erklärt Günter Lambertz, Leiter des Referats Ausbildung beim Deutschen Industrie- und Handelstag. »Die ersten Reaktionen waren strikt ablehnend, besonders bei den Sozialpartnern. Mittlerweile haben sich all diejenigen, die zu den größten Kritikern zählten, selbst zu den Vätern der neuen Berufe gemacht ...«

Der erste Schritt zu einem offiziellen neuen Beruf ist meist eine Anregung, die Bitte, in dieser oder jener Hinsicht mal etwas zu unternehmen, zum Beispiel bestimmte Qualifikationen zu bündeln und etwas Neues daraus zu stricken. Meist kommen die Hinweise von den »Sozialpartnern«, Arbeitnehmer- oder Arbeitgeberverbänden, also Gewerkschaften und Kammern. Aber auch das Bundesinstitut für Berufsbildung (BIBB) bringt, wenn nötig, neue Ideen ein. »Die Berufe werden nicht durch die Ministerialbürokratie geschaffen, sondern es ist das bewährte Verfahren, dass die Leute, die nah am Wirtschaftsgeschehen dran sind, uns Anregungen geben und stark daran mitarbeiten«, erklärt Arno Leskien, beim Bundesministerium für Bildung und Forschung (BMBF) Referatsleiter Ausbildungsordnungen. »So soll vermieden werden, dass ein Beruf geschaffen wird, der in der Praxis nicht angenommen wird.«

Hinter dem »Systemgastronom« stand beispielsweise der Hotel- und Gaststättenverband, der Anregungen aus der Branche aufnahm und weitergab: »Die Unternehmen der Systemgastronomie hatten schon seit einigen Jahren den Wunsch nach einem eigenen Ausbildungsberuf. Deshalb haben wir im Januar 1996 einen Antrag dazu beim Bundeswirtschaftsministerium gestellt«, sagte Ingrid Hartes, Geschäftsführerin der DEHOGA, dem *Hamburger Abendblatt*.[6] Zwei Jahre später konnten sich die ersten Auszubildenden im Hamburgerbraten üben. Beim Mikrotechnologen, seit 1. August 1998 einer aus der Riege der neuen Ausbildungsberufe, war es der Zentralverband Elektrotechnik und Elektronikindustrie e.V. (ZVEI), der den Anstoß gab und die Regierung auf den Bedarf an eigens ausgebildeten Facharbeitern aufmerksam machte.

Nur bei den neuen IT-Berufen war es nicht ganz einfach, weil das übliche Verfahren schlicht und einfach nicht griff. Besonders Anfang der neunziger Jahre waren es vor allem neue und kleine Unternehmen, die boomenden Pixelparks und concepts, in denen die Multimedia- und IT-Jobs entstanden. Weder hatten sie es be-

6 Internet: www.abendblatt.de/contents/ha/news/serien/html/jobs.htm.

sonders eilig, Mitglied in Verbänden zu werden, noch konnten sie wie die großen etablierten Firmen auf eine Ausbildungstradition zurückblicken. Dem Bundesministerium für Bildung und Forschung blieb nichts anderes übrig, als mit einem Forschungsprojekt auf diesen Bereich zuzugehen und sich selbst darüber klar zu werden, welche neuen Ausbildungsberufe die Internet- und E-Commerce-Welt brauchte. Um in Zukunft noch schneller mitzubekommen, wenn sich neue Berufe und Qualifikationen aus der Praxis entwickeln, optimiert das BIBB derzeit sein »Früherkennungssystem« – wurden bislang vor allem Erhebungen und Umfragen durchgeführt, werden heute auch systematisch Stellenanzeigen ausgewertet. Geplant ist außerdem eine vom BIBB moderierte Fachgruppe mit Leuten aus Unternehmen, um so noch näher an die Praktiker heranzukommen. Ein wichtiges Indiz ist auch der Weiterbildungsmarkt – was sich hier bewährt und auf große Nachfrage stößt, das ist ein Spitzenkandidat für eine neue Ausbildung.

Formt sich allmählich die Idee für einen neuen Beruf, dann läuft beim BIBB die Forschungs- und Entwicklungsphase an, in der zunächst Informationen gesammelt, Studien angefertigt, Literatur ausgewertet, Experten, Unternehmen und Gewerkschaften befragt werden. Dann müssen sich die Sozialpartner auf Grundsätzliches verständigen – ein einfacher Prozess ist das nicht. Beschleunigt wurde er allerdings in den letzten Jahren durch den Druck von oben, den das »Bündnis für Arbeit« erzeugte. Sind sich alle wichtigen Gruppierungen einig, werden die Eckwerte der neuen Ausbildungsordnung in einem Antragsgespräch beim zuständigen Fachminister festgelegt. Meist ist das der Wirtschaftsminister, bei Gesundheitsberufen jedoch der Gesundheitsminister, bei Berufen rund um die Mobilität der Verkehrsminister und so weiter. »Wir bekommen dann die Weisung vom Ministerium, das ist für uns der Ausgangspunkt der Arbeit. Dann berufen wir einen Fachbeirat ein und bringen die Sache voran«, beschreibt Edgar Sauter vom Bundesinstitut für Berufsbildung, wie es weitergeht. Nun beginnt die Expertenarbeit: Das BIBB bittet Arbeitnehmer- und Arbeitgeberorganisationen, Sachverständige aus dem Verband und den Betrieben zu benennen, die das Institut dann fachlich beraten. Gemeinsam wird nun die Ausbildungsordnung ausgetüftelt: Die Sachverständigen erarbeiten die Ausbildungsrichtlinien für die Betriebe, die Länder kümmern sich währenddessen um den schulischen Teil und entwerfen Rahmenlehrpläne. Damit am Ende auch alles zusammenpasst, stimmen sich die Beteiligten ständig miteinander ab.

»Wenn die Sachverständigenarbeit erledigt ist, ist die Einführung eines neuen Berufs in der Regel wenig problematisch«, berichtet Arno Leskien. »Probleme entstehen meist am Anfang, wenn man sich uneins ist, ob die Anforderungen als Basis für einen neuen eigenständigen Beruf geeignet sind und ob es eine hinreichende Abgrenzung zu bestehenden Berufen gibt.« Das Konsensprinzip und die Tatsache, dass neue Berufe immer ein Politikum sind, macht die Geburt neuer Berufe »spannend, aber auch manchmal sehr mühsam, wie die eines normalen Geburtshelfers auch«, findet Edgar Sauter. Ein wichtiges Kriterium ist, dass der neue Beruf nicht nur für eine vorübergehende Beschäftigung taugt; er muss die Basis für eine berufliche Weiterentwicklung bieten. Sonst stehen die Beschäftigten vor dem Nichts, wenn sich die Struktur der Wirtschaft verändert und sie entlassen werden. Wenn sie dann nicht die Chance haben, auch anderswo einen Job zu finden, dann können sie mit Fug und Recht den Ausbildungsmachern die Mitschuld geben. »Immer im Hintergrund steht außerdem, dass Berufspolitik ja auch Tarifpolitik ist. Schon vorher wird überlegt, wie die ausgebildeten Fachleute von ihrem Beruf leben sollen, wie sie eingruppiert werden«, erklärt Sauter. Beim Beruf des Änderungsschneiders, der zurzeit diskutiert wird, ist die Überlegung sogar, dass er die Integration ausländischer Jugendlicher fördern könnte. Man wünscht sich, dass die vielen ausländischen Selbstständigen, die in diesem Bereich arbeiten, zu Ausbildern werden und auf diese Weise viele Jugendliche zu einer anerkannten Ausbildung kommen.

Gestritten wird immer wieder mal darum, wie der neue oder modernisierte Beruf genannt werden soll: »Die Bezeichnung ist ja kein schlichter Oberbegriff, er hat einen Wert bei der Rekrutierung von Auszubildenden und soll die Attraktivität des Berufs zum Ausdruck bringen«, erklärt Leskien. »Manchmal sind die Vorschläge deshalb zu geschönt oder zu positiv darstellend.« Ist dann der Entwurf fertig, wird er von einem Koordinierungsausschuss verabschiedet und die Ausbildungsordnung vom jeweiligen Fachminister in Absprache mit dem Minister für Bildung und Forschung erlassen. Sie hat den Charakter einer Rechtsverordnung, wird im Bundesgesetzblatt veröffentlicht und tritt in der Regel zu Beginn eines neuen Ausbildungsjahres am 1. August in Kraft. Bis zum In-Kraft-Treten darf bei Neuordnungen ein Jahr vergehen, bei völlig neuen Berufen maximal zwei Jahre. Bis die ersten in den neuen Berufen ausgebildeten Fachleute auf den Arbeitsmarkt kommen, dauert es also fünf Jahre oder mehr. Bis dahin sitzen fixe Quereinsteiger aus anderen Bereichen schon fest im Sattel.

Beim Mechatroniker, einem 1998 eingeführten Kombi-Beruf aus Mechanik, Elektronik und Informatik, dauerte der Planungs- und Abstimmungsprozess nur ein Jahr – wohl auch deshalb, weil es bereits Mechatronik-Studiengänge an Universitäten, Fachhochschulen und Berufsakademien gab. Die Idee, auch Facharbeiter im Bereich Mechatronik auszubilden, lag quasi in der Luft, so erinnert sich der für Elektro- und Elektronik-Berufe zuständige BIBB-Mitarbeiter Hans Borch: »Unser Institut hat das propagiert, aber es hat sich später herausgestellt, dass der Vorschlag gleichzeitig auch von Betrieben unterbreitet wurde. Der Name war relativ schnell klar, und wir brauchten auch keine inhaltliche Forschung, weil alle sich sehr schnell auf die Eckdaten einigen konnten.« Heftige Diskussionen gab es nur um die unkonventionelle Prüfungsform »betriebliches Projekt«, die die Verbände und Gewerkschaften durchsetzten. Dabei gibt es für die Prüfung keine zentrale Vorgabe, sondern der Azubi beantragt beim Prüfungsausschuss sein Projekt. Er führt es im Betrieb durch und erstellt eine Dokumentation dazu, die eingereicht und bewertet wird. Dann folgt noch ein Fachgespräch. »Es gibt sehr viele Betriebe, die begeistert sind, aber auch viele Betriebe, die den Beruf und die Prüfungsform ablehnen. Sie können mit dieser Mischqualifikation nichts anfangen«, berichtet Borch. Er ist auf alle Fälle mit dem Erfolg des Berufs zufrieden, den er mit entwickelt hat: Im ersten Jahr schlossen schon 1 300 Azubis Ausbildungsverträge, im zweiten Jahr waren es schon 3 100. Doch mit dem Erfolg der IT-Berufe kann der Mechatroniker nicht mithalten: Sie wurden ebenso schnell entwickelt und zur Erleichterung aller Beteiligten sofort zum Renner: 5 000 Jugendliche und etwa die gleiche Zahl von Umschülern begannen im ersten Jahr mit der Ausbildung. Mittlerweile ist die Zahl auf 30 000 gewachsen, was noch auf das Doppelte gesteigert werden soll.

Dadurch, dass es ein Jahr oder länger dauert, bis eine neue Ausbildung geschaffen worden ist, haben die Sozialpartner die Chance, schon vor der Verabschiedung die Unterverbände und Betriebe zu benachrichtigen, sodass sie sich schon einmal auf den neuen Beruf einstellen und Ausbilder qualifizieren können. Dennoch ist es keine leichte Aufgabe, die Ausbildungsordnungen und Rahmenlehrpläne in Betrieben und Berufsschulen umzusetzen. »Die betriebliche Ausbildung bei neuen Berufen ist ein Problem«, gibt Günter Lambertz vom DIHT zu. »Normalerweise haben die Lehrer und Ausbilder den jeweiligen Beruf selbst gelernt.« Meist werden die Ausbilder, die für einen ähnlichen Beruf die Ausbildungsberechtigung haben, nicht noch einmal selbst vor einen Prüfungsausschuss zitiert, sondern man bescheinigt ihnen großzügig die fachliche Kompetenz auch für den neuen Beruf. Das BIBB hilft mit Lehr- und Lernmitteln, Informationen, Seminarkonzepten und Ausbilderförderung.

Wenn der neue Beruf offiziell verabschiedet ist, wird es für die Ausbildungsmacher spannend: Wie viele Auszubildende werden sich für ihn interessieren? Das ist das erste Indiz dafür, ob die Neuschöpfung ein Treffer oder ein Flop wird. Auf einen solchen Boom wie bei den IT-Berufen war jedoch niemand so richtig gefasst, sodass es zu Kapaziätsproblemen bei den Berufsschulen kam. Eher kläglich dümpeln dagegen die neuen Ausbildungsberufe »Kaufmann für audiovisuelle Medien« und »Film- und Videoeditor« dahin, nur einige Hundert Auszubildende interessieren sich jedes Jahr dafür. Erneut interessant wird es für die Leute von BIBB und BMBF, Verbände und Gewerkschaften, wenn die ersten Azubis in den neuen Berufen ihre Prüfung ablegen: Wie werden die Absolventen von der Wirtschaft aufgenommen? Um einen Eindruck davon zu bekommen, wie es mit den neu geschaffenen Berufen in der Realität aussieht, werden sie nun vom BIBB evaluiert und auf Nachkorrekturbedarf hin untersucht.

Nicht ganz einfach ist es, die Neuschöpfung unters Volk zu bringen. Im ersten Jahr gibt es fast nur die eher trockenen offiziellen Informationen. Es fällt schwer, sich den konkreten Arbeitsalltag vorzustellen, da noch niemanden aus eigener Erfahrung über den Beruf erzählen kann. Doch besonders, wenn der neue Beruf als zukunftsträchtig gilt, finden sich genug Mutige, die sich dafür entscheiden und Ausbildungsverträge abschließen. In den Arbeitsämtern wird meist speziell auf die neuen Berufe hingewiesen. Schon während etwas Neues entsteht, erfahren die Berufsberater des Arbeitsamts davon; sobald die Ausbildungsordnungen verabschiedet sind, werden die neuen Mappen in die Berufsinformationszentren gestellt. »Es wird versucht, die Berufsberater möglichst bald mit Betriebsbesuchen zu beglücken, damit sie eine Ahnung vom Tagesablauf in den neuen Berufen bekommen«, erklärt Gisela Steltzer, Pressesprecherin der Bundesanstalt für Arbeit. Wenn es um Berufe geht, die »wild« aus dem Arbeitsmarkt auftauchen, sieht die Informationslage jedoch weit weniger gut aus: »Jedes Arbeitsamt hat neben dem Berufsbildungszentrum eine Dokumentation, wo zu den einzelnen neuen Berufsbildern Informationen gesammelt werden. Es ist dann der Initiative der einzelnen Berufsberater überlassen, wie sie sich schlau machen.«

Während sich Ausbilder, Berufsschullehrer und Azubis in den neuen Berufen abplagen, wird schon wieder über den nächsten Schwung neuer und modernisierter Ausbildungen nachgedacht. In der Diskussion sind zum Beispiel der Kaufmann für Kurier-, Express- und Postdienstleistungen (sozusagen ein höher qualifizierter Postbote) und der Gesundheitskaufmann. Auch über einen Beruf im Bereich Beratung wird nachgedacht. Seit einigen Jahren gibt es beim Wirtschaftsminister eine »Monitoring-Runde« mit Vertretern der Sozialpartner, in der Ideen im Vorfeld abgeklopft und diskutiert werden. »Es gibt Vorschläge, die immer mal wieder zur Sprache kommen, aber denen viele Beteiligte nur wenig Realisierungschancen einräumen«, berichtet Arno Leskien. »Einer davon ist der ›Maschinenführer in der Industrie‹. Hier liegen die Auffassungen der Sozialpartner sehr weit auseinander, strittig ist vor allem, ob diese Tätigkeiten nicht schon von anderen Berufen abgedeckt werden und ob die Anforderungen für einen eigenständigen

Beruf tragfähig wären.« Unter den anderen eher umstrittenen Vorschlägen für eigene Ausbildungsberufe sind zum Beispiel der »Fahrradservicetechniker«, der »Änderungsschneider« und die »Fachkraft für Küchen- und Möbelservice (Einrichtungsmonteur)«.

Diese Berufe sollen ein Problem beheben, das dem Deutschen Industrie- und Handelstag derzeit Sorgen bereitet, nämlich dass die neuen Berufe recht anspruchsvoll sind. In den neuen IT-Berufen beispielsweise gehen die meisten Ausbildungsplätze an Abiturienten und Realschüler, Hauptschüler haben so gut wie keine Chance. »Es müsste noch eine zweite Welle an neuen Berufen mit geringerem Anspruch folgen, mit denen wir auch den Leistungsschwächeren eine Ausbildung im dualen System anbieten können«, ist Günter Lambertz überzeugt. »Es gibt Vorschläge von uns, aber bisher sind die Gewerkschaften nicht einverstanden.« Auch die Bemühungen, einen neuen Ausbildungsberuf für die ambulante Pflege zu schaffen, sind noch erfolglos, obwohl es nach der demografischen Entwicklung abzusehen ist, dass der Bedarf an dieser Dienstleistung steigen wird. Bisher wird jedoch nur an Fachschulen Nachwuchs ausgebildet, nicht im dualen System. »Wir sind der Meinung, dass es einen dualen Pflegeberuf geben sollte. Wenn da nicht etwas getan wird, kommt womöglich bald die Green Card für Pflegekräfte«, befürchtet Lambertz. Im Bundestag wird zurzeit ein Altenpflegegesetz beraten, das das Problem beheben würde, aber es ist noch völlig offen, ob das Gesetz in Kraft treten wird und ob sich die Sozialpartner über die Eckwerte eines dualen Pflegeberufs einigen können.

Auch die anderen Organisationen und Verbände sind dabei, die nächsten Umwälzungen der Ausbildungslandschaft vorzubereiten: »Zurzeit sind unsere zwei wichtigsten Projekte die Neuordnung der IT-Weiterbildung und der Elektroberufe«, berichtet Bernhard Diegner, Leiter der Abteilung Forschung, Berufsbildung und Fertigungstechnik beim Zentralverband Elektrotechnik und Elektronikindustrie e. V. (ZVEI). Zwar wurden die Elektroberufe erst 1988 neu geordnet, doch schon ist die Modernisierung wieder dringend nötig – das BIBB arbeitet bereits daran. »Wir sind eine dynamische Branche, und es hat sich viel getan«, erklärt Diegner.

»Die alten Berufe sind sehr funktionsorientiert und behandeln jeweils nur einen sehr engen Ausschnitt der Wertschöpfungskette. Wir wollen sie dienstleistungsorientierter machen.«

Die schnelle Entwicklung und Veraltung bleibt, so das BMBF, ein »Dauerproblem«, das man dadurch löst, dass die Ausbildungsordnungen flexibel angelegt sind und nicht mehr alles im Detail regeln. Besonders bei der Ausbildung im Betrieb können dann neue Entwicklungen aufgegriffen werden. Die Ausbildungen, die ab Mitte der neunziger Jahre beschlossen wurden, sind nicht nur inhaltlich neu, sie kombinieren meist technische und betriebswirtschaftliche Kenntnisse und blicken damit über den Tellerrand. »Keine Beschränkung auf schnell veraltendes Fachwissen, kein starrer Stundenplan, die Schlagworte heißen jetzt Kernkompetenzen, Geschäftsprozessorientierung, Lernfelder. Projekte sollten nicht nur während der Ausbildung, sondern auch in den Prüfungen einen hohen Stellenwert erhalten«, beschreibt die Zeitschrift *c't* die Konzepte der neuen IT-Berufe.[7]

Verwirrung in der Praxis

In der Praxis ist die rasante Entwicklung auf dem Berufsmarkt ein großes Problem, immer schneller werden Ausbildungen abgeschafft und neue geschaffen. Gerade die IT-Branche verliert sich in einer Vielzahl von sich stark überschneidenden Berufen und Bezeichnungen. Die Leute, die in den »alten« neuen Berufen ausgebildet wurden, verschwinden nicht einfach von der Bildfläche und können sich auch nicht umbenennen, da ihre Berufsbezeichnungen geschützt sind. »Ich muss gestehen, dass ich bei den neuen Bezeichnungen nicht mehr ganz durchblicke«, meint Andreas Ihlein von Hees Bürowelt. In dem Unternehmen sind zurzeit sowohl IT-Systemelektroniker als auch Büro-Informationselektroniker in Ausbildung. Doch gerade Letztere dürfen sich als lebende Fossile fühlen, denn den erst

7 Angela Meyer: »Aller Anfang ist schwer. Die neuen IT-Berufe kommen trotz einiger Kritik gut an«. *c't* 6/2000, S. 96 ff.

Ende der achtziger Jahre geschaffenen Beruf des Büro-Informationselektronikers gibt es seit dem 1. August 1999 nicht mehr. Er wurde mit dem Radio- und Fernsehtechniker zusammengefasst und »Informationselektroniker« getauft. »Durch die Verknüpfung von Service, Technik und Kaufmännischem ist der Bedarf für den neuen Ausbildungsberuf des Informationselektronikers außerordentlich groß«, jubelt der Fachverband Büro- und Computertechnik Baden-Württemberg, doch in der Praxis sieht es etwas anders aus. Bis ein neuer Beruf im Alltag verankert ist (»implementiert«, wie der Fachmann sagt), gilt es eine schwierige Anlaufphase zu meistern. Dies ist besonders dann der Fall, wenn der Beruf nicht »von unten« kommt, also allmählich in immer mehr Betrieben und Stellenanzeigen auftaucht und nachträglich zum Ausbildungsberuf gemacht wurde, sondern unter strategischen Gesichtspunkten »von oben« verordnet wird. Der Gedanke hinter dem Informationselektroniker war beispielsweise, dass der Beruf den neuen Aufgaben der vernetzten Zukunft besser Rechnung trägt: PCs werden in Zukunft als Fernseher genutzt und mit der Stereoanlage, der Hausüberwachung und so weiter gekoppelt. Wozu dann noch Berufe, die strikt zwischen Radio/Fernsehen und Computer trennen? Was im privaten Bereich zutreffen mag, ist in der Berufspraxis nicht so einfach. »Es gibt bei uns bisher nur zwei Betriebe, die Informationselektroniker ausbilden«, sagt Oliver Biehl, Leiter der Lehrlingsrolle der Handwerkskammer Stuttgart. »Das Problem ist, dass die Radio- und Fernsehtechniker und Büro-Informationselektroniker die Zusammenlegung nicht gewollt haben, das ist über deren Köpfe hinweg entschieden worden. Zwar deckt der Beruf beide Bereiche hervorragend ab, aber es stellen sich alle stur. Es dauert sicher noch ein Jahr, bis alle begriffen haben, dass es besser ist also vorher.«

Das Pikante daran ist außerdem: Es gab schon einmal den Beruf des Informationselektronikers, er war einer von mehreren Berufen, der 1987 in der neuen Bezeichnung »Kommunikationselektroniker« aufging. Er fiel der Neuordnung der Berufsfelder Metalltechnik und Elektrotechnik zum Opfer. »Eigentlich ist der Beruf bereits wieder ausgestorben. Als ich 1984 meine Ausbildung beendet habe, war ich einer der ersten und bald auch einer der letzten Info-Elektroniker«, erzählt Michael Kolle, der heute die Firma M & M Computer in Itzehoe betreibt. »Damals wurde versucht eine Brücke zu schlagen, da es für die Wachstumsbranche EDV kaum geeignetes Fachpersonal gab. Wenn Sie heute ältere ›Computerschrauber‹ fragen, werden Sie feststellen, dass eine Vielzahl von ihnen ursprünglich einmal Radio- und Fernsehtechniker gelernt haben. Das war die erste Riege der Computerfachleute.« Darüber, dass es die Berufsbezeichnung Informationselektroniker schon einmal gab, findet sich in offiziellen Verlautbarungen kein Wort.

Auch den »Informationstechniker« gibt es übrigens, er wird beim Bundesinstitut für Berufsbildung im Bereich »Handwerk/Meisterprüfungen« geführt. Doch der Begriff löst neue Verwirrungen aus: »Informationstechniker? Die Bezeichnung gibt es nicht«, lautete die Auskunft der Handwerkskammer Stuttgart, während die Innung mechanisches Metallhandwerk wiederum steif und fest behauptet, nie vom Beruf des »Informationselektronikers« gehört zu haben, das hieße »Informationstechniker«.

Zur unübersichtlichen Vielfalt der neuen Berufe tragen auch die Schweiz und Österreich bei, die natürlich ihre eigenen Ausbildungen und Bezeichnungen etabliert haben. Hier gibt es zum Beispiel den Automatiker (unter anderem entstanden aus dem Elektromechaniker, Elektromaschinenbauer und Schaltanlagenmonteur) und den Polymechaniker (neue Ausbildung, in die der Maschinenmechaniker und noch einige spezielle Berufe integriert worden sind) – Berufe, die in Deutschland nur fragend hochgezogene Augenbrauen hervorrufen. Durch ein Programm des Kantons Zürich entstanden gleich mehrere neue Bezeichnungen, mit denen nur die wenigsten Schweizer bisher etwas anfangen können: »Der Betriebspraktiker oder die Betriebspraktikerin zum Beispiel ist in Gemeinden oder Großbetrieben zuständig für verschiedenste Unterhaltsarbeiten«, erklärt der Schweizerische Verband für Berufsberatung SVB (www.svbasosp.ch). »Der Fotofinisher sodann arbeitet im Schnelllabor und im Verkauf des Foto-Fachgeschäfts. Der Mechapraktiker ist in Produktion und Service tätig.«[8]

8 Internet: www.svbasosp.ch/forum/neueberufetext_d.html.

Schweiz:

www.berufsberatung.ch
www.berufsbildung.ch
www.w-a-b.ch
→Weiterbildungsbörse der Schweiz

Österreich:

www.berufsinfo.at
www.ams.or.at
→Arbeitsmarktservice Österreich

Für das Bundesinstitut für Berufsbildung steht das Entwickeln von nationalen Berufsbildern im Vordergrund, doch auch an Europäischen Berufen wird gebastelt. Der Mikrotechnologe, der Öko-Auditor und der Kfz-Mechatroniker beispielsweise sind Teil des Leonardo-Programms, mit dem für bestimmte Berufe ähnliche Profile und Qualifizierungen für ganz Europa entwickelt werden sollen. Der Modellversuch läuft zurzeit noch. »Die europäischen Berufe werden noch ein schwieriges Geschäft, weil die sehr verschiedenen Berufsbildungssysteme der einzelnen Länder nicht harmonisiert werden sollen«, sieht Edgar Sauter vom BIBB voraus.

Schwierig ist die Anlaufphase bei neuen Berufen sowohl für die Betriebe als auch für die Berufsschulen, denn die Umstellung geht nicht von heute auf morgen. Besonders dem ersten Jahrgang der Auszubildenden wird in einem neuen Beruf viel Pioniergeist abverlangt. »Die neuen IT-Berufe wurden völlig überstürzt auf den Markt gebracht. Ich komme mir vor wie ein Versuchskaninchen. In der Zwischenprüfung musste ich Sachen beantworten, von denen ich vorher nie etwas gehört hatte«, zitiert die Zeitschrift *c't* eine angehende Fachinformatikerin.[9] Maik Schmiedel, IT-System-

9 Angela Meyer: »Aller Anfang ist schwer. Die neuen IT-Berufe kommen trotz einiger Kritik gut an«. *c't* 6/2000, S. 96.

elektroniker im ersten Lehrjahr, klagt: »Die betriebliche Ausbildung ist gut, aber in der Schule werden, weil zu wenig Leute in den einzelnen Berufen da sind, Systemkaufleute, Fachinformatiker, IT-Systemelektroniker wahllos in eine Klasse gesteckt.« Geeignete Fachbücher stellen ebenfalls ein Problem dar, sie sind praktisch schon veraltet, wenn sie erscheinen.

Auch bei der Mechatroniker-Ausbildung muss sich vieles erst einspielen. Friedrich Failer, Leiter Instandhaltung der AL-KO Kober AG, einem Hersteller von Fahrzeug- und Lufftechnik, erfuhr von dem neuen Beruf, als sein Chef – der bei der Industrie- und Handelskammer aktiv war – auf ihn zukam und vorschlug, in Mechatronik auszubilden. Jetzt sind die Azubis bereits im zweiten Lehrjahr. »Keiner weiß richtig, wo es langgeht, alles ist ein bisschen schnell gekommen. Es wird sich zeigen, ob der Beruf etwas taugt, wenn die Leute ausgelernt haben«, meint Failer. »Im Moment sind wir vorsichtig mit Leuten mit Hauptschulabschluss, weil wir nicht wissen, wie die Prüfung sein wird. Mit Sicherheit wird es zum Teil mehr in Richtung Mechanik, zum Teil mehr zur Elektronik gehen. In diesem Fall muss die Zusammenarbeit zwischen Schule und Betrieb gut abgestimmt werden, damit Sachen nicht zweimal vermittelt werden. Das wäre schade um die Zeit.«

Bis der Beruf in der Öffentlichkeit über das »Was soll denn das sein?«-Stadium hinaus ist, kann es dauern. Beim Mechatroniker gab es eine starke Nachfrage aus der Industrie nach solchen Facharbeitern, doch das Problem bestand darin, den Beruf potenziellen Auszubildenden schmackhaft zu machen. »Im ersten Jahr war es schwer, weil niemand das gekannt hat. Wir haben dann Leute, die sich für etwas anderes beworben haben, auf den neuen Beruf aufmerksam gemacht«, beschreibt es Manfred Daniel, der den Bereich technische Weiterbildung bei Siemens leitet. »Letztes Jahr war es schon besser publik, da konnten wir uns die Leute schon aussuchen.«

Auch die Hochschulen schlafen nicht: Neue Studiengänge

Mit eingebunden in die Dynamik der neuen Berufe ist natürlich auch die akademische Welt – durch neue Studiengänge liefern sie qualifizierten Nachwuchs für neue Berufe. Dadurch, dass Wissenschaftler mit Kollegen in aller Welt in Kontakt stehen, erspüren und importieren sie ähnlich wie international tätige Geschäftsleute nicht selten Trends aus dem Ausland, speziell natürlich aus den USA.

Neue Studienfächer sind in Deutschland grundsätzlich Ländersache: Sie werden von den Universitäten erarbeitet und das Konzept dem jeweiligen Wissenschaftsministerium vorgelegt, wo es geprüft und genehmigt wird. Ausgebrütet werden die Ideen für neue Studiengänge meist in Fakultäten, die bemerken, dass ein Fach modernisiert werden sollte oder dass sich ein Teilbereich stark entwickelt und als eigenständiger Studiengang ausgekoppelt werden könnte. Zuweilen werden sich Universitäten auch bewusst, dass man einen ganz neuen Bereich aufgreifen sollte, um nicht der Entwicklung auf dem Arbeitsmarkt hinterherzuhinken. Nicht zuletzt entstehen neue Fächer auch durch den Wettbewerb der Hochschulen untereinander: »Die Unis unternehmen große Anstrengungen, attraktive Studiengänge zu entwickeln und Marktnischen zu besetzen, um mehr Studierende an sich zu ziehen«, erklärt Hartmut Schrade vom Ministerium für Wissenschaft, Forschung und Kunst Baden-Württemberg. Daraus entstanden beispielsweise die Fächer Wirtschaftschemie und Wirtschaftsphysik an der Universität Ulm – die Absolventen, halb Chemiker bzw. Physiker, halb Betriebswirte, sollen im mittleren Management der chemischen Industrie ihren Platz finden. Da es im Moment an vielen Hochschulen mehr Studienplätze für Chemie als Studierende gibt, die sich dafür interessieren, bot es sich an, in diesem Bereich etwas zu machen.

Dass viele Universitäten gerade jetzt viel Neues anbieten, hat laut Hartmut Schrade auch etwas mit der Berufung der Professoren zu tun: »Wir hatten gerade einen Wechsel in der Altersstruktur. Das hat man genutzt, um neue, zukunftsträchtige Fächer einzurichten und Fächer zu modernisieren.« Nicht selten beflügeln auch millionenschwere Förderprogramme »von oben« den Ideenreichtum: So bescherte die Hightech-Offensive der Bayerischen Staatsregierung unter anderem der Universität Augsburg zum Wintersemester 2000/01 einen Bachelor-/Master-Studiengang »Informatik und Electronic-Commerce« und Würzburg einen Diplomstudiengang Nanostrukturtechnik – einer, so glaubt man, Schlüsseltechnologie für die Zukunft – und einen Bioinformatik-Lehrstuhl.

Wird die Idee für einen neuen Studiengang konkreter, beginnt schon früh die Abstimmung mit dem Ministerium: »Wir haben ein sehr enges Verhältnis zu den Unis, unsere Referenten sind oft vor Ort und bekommen mit, wenn irgendwo etwas Neues geplant wird«, meint Schrade. Die Wirtschaft wird zwar formell nicht einbezogen, aber gerade dann, wenn man nicht sicher ist, ob es tatsächlich einen Bedarf für die Absolventen eines neuen Studiengangs gibt, werden zum Konzept Stellungnahmen von Experten und Berufsverbänden eingeholt.

Im Fall der Bioinformatik wurden Pläne, in Zukunft dieses Fach anzubieten, von der Wirtschaft mit heller Begeisterung aufgenommen: Zurzeit schlägt sich die Biotech-Industrie um die wenigen Leute, die Erfahrung damit haben, bei der Genomanalyse anfallende Daten zu verarbeiten. Seit die Deutsche Forschungsgemeinschaft (DFG) Mitte 1999 eine Initiative zur Förderung dieses immer wichtiger werdenden Bereichs der Informatik ausschrieb und Gelder bereitstellte, schießen die Bioinformatik-Studiengänge geradezu aus dem Boden. Dennoch ist die Wirtschaft unzufrieden: »Fragen Sie, wen Sie wollen, das kommt fünf Jahre zu spät«, klagt Steffen Schulze-Kremer, Leiter der Abteilung für Bioinformatik am Ressourcenzentrum des Deutschen Humangenomprojekts in Berlin.[10] Die Kritik deutet auf ein generelles Problem bei der Entwicklung von neuen Fächerangeboten hin. Vor fünf Jahren war in Deutschland von Bioinformatik noch kaum die Rede, und vom Beruf des »Bioinformatikers« erst recht nicht. Um einen neuen Studiengang für einen nicht abzusehenden Bedarf in einer innovati-

10 »Auf der Suche nach dem Genom«. *Spiegel* 13/2000, S. 60.

ven, sich rasant entwickelnden Branche zu schaffen und rechtzeitig genug Absolventen zu liefern, hätten die Universitäten geradezu hellseherische Fähigkeiten entwickeln müssen. Besonders wenn man bedenkt, wie lange die Entwicklung eines neuen Konzepts dauert: »Wir hatten etwa zwei Jahre Vorlaufzeit mit mehrfachen Abstimmungsgesprächen zwischen den Fakultäten, der Universitätsleitung und dem Ministerium für Wissenschaft, Forschung und Kunst Baden-Württemberg. Ich machte so etwas zum ersten Mal mit, habe mir aber sagen lassen, dass dies für Uni-Verhältnisse noch relativ schnell ging«, meint Andreas Zell, der bei der Universität Tübingen für die Bioinformatik verantwortlich ist. Die Genehmigung des Studiengangs vom Ministerium kam relativ spät, sodass Tübingen im Wintersemester 1998/1999 nur 40 Bioinformatik-Erstsemester hatte, im Jahr darauf waren es schon 80, die zu den normalen Informatikern hinzukamen.

Der Tübinger Bioinformatik-Studiengang war bundesweit der erste, er kam der DFG-Initiative um einige Jahre zuvor. Ohne etwas davon zu ahnen, was man im Schwabenland plante, bastelte auch die Universität Wittenberg-Halle schon früh an einem ähnlichen Projekt. »Wir hatten die Idee im Institut für Informatik schon lange, aber wir fanden uns zu klein, um so etwas zu realisieren, und wir werden auch nicht gerade reichlich mit Mitteln bedacht. Erst als die Mathematisch-naturwissenschaftlich-technische Fakultät dazukam und meinte, wir sollten das anpacken, haben wir uns an das Projekt herangetraut«, erzählt Ludwig Staiger, der die Bioinformatik in Halle koordiniert. Unter der Federführung des Instituts für Informatik begannen die Planungen für einen interdisziplinären Studiengang, eine Runde entstand aus je einem Vertreter der beteiligten Fachbereiche Mathematik, Biochemie/Biotechnologie, Biologie, Chemie und Pharmazie. In diesem Kreis wurde überlegt, was man realistisch gesehen überhaupt auf die Beine stellen konnte. Besondere Lehrveranstaltungen konnte sich die Fakultät kaum leisten, außerdem war da ja noch das Problem mit den NC-Fächern: Mehr Angebote hätten dazu geführt, dass man mehr Anfänger hätte aufnehmen müssen, was schnell die Kapazitätsgrenzen gesprengt hätte. Deshalb plante man neue Lehrveranstaltungen, die für Bioinformatiker attraktiv sein würden, aber nicht ausschließlich für sie gedacht waren, und prüfte, was von den bisherigen Angeboten wichtig oder geeignet war. »Netterweise hat sich das Institut für Mathematik bereit erklärt, eigene Mathematikvorlesungen für Bioinformatiker zu konzipieren. Aber wenn ein Fachbereich sagt, er kann nichts Neues machen, weil er personell zu schwach besetzt ist, dann kann man nur sagen, wir nehmen halt das, was er hat«, meint Staiger. »Zum Schluss haben wir uns hingesetzt, uns das Angebot angeschaut und uns gefragt: Reicht das? Wir sind zum Ergebnis gekommen, dass es reicht.«

Staiger wurde die Koordination übertragen, weil er in Halle schon mal ein Seminar zum Thema Bioinformatik gemacht hatte – sein eigentliches Spezialgebiet ist die Theoretische Informatik. Einige Biochemiker und Pharmazeuten mit Bioinformatik-Vorerfahrung konnten Anregungen zum neuen Studiengang beisteuern, doch sonst war die Professorenrunde auf sich gestellt: »Wir haben immer versucht rauszufinden, wo gibt es das schon, wo ist was am entstehen«, erzählt Staiger. »Wir haben uns an dem Konzept orientiert, das sie in Bielefeld für Mathematik in den Naturwissenschaften entwickelt haben. Im Internet haben wir auch ein paar Skripte gefunden von amerikanischen Bioinformatik-Vorlesungen, das hat uns in unserem Kurs bestätigt. Aber ansonsten haben wir vor allem unseren gesunden Menschenverstand benutzt.« Um das Risiko, keine Stelle zu finden, für die Pionier-Studenten möglichst gering zu halten, einigten sich die Schöpfer des Studiengangs auf ein eingebautes Sicherheitsnetz: Die Absolventen sollten notfalls auch als Informatiker arbeiten können und sich nicht zur großen Schar arbeitsloser Biologen gesellen müssen.

In Rekordzeit wurde der Studiengang von Universität und Ministerium genehmigt, sodass es von der Idee bis zur Genehmigung nicht mal ein Jahr dauerte; bis zu fünf Jahre können es normalerweise sein. Zum Wintersemester 1999/2000 war es dann so weit, zwölf junge Leute, aufmerksam gemacht durch Presseberichte, schrieben sich in Halle für die Bioinformatik ein. Staiger ist zufrieden mit der Resonanz: »Wenn sich hundert Leute beworben hätten, hätten wir ernsthafte Probleme bekommen. Wenn sich keiner beworben hätte, wären wir unzufrieden gewesen. 12 ist zu Anfang in Ordnung, mit der Zahl kann man den Studiengang gut warmlaufen lassen.« Jedes Semester wird nun aufs Neue der Stundenplan für die angehenden Bioinformatiker zusammengestellt – was bei einem interdisziplinären Studiengang, an dem sich vier Fachbereiche beteiligen und bei dem sich in den ersten Studienjahren keine wichtigen Veranstaltungen überschneiden dürfen, keine leichte Aufgabe ist. Ansonsten lässt die Universität ihrem Projekt zunächst einmal seinen Lauf und beobachtet, wie es sich entwickelt. Wenn sich herausstellt, dass noch etwas korrigiert werden sollte, ist das Rahmenwerk so flexibel angelegt, dass nicht gleich an der Studienordnung herumgebastelt werden muss. Wenn die ersten Absolventen in die Berufswelt hinausstreben, wird der neue Studiengang offiziell evaluiert.

Das Beispiel macht deutlich, wie lange es dauert, bis wenigstens ein paar in heimischen Landen ausgebildete Bioinformatiker verfügbar sein werden, selbst wenn die Universitäten relativ schnell reagieren. Als ähnlich beliebtes Fach erwies sich die Mechatronik, die es sowohl als Facharbeiterausbildung als auch in Form eines Ingenieurstudiums gibt und die von der Industrie stark nachgefragt wird: »Vor vier bis fünf Jahren konnte man die Mechatronik-Studiengänge an ein paar Fingern abzählen, jetzt gibt es weltweit hundert Unis, die das anbieten – und das Gebiet wächst immer weiter«, staunt Professor Klaus Schilling, der an der Fachhochschule Ravensburg-Weingarten den englischsprachigen Aufbaustudiengang »Master of Science in Mechatronics« leitet.

Nicht selten finden sich dort, wo an den Unis und FHs Absolventen auf neue Berufe vorbereitet werden, internationale Studiengänge. Schließlich kommen die neuen Disziplinen oft aus dem Ausland; mit ihnen wird gleichzeitig das amerikanische System der akademischen Grade übernommen. In mehreren Bundesländern experimentiert man bereits mit Begeisterung mit Bachelor- und Master-Studiengängen. Durch eine Gesetzesänderung 1998 wurde es für die Universitäten möglich, solche Studiengänge einzurichten, die schon nach sechs Semestern einen berufsqualifizierenden Abschluss möglich machen und stark international ausgerichtet sind. Dabei kommen Schlüsselqualifikationen stärker zum Zuge: An der Uni Bayreuth beispielsweise müssen die Bachelor- und Master-Studenten ein Pflicht-Basismodul mit Studienangeboten aus den Bereichen Argumentieren und Methodenreflexion, professionelles Schreiben und Präsentieren, EDV, Multimedia sowie Fach- und Geschäftssprache belegen. Eingeführt wird auch, wie in Amerika üblich, eine »Akkreditierung« neuer Studiengänge. Sie ersetzt die Genehmigung der Länder nicht, sondern soll die Einhaltung inhaltlicher Mindeststandards an deutschen Hochschulen garantieren. Im Juli 1999 hat sich ein Akkreditierungsrat gebildet, der aus Wissenschaftlern, Vertretern der Berufspraxis, Studierenden, Hochschulrektoren und Ländervertretern besteht.

Der Versuch ist beispielsweise in Bayern zunächst auf fünf Jahre befristet, denn, wie Minister Hans Zehetmair vor dem Ausschuss für Hochschule, Forschung und Kultur des Bayerischen Landtags sagte: »Die Frage, ob der Bachelor-Abschluss als regulärer und qualifizierender Studienabschluss anerkannt wird und ob er sich in der beruflichen Praxis bewährt, lässt sich vorerst noch nicht beantworten. Hier fehlen uns noch die praktischen Erfahrungen.« Das Worst-Case-Szenario, das er »Bachelor-Falle« nennt, liefert er gleich mit: »Die schlechteste aller Konstellationen wäre die, dass der deutsche Bachelor im In- und Ausland noch nicht akzeptiert wird und die klassischen Diplomgrade nicht mehr geschätzt sind.«[11]

11 Rede Hans Zehetmairs vor dem Ausschuss für Hochschule, Forschung und Kultur des Bayerischen Landtags am 15. März 2000 in München.

3.

Die neuen Berufe: Ein Eldorado für Umsteiger

»Was ist denn das?« Diese Frage wird Ihnen von interessierten Zeitgenossen häufig gestellt werden, wenn Sie sich in einem der Beruf betätigen, die in diesem Buch aufgeführt sind. Manche Bezeichnungen haben sich schon halbwegs eingebürgert, doch kaum jemand hat eine Vorstellung, wie die tägliche Arbeit im jeweiligen Beruf aussieht. Anderes ist noch fast völlig unbekannt und lässt sich kaum auf eine halbwegs einheitliche Beschreibung festnageln.

Wenn Sie in diesem Buch eine Idee für Ihre berufliche Laufbahn bekommen haben, dann lassen Sie sich nicht dadurch entmutigen, dass Sie vielleicht etwas ganz anderes gelernt haben. Unter »Beruf« verstehe ich in diesem Buch keine Ausbildungsberufe, sondern Erwerbsberufe, also Tätigkeiten, mit denen man seine Brötchen verdient, unabhängig davon, in welchem Betrieb oder welchem Studienfach man nach der Schule gelandet ist. Der Zugang zu solchen Berufen ist meist auf der »Querschiene« möglich. Nach Auskunft von Experten ist die so genannte Patchwork-Biografie, das mehrmalige Wechseln des Berufs im Leben, längst nichts Bemerkenswertes mehr: Nach Informationen des Instituts für Erwachsenenbildung in Frankfurt arbeiten heute schon je nach Berufssparte zwischen 21 und 68 Prozent der Berufstätigen drei Jahre nach der Ausbildung nicht mehr in dem Beruf, den sie gelernt haben. »Tatsache ist doch bei näherer Betrachtung, dass mit jedem Basisberuf bis zu 100 verschiedene Tätigkeiten ausgeübt werden können«, ist auch Berufsberater Martin Massow überzeugt.[12] Herbert Fröhner

12 Martin Massow: *So finde ich den Beruf, der zu mir paßt!* München: Econ & List, 1999, S. 22.

hat es bewiesen: Er studierte Theologie und übte diesen Beruf zehn Jahre lang aus, sattelte dann auf Landschaftsgartenbau um und betätigte sich auch in diesem Bereich zehn Jahre lang. Als er für die Grünen im Gemeinderat in Stuttgart saß, begann ihn das Thema Energie zu faszinieren, und er entschied sich, etwas ganz Neues anzupacken, den Fernstudiengang in Energieberatung/Energiemanagement an der TU Berlin zu belegen und sich als Energieberater selbstständig zu machen. Wahrscheinlich wäre jeder Berufsberater blass geworden, wenn er ihm das erzählt hätte, denn bisher ist die professionelle Energieberatung häufig eine Domäne der Ingenieure oder Elektrofachleute. Im Nachhinein stellte sich heraus, dass Herbert Fröhner für den Beruf sogar sehr gut geeignet war, und zwar gerade durch die Kontakte und Erfahrungen, die er als Theologe gesammelt hatte. Nach einem finanziell schwierigen Anfang kam der Durchbruch für ihn über den Energiebeauftragten der Landeskirche, der ihn mit dem Energiemanagement von mehreren Kirchengemeinden beauftragte. Auch der Kundenkontakt macht Fröhner viel Spaß, hier kommen ihm seine kommunikativen Fähigkeiten gerade recht. Sein Geschäft läuft heute gut, durch die Zusammenarbeit mit einem Ingenieur kann er komplette Planungen anbieten.

Auch wenn man nicht nur die Stelle, sondern gleich den Beruf wechselt, baut man auf seinen bisherigen Erfahrungen auf und kann seine »alte« Ausbildung selbst in neuen Jobs oft noch gut verwerten. So sah das auch Thomas Witter. Vor 13 Jahren fing er in der Zentrale von Burger King in der Buchhaltung an, und da er sich für Technik interessierte, half er mit, ein elektronisches Kassensystem zu entwickeln. Heute ist der 41-Jährige der EDV-Leiter des Unternehmens mit inzwischen über 200 angeschlossenen und vernetzten Restaurants. Auch das Computernetzwerk in der Zentrale von Burger King hat er installiert. Niemand fragt mehr danach, was er einmal gelernt hat, nämlich Koch und Hotelkaufmann. Seine IT-Kenntnisse hat er sich selbst beigebracht, die Erfahrung in der Praxis gewonnen. »Vieles, was ich in der Hotellerie gelernt habe, hat mir bei dem Job geholfen«, meint er. »Schließlich sind wir ein Restaurantbetrieb!«

In der Pionierphase, in den ersten Jahren, in denen sich ein neuer Beruf erst etabliert und sich eigentlich noch kaum einer damit auskennt, hat man die besten Chancen, den Einstieg zu finden. Die neuen Berufe sind sozusagen ein Eldorado für Umsteiger. Man hat Zeit und Gelegenheit, sich auszuprobieren, zu experimentieren, in der Praxis Erfahrungen zu sammeln. Zudem gibt es meist wenig Konkurrenz. Ganz abgesehen davon, dass man auf Partys immer ein Gesprächsthema hat, ist es natürlich auch sehr spannend, in der chaotisch-aufregenden Aufbauphase eines neuen Berufs dabei zu sein. Man muss sich weniger an ein vorhandenes Anforderungsprofil anpassen als vielmehr die Tätigkeit für sich selbst definieren. »Das Gesundheitsmanagement ist noch sehr jung, es gibt noch keine Standards. Das ist natürlich einerseits sehr spannend, weil man diese Standards mitprägen kann, aber es ist auch ein täglicher Kampf, weil es wenig Orientierung gibt«, beschreibt Colin Wernsdörfer, Gesundheitsmanager bei der Firma ArztPartner/almeda AG, das Spannungsfeld, in dem er sich bewegt.

Wie erwähnt kommt es oft vor, dass neu auftauchende Aufgaben, aus denen ein komplett neues Berufsbild entsteht, zuerst jemandem übertragen werden, der eigentlich eine ganz andere Funktion hat – er erledigt die neuen Aufgaben dann so nebenbei mit. Solche Chancen sollte man nutzen, wenn sie sich einem bieten. Am besten führt man sie selbst herbei, indem man aktiv versucht, solche neuen Aufgaben zu übernehmen und seinem Vorgesetzen die Idee verkauft, daraus eine neue Stelle/Funktion zu schaffen. Begeisterung hilft dabei enorm: Wenn Ihnen die Tätigkeit Spaß macht, zeigen Sie es und erzählen Sie jedem, der es hören will, davon. Der Lohn könnte nicht nur eine interessante neue Aufgabe sein. Oftmals sind solche Gelegenheiten der Beginn eines Karrieresprungs, denn in einem neuen Berufsfeld sind qualifizierte Mitarbeiter gewöhnlich rar, die Firmen werben sich mit fetten Gehaltsschecks jeden ab, der mit ein bisschen Berufserfahrung in dem speziellen Bereich aufwarten kann. Stellt sich heraus, dass die neue Funktion doch nichts für Sie ist, können Sie meist innerhalb von ein oder zwei Jahren noch problemlos in Ihren alten Beruf zurückwechseln.

Aber was ist, wenn sich Ihnen die Chance nicht bietet, Sie einfach nur Lust haben, etwas anderes zu machen, weil Sie ihr bisheriger Job langweilt oder Sie in ihrem eigentlichen Beruf keine Stelle finden können? Der Tipp von Richard Nelson Bolles, der den Klassiker »What Color is Your Parachute« (Deutsch: *Durchstarten zum Traumjob*) geschrieben hat: »Vergessen Sie Ihre offizielle Berufsbezeichnung (›Ich bin Automechaniker‹) und definieren Sie sich stattdessen als ›Ich bin ein Mensch, der dieses oder jenes kann‹.«[13] Außer in Berufe, die gesetzlich geschützt sind, kann man, wenn die eigenen Talente und Interessen in diese Richtung weisen, auch dadurch den Einstieg schaffen, dass man genug Interesse aufbringt und viel Schweiß investiert. Vieles kann man (zum Glück) nicht studieren oder lernen, sondern nur werden.

Der klassische Weg, den Beruf zu wechseln, wäre natürlich eine Zusatzausbildung oder Weiterbildung. Über die reichlichen Angebote können Sie sich im Arbeitsamt, aus den Medien oder dem Internet informieren. Doch oft ist es gar nicht nötig, noch einmal die Schulbank zu drücken, um in einen neuen Beruf einzusteigen. »Training on the Job« und »Learning by Doing« sind in neuen Berufen ohnehin selbstverständlich. Zudem können Sie möglicherweise Kenntnisse und Fähigkeiten nutzen, bei denen Sie bisher gar nicht daran gedacht haben, sie einzusetzen. Wo Sie sie erworben und eingeübt haben, ist meist nicht so wichtig. Ansetzen können Sie beispielsweise bei Ihren Hobbys und Lieblingsthemen. Ein Beispiel: Sie interessieren sich privat für Luftfahrt, besitzen vielleicht sogar den Pilotenschein und haben Ihren Job als Sachbearbeiter in einer Versicherung ein wenig über? Die Allianz suchte vor kurzem einen »Unterwriter Aviation«, einen Versicherungsexperten, der sich nur um Kunden aus der internationalen Luftfahrt kümmert. Sie sind Biologe, finden gerade keinen Job, surfen aber gern im Internet und schaffen es, aus dem Netz noch die abwegigste Information auszugraben? Vielleicht haben Sie Lust, sich als Infobroker selbstständig zu machen und für Kunden aus der Wissenschaft und Technik in Datenbanken auf der ganzen Welt zu recherchieren. Sie basteln mit Begeisterung Homepages für sich und Ihren Verein und

13 Richard Nelson Bolles: *Durchstarten zum Traumjob. Das Bewerbungshandbuch für Ein-, Um- und Aufsteiger*. Frankfurt/New York: Campus, 1999, S. 123.

sind mit Ihrem Lehrerberuf nicht mehr ganz zufrieden? Als Multimedia-Konzeptioner wäre gerade Ihre Fähigkeit gefragt, Material inhaltlich didaktisch aufzubereiten und den Leser auf einer Website optimal mit Informationen zu versorgen. Oder vielleicht würde es Ihnen auch Spaß machen, Menschen in ganz Deutschland als Teletutor zu unterrichten?

Erstellen Sie eine Liste der Dinge, die sie gut können oder gern tun, und legen Sie eine zweite Liste mit Themen und Bereichen an, die Sie interessieren. Haben Sie gern mit Menschen zu tun oder eher mit Maschinen und Zahlen? Sind Sie künstlerisch begabt, oder liegt Ihnen eher der technische Bereich? Können Sie andere gut anleiten und motivieren, haben Sie ein Händchen für Reparaturen oder können Sie Informationen strukturieren und analysieren? In der Kombination aus diesen Dingen könnte der richtige Beruf für Sie versteckt sein. Im »Interessenraster« hinten in diesem Buch finden Sie Hinweise, welcher neue Beruf ganz gut zu Ihren Fähigkeiten passen könnte. Aber stöbern Sie darüber hinaus ruhig auch so in den Porträts und in den Kurzporträts im Anhang – vielleicht stoßen Sie ja auf etwas, was Sie interessiert. In jedem Tätigkeitsfeld gibt es viele unterschiedliche Funktionen, die alle verschiedene Anforderungen stellen, es ist also wahrscheinlich, dass etwas für Sie dabei ist – sei es nun ein neuer Beruf oder ein »traditioneller«. Wenn Sie sich beispielsweise für Mode interessieren und einen guten Riecher für Trends haben, dann könnten Sie – falls Sie den Kundenkontakt mögen – Verkäuferin/Outfitberaterin im Einzelhandel werden. Sie könnten aber auch in den Einkauf gehen, wenn Ihnen das Kaufmännische eher liegt, als Merchandiser arbeiten, wenn Sie gern organisieren, gestalten und reisen, oder in den Bereich Design gehen, wenn Sie künstlerische Interessen haben.

Bevor das Bild, das hier ausgemalt wird, zu rosig wird, ist es Zeit, auch die Schattenseiten zu erwähnen. Für viele Menschen ist die neue Arbeitswelt, in der sich alte Strukturen allmählich auflösen und durch flexible Netzwerke ersetzt werden, eine Belastung und Grund für viele begründete Ängste, wie beispielsweise, dass das Leben nun unsicherer, finanziell schwieriger und risikoreicher wird. Feste Stellen gibt es immer weniger, und dass jemand sein ganzes Leben in einem Unternehmen oder einem Beruf verbringt, wird zunehmend seltener. Die Schwierigkeit, als älterer Mensch noch einen Job zu finden, verschärft sich, selbst wenn man gut qualifiziert ist: Falten und graue Haare passen nicht in die multimediale, trendige Unternehmenskultur der kleinen Start-ups. Der Verlust von Sicherheit und Kontinuität ist von Soziologen wie Richard Sennett *(Der flexible Mensch)* und Ulrich Beck *(Schöne neue Arbeitswelt)* treffend beschrieben worden. Es ist nicht zu erwarten, dass die alte Zeit zurückkehren wird, auch wenn Bundesregierung, Gewerkschaften und andere Organisationen etwas hilflos versuchen, mit Programmen und Maßnahmen das Unvermeidliche hinauszuzögern und die alte Arbeitswelt zu bewahren. Ulrich Beck sagt vorher, dass in zehn Jahren jeder zweite Beschäftigte hierzulande arbeiten wird wie bislang in semi-industrialisierten Ländern wie Brasilien üblich: »Die Menschen sind ambulante Verkäufer, Kleinhändler und -handwerker, verdingen sich als Dienstboten aller Art und sind ›Arbeits-Nomaden‹, die zwischen verschiedenen Tätigkeitsfeldern, Beschäftigungsformen und Ausbildungen hin- und herpendeln.«[14]

Mit einem neuen Beruf gehen Sie immer ein Risiko ein. Besonders dann, wenn es sich um eine selbstständige Tätigkeit handelt und Sie selbst Aufträge hereinholen müssen, können speziell die ersten Jahre sehr anstrengend und finanziell schwierig sein. Die Garantie, eine Stelle zu finden, gibt es in keinem der neuen Berufe, auch nicht in den »heißesten«. Überlegen Sie sich also genau, ob Sie sich auf etwas Neues, Unerprobtes einlassen wollen. Sie werden viel Kraft und Energie hineinstecken müssen, meist deutlich mehr als in einem traditionellen Beruf. Doch Sie haben auch die Chance, Ihren Berufsweg in eine Richtung zu steuern, die Ihnen vielleicht sogar besser liegt als das, was Sie vorher gemacht haben. Auf diesem Weg liegen eine Menge Selbstbestimmung und Selbstverantwortung. Bisher lebten die meisten Menschen nach einem »dualistischen Modell von Arbeit, von menschlicher Existenz: Hier die Fron der Arbeit, dort die ›freie‹ Zeit des Privatlebens. Hier die Pflicht, einer als ›entfremdet‹ empfundenen, fremdbestimmten Arbeit nachzugehen, dort die Freizeit und die Muße, das zu tun,

14 Ulrich Beck: *Schöne neue Arbeitswelt. Vision: Weltbürgergesellschaft.* Frankfurt/New York: Campus, 1999, S. 8.

was der Mensch ›eigentlich‹ will. Eben diese Trennlinie zwischen fremdbestimmter und eigenbestimmter Tätigkeit beginnt immer mehr zu verschwimmen«, schreiben Dagmar Deckstein und Peter Felixberger in ihrem Buch *Arbeit neu denken.*[15] Der Prototyp des neuen Arbeitnehmers ist für die Autoren die unabhängige Teleworkerin, die selbst Aufträge akquiriert und dafür sorgt, dass sie von ihrem Wissensstand her konkurrenzfähig ist. Die Zeit, in der sie ein Projekt bearbeitet, teilt sie sich selbst ein. »Eine solche ›Lebensunternehmerin‹ in eigener Sache ist weder Boss noch hat sie einen. Sie hat die unternehmerische Freiheit wie jeder andere, selbstständige Mittelständler auch.«

Wie Sie den Fuß in die Tür bekommen

Um den Einstieg in einen neu entstandenen Beruf zu finden, muss man vor allem Eigeninitiative mitbringen. Oft haben sich noch keine Stukturen gebildet, es gibt kaum Verbände, Institutionen oder Aus- und Weiterbildungseinrichtungen, an die Sie sich wenden können. Nur allzu oft werden Sie hören: »Diesen Beruf kenne ich nicht, nie gehört!«

Wenn man bei manchen Berufen die richtige Qualifikation schon mitbringt, genügt es, die Stellenanzeigen in den Zeitungen und im Netz im Auge zu behalten und sich gezielt zu bewerben. Dann kann das Umsteigen schneller gehen, als man denkt: Beim »Webmaster«, »Screen-Designer«, »Application-Engineer« oder »Datenbankadministrator« beispielsweise. Bei anderen Berufen wie »Food-&-Beverage-Manager« oder »Forschungsmanager« ist dagegen diese Masche kaum möglich, weil Stellen selten öffentlich ausgeschrieben werden. Auch beim »Infobroker« oder »Mediator« können Sie lange auf eine Stellenausschreibung warten, weil diese Menschen meist als Selbstständige arbeiten.

15 Dagmar Deckstein, Peter Felixberger: *Arbeit neu denken. Wie wir die Chancen der New Economy nutzen können*, Frankfurt/New York: Campus, 2000, S. 193.

Bei solchen Berufen, und wenn das Ein- oder Umsteigen nicht auf Anhieb klappt, weil Sie für den neuen Beruf noch nicht die richtigen Qualifikationen haben, nähern Sie sich Ihrem Traumjob am besten in kleinen Schritten. Sehen Sie Ihren Ein- oder Umstieg als langfristiges Projekt: Recherchieren Sie im Netz, besorgen Sie sich Informationsmaterial über den Beruf, mögliche Weiterbildungen und vor allem die Branche, in die Sie gehen wollen. Die Informationen in diesem Buch bieten Ihnen dafür erste Anhaltspunkte. Wenn eine Veranstaltung oder Messe stattfindet, die in Ihr zukünftiges Tätigkeitsfeld passt, schauen Sie dort wenn möglich vorbei, holen Sie sich Material und sprechen Sie mit den Leuten. Auf diese Weise bekommen Sie langsam einen »Riecher« dafür, wie der Bereich funktioniert, in den Sie sich begeben wollen, und knüpfen erste Kontakte. Stück für Stück werden Ihre Vorstellungen von Ihrem zukünftigen Beruf konkreter.

Mittlerweile wissen Sie sicher auch, welche Firmen ungefähr als Arbeitgeber für Sie infrage kommen. Warten Sie nicht auf eine Stellenanzeige – gerade in neuen Berufen werden viele Posten durch Initiativbewerber besetzt. Versuchen Sie, mit Menschen in Firmen, die Sie interessieren, ins Gespräch zu kommen. Besonders bei kleinen Firmen lohnt es sich, mal persönlich vorbeizuschauen und kurz mit dem Inhaber oder Chef zu plaudern. Erkundigen Sie sich, ob es den Beruf, den Sie gern ausüben, im Unternehmen schon gibt. Achtung, gerade bei neuen Berufen sind meist verschiedene Bezeichnungen im Umlauf, jede Firma hat ihre eigene. Deswegen ist es sinnvoller, nach Funktionen zu fragen: »Gibt es bei Ihnen jemanden, der für das Wissens- oder Informationsmanagement zuständig ist?« Wenn nicht, versuchen Sie herauszufinden, ob es ein Bedürfnis dafür gibt. Möglicherweise braucht das Unternehmen einen Investor-Relations-Manager oder einen Wissensmanager und Sie können überzeugend darstellen, was die Besetzung dieser Funktion für die Firma an Vorteilen bringen würde. Wenn es den Beruf in Ihrer Wunschfirma schon gibt, aber momentan keine Stellen frei sind, dann haben Sie nun immerhin die Chance, jemanden aus der Praxis über seine Arbeit zu befragen und sich von ihm Tipps zu holen. Fragen Sie ihn doch einfach mal, was er selbst für eine Ausbildung hat und wie er den Einstieg gefunden hat, wie sein Arbeitsalltag aussieht, was ihn an diesem Beruf gut und was weniger gut gefällt und welche Eigenschaften man für diesen Job mitbringen sollte. Erkundigen Sie sich immer, an wen Sie sich noch wenden können. Vielleicht weiß er ja sogar von einem Unternehmen, das gerade Recruiter, Fraud-Analysts oder Facility-Manager sucht.

Wenn Sie der neue Beruf wirklich fasziniert, sich aber herausstellt, dass Ihnen noch wichtige Qualifikationen fehlen, ist das noch kein Grund aufzugeben: Sie könnten sich autodidaktisch weiterbilden oder in ein Seminar beziehungsweise eine Weiterbildung investieren. Solche Kurse sind, gerade bei neuen Berufen, nicht nur gut für Ihr persönliches Wissensrüstzeug, sondern helfen Ihnen, ein persönliches Netzwerk aufzubauen und sind außerdem eine Art Stellenbörse: »Die Leute werden noch vor ihrem Abschluss bei uns weggekauft«, freut sich Jürgen Dörmann vom publizistischen Bildungszentrum Haus Busch, das auch Multimedia-Ausbildungen anbietet. Doch eine Umschulung oder Weiterbildung nützt Ihnen nicht viel, wenn der Job nicht das ist, was Ihnen Spaß macht. Unternehmen sind gerade bei Maßnahmen, die vom Arbeitsamt finanziert worden sind, misstrauisch und achten darauf, ob der Bewerber in diesem Feld schon Eigeninitiative gezeigt hat. Wenn der zukünftige Netzwerk-Administrator sich zum Beispiel auch privat ein kleines Computernetzwerk aufgebaut hat oder gern an Computern herumbastelt, wirkt er deutlich überzeugender als einer, der das nur als »Job ist Job, und Bier ist Bier« betrachtet.

Suchen Sie sich Nebenjobs – Multimedia-Fans könnten zum Beispiel in einer Agentur jobben – oder engagieren Sie sich privat in Bereichen, die etwas mit Ihrem Wunschberuf zu tun haben. Bei Berufen, die es bisher in der Wirtschaft nicht gab, sind Unternehmen nicht selten auf Leute angewiesen, die im informellen Sektor, in ihrer Freizeit, Know-how in diesem Bereich gesammelt haben. Wenn Sie beispielsweise ins Fundraising gehen wollen, dann werden viele kleinere gemeinnützige Organisation begeistert auf Ihre Dienste zurückgreifen. Über ein Ehrenamt kam auch Gerhard Kutziewski zu seinem neuen Beruf: Nach seiner Ausbildung als Maschinenbautechniker machte er das Abi nach, studierte Biologie und Geschichte auf Lehramt und arbeitete bei einem freien Bildungsträger. Sein Engagement im Kreisverband des Verkehrsclub

Deutschland – er half, ein Mobilitätsbüro aufzubauen – erregte die Aufmerksamkeit der Bielefelder Stadtwerke, die etwas Ähnliches planten. Nun ist Kutziewski seit 1997 hauptberuflich Mobilitätsberater.

Praktika oder Nebenjobs sind in vielen neuen Berufen der »klassische« Einstieg, da es für sie noch keine Ausbildung gibt und damit schlicht keinen anderen Weg, Erfahrungen zu sammeln. Im Event-Management, im Screen-Design oder im Bereich Multimedia sind Praktika fast schon Pflicht. Für beide Seiten hat das Vorteile: Der Arbeitgeber kann Sie kostengünstig und risikofrei ausprobieren, Sie üben sich in Ihren zukünftigen Aufgaben und gewinnen Kontakte. Als gestandener Berufsmensch erneut ein mehrwöchiges, meist unbezahltes Praktikum absolvieren zu müssen ist natürlich bitter und manchmal aus finanziellen Gründen nicht möglich. Doch im Vergleich zu einer Weiterbildung ist ein Praktikum immer noch günstig und sogar besser, weil Sie viel mehr Kontakte knüpfen und neue Berufe sowieso besser in der Praxis als in der Theorie erlernen können. In nicht wenigen Fällen ergibt sich aus dem Praktikum sogar ein Job: Gerhard Friederici beispielsweise, der ursprünglich Chemikant gelernt hatte und dann eine Ausbildung zum Abfalltechniker machte, besorgte sich danach ein zweimonatiges Praktikum und fand dadurch Arbeit bei einem großen Entsorgungsunternehmen. »Die Stelle für mich ist erst im Zuge des Praktikums entstanden, sie ist sozusagen extra für mich gemacht worden«, erzählt er.

Gehen Sie zu Anfang Kompromisse ein: Wenn Sie Infobroker werden wollen, können Sie sich in ähnlichen Berufen wie dem »Researcher«, der nicht selten in Tageszeitungen gesucht wird, das nötige Können erarbeiten, unter dem Motto: »Ich will mich zum Informationsspezialisten entwickeln und kann dann zum Beispiel als Infobroker arbeiten.« Sie könnten das Geschäft mit den Informationen auch nebenberuflich in Gang bringen und später, wenn Sie Know-know und einen Kundenstamm aufgebaut haben, den Schritt in die Selbstständigkeit wagen.

4.
Berufsporträts

Es war schwer, eine Auswahl für die Porträts in diesem Kapitel zu treffen, denn sehr viele spannende neue Berufe und Tätigkeiten sind in den letzten Jahren entstanden. Jedes Jahr kommen einige hinzu; welche Planungen genau im Gange sind, haben Sie ja schon im zweiten Kapitel erfahren. Alle Berufe, die in diesem Kapitel keinen Platz mehr gefunden haben – zum Beispiel der Biotechnologe, Workflow-Entwickler oder Telematiker –, sind im Anhang aufgelistet, in dem noch viele andere Bezeichnungen und Tätigkeiten sozusagen im Schnelldurchlauf vorgestellt werden. Dort finden sich auch die Kurzbeschreibungen neuer Ausbildungen wie Systemgastronom, Automobilkaufmann oder Fachmann für Veranstaltungstechnik. Mit diesen Informationen haben Sie das Rüstzeug an der Hand, Stellenanzeigen kritisch zu lesen und daraus neue Ideen für Ihre berufliche Laufbahn zu ziehen.

Wenn in diesem Kapitel für einen Beruf nur wenige Kontaktadressen genannt sind, liegt das meist daran, dass der Beruf noch so neu ist, dass sich dafür noch keine festen Strukturen und Institutionen gebildet haben. Aus dem Beitrag geht jedoch meist hervor, bei welchen Unternehmen oder in welcher Branche Sie anfragen könnten. Alle weiteren Informationen finden Sie dann in den *Gelben Seiten*, im Internet und in Branchenbüchern. Wo es eine Fülle von Organisationen oder Weiterbildungsanbietern gab, sind hier nur einige wenige stellvertretend genannt. Gute Ansprechpartner, die ich hier meist nicht gesondert aufgeführt habe, sind die Industrie- und Handelskammern (www.diht.de) beziehungsweise die Handwerkskammern der Länder oder die Berufsinformationszentren des Arbeitsamts (www.arbeitsamt.de). Die Adressen von Hochschulen und Fachhochschulen finden Sie im Internet unter www.studienwahl.de. Auskünfte erteilt auch das für die Entwicklung neuer Ausbildungsberufe zuständige Bundesinstitut für Berufsbildung in Berlin:

Bundesinstitut für Berufsbildung
Fehrbelliner Platz 3
10707 Berlin
Telefon: (0 30) 86 43-23
Telefax: (0 30) 86 43-26 03
Internet: www.bibb.de

Abfalltechniker

Andere Namen und verwandte Berufe: Umweltschutztechniker Fachrichtung Abfalltechnik beziehungsweise Abwassertechnik, Recyclingtechniker

Kurzbeschreibung: Mitarbeiter im technischen Umweltschutz, die vor allem in der Entsorgungswirtschaft oder bei Behörden arbeiten

Voraussetzungen/Ausbildung: abgeschlossene technische oder kaufmännische Berufsausbildung

»Wir entsorgen außer Atommüll alles«, behauptet Gerhard Friederici grinsend. Der 29-jährige Abfalltechniker arbeitet bei einem der größten Entsorgungsunternehmen Europas. Gelernt hat er einmal Chemikant, er betreute bei einem Lackhersteller große Produktionsanlagen. Doch die Aussicht auf zwanzig Jahre Schichtarbeit nahm ihm die Lust an dem Beruf, und nach einer Stippvisite an der Uni begann er die Technikerausbildung. »Mit den neuen Gesetzen wie dem Kreislaufwirtschafts- und Abfallgesetz hat es sich abgezeichnet, dass im Umweltbereich neue Leute gesucht werden. Ich habe das als Zukunftsperspektive gesehen.«

Bisher ist der einzige anerkannte Ausbildungsberuf der Branche der »Ver- und Entsorger«, ein eher handwerklich orientierter Beruf, der zurzeit neu gestaltet wird. Während Ver- und Entsorger vor allem vor Ort zu finden sind und mit ihren orangefarbenen Schutzanzügen in Kläranlagen, auf Deponien und in Recyclingfirmen herumstapfen, verbringen Abfall- und Abwassertechniker gewöhnlich die Hälfte ihrer Arbeitszeit im Büro und die andere Hälfte draußen bei den Anlagen. Sie sind zwischen Facharbeiter und Ingenieur angesiedelt und werden häufig in Führungspositionen der mittleren Ebene eingesetzt. Ihre Aufgabenbereiche in der Entsorgung sind die Technologie (zum Beispiel das Betreiben einer Recyclinganlage), die Logistik (sie könnten die Sammlung und Sortierung von Abfällen planen und organisieren), die Kontrolle (etwa in einer Behörde oder innerbetrieblichen Abteilung) und die Beratung (zum Beispiel wirken sie bei Genehmigungsverfahren mit und beraten die Industrie in Bezug auf Abfallvermeidung und Entsorgungsmöglichkeiten).

Gerhard Friederici hätte selbst nicht gedacht, dass ihm der Job so viel Spaß machen würde. Als Assistent der Geschäftsleitung ist er heute vor allem für das Projektmanagement zuständig, gemeinsam mit Kollegen tüftelt er an neuen Entsorgungskonzepten – zum Beispiel Rücknahmesysteme – und schlägt sie der Geschäftsleitung vor. Außerdem ist er für das Qualitätsmanagement und den Datenschutz aller Niederlassungen zuständig. »Wir haben hier mit Abfall nichts zu tun, ich sortiere keinen Müll. Ich überlege, wo es sinnvolle ökologische – und nicht zuletzt ökonomische – Möglichkeiten gibt«, erklärt er.

Durchgeführt wird die Ausbildung zum Abfalltechniker an einigen wenigen Fachschulen für Technik, in Vollzeit dauert sie zwei Jahre, in Teilzeit vier Jahre. Bewerben kann sich, wer eine halbwegs passende Erstausbildung und fünf Jahre Berufserfahrung mitbringt. Was die Zugangsberufe angeht, sind die Fachschulen nicht kleinlich: Infrage kommen neben dem Ver- und Entsorger auch viele andere Berufe – vom Chemielaboranten, Maschinenschlosser und Elektroinstallateur bis hin zum Industriekaufmann. In vielen Fällen kommen die Auszubildenden schon aus der Entsorgungsbranche und wollen sich beruflich weiterqualifizieren. Aus dem Lernen werden sie während ihres Berufslebens nicht mehr herauskommen, denn nicht nur im technischen Bereich gibt es im Umweltschutz ständig neue Entwicklungen: »Die rechtlichen Grundlagen ändern sich schnell und damit auch viele Rahmenbedingungen in der Branche«, meint Ingrid Wederhake, Leiterin der Fachschulen für Abfall- und Abwassertechnik am Freiherr-vom-Stein-Berufskolleg. »Wenn man drei Monate lang in keine Fachzeitschrift geschaut hat, ist man draußen.« Kommunikativ und ein bisschen extrovertiert sollte der ideale Abfalltechniker sein, denn häufige Kundenkontakte gehören ebenso dazu wie Präsentationen. »Der Beruf hört sich nach Technik an, man muss natürlich die technischen Voraussetzungen kennen, aber ich mache auch Vorgespräche mit Kunden vor dem Vertragsabschluss«, erzählt Gerhard Friederici. »Man muss auf die Leute zugehen können.« Computerkenntnisse und Englisch sollte man vorweisen können.

Während der Ausbildung stehen Umweltschutz, Chemie, Analytik, aber auch Recht auf dem Stundenplan. Ein Teil des Unterrichts ist Theorie, aber der Besuch von Betrieben und Praktika gehört ebenfalls dazu. Nach dem Einstieg kann ein Techniker mit etwa 50 000 bis 70 000 Mark Jahresgehalt rechnen.

Beim Bund deutscher Entsorger ist man etwas skeptisch, was die Technikerausbildung angeht. Hans-Bert Reuvers, früher Personalchef in einem Entsorgungsunternehmen und heute Leiter des Bildungswerks des BDE, meint: »Das Problem ist, dass in der Zeit, als es zu viele Ingenieure auf dem Arbeitsmarkt gab, diese Stellen mit höher qualifizierten Leuten besetzt wurden. Ich habe mich schwer getan damit, Techniker einzustellen.« Den Berufsschulen dagegen macht die Konkurrenz durch Ingenieure wenig Sorgen: »Ein großer Entsorger hat mir gesagt, er nimmt lieber Techniker, weil die praxisgerechter ausgebildet sind«, erklärt Ingrid Wederhake. »Außerdem fehlt Ingenieuren meist das rechtliche Grundlagenwissen, das die Techniker bei uns vermittelt bekommen.«

Die Berufsaussichten sind mittelmäßig, denn die Boomjahre der Entsorgungswirtschaft scheinen der Vergangenheit anzugehören und der Wettbewerb in der Branche ist hart. Andererseits werden die Gesetze in Zukunft eher strenger als laxer, in Unternehmen und Behörden werden auch in Zukunft Arbeitsplätze in diesem Bereich zur Verfügung stehen. Wer eine pädagogische Ader hat, kann außerdem als Umwelt- oder Abfallberater Unternehmen, Gemeinden oder Privatleute fachlich unterstützen.

Infos:

BDE –
Bundesverband der Entsorger
Postfach 51 05 45
50941 Köln
Telefon: (02 21) 93 47 00-0
Telefax: (02 21) 93 47 00-90
E-Mail: info@bde.org
Internet: www.bde.org

Freiherr-vom-Stein-Berufskolleg
Becklohhof 18
59368 Werne
Telefon: (0 23 89) 98 96 20
Telefax: (0 23 89) 9 89 62 29
E-Mail: wederhake.dortmund@t-online.de

Umweltbundesamt
Bismarckplatz 1
14193 Berlin
Telefon: (0 30) 89 03-0
Telefax: (0 30) 89 03-22 85
Internet: www.umweltbundesamt.de

Buchtipps:

Wasser & Boden. Zeitschrift für Wasserwirtschaft, Bodenschutz und Abfallwirtschaft. Erscheint zwölfmal jährlich, Abo 118 Mark
Parey Buchverlag im Blackwell Wissenschafts-Verlag
Kurfürstendamm 57
10707 Berlin
Telefon: (0 30) 32 79 06-49
Telefax: (0 30) 32 79 06-10
E-Mail: abo@blackwis.de
Internet: www.blackwell.de/wabo.htm

»Arbeitgeber Umweltschutz – Moderner Umweltschutz – Zukunftssichere Arbeit«. Kostenlose Broschüre des Umweltbundesamts

Deutsche Umweltstiftung (Hg.): *Adressbuch Umweltschutz. Handbuch für Presse, Behörden, Wirtschaft, Wissenschaft, Verbände, Bürgerinitiativen.* Heidelberg: Spektrum, 2000 (68,00 Mark)

Ähnliche Berufe:

- *Ver- und Entsorger:* Ausbildungsberuf, siehe oben
- *Umweltschutztechniker:* Fortbildung, gibt es an zahlreichen Fachschulen für Techniker
- *Diplom-Ingenieur Fachrichtung Umweltschutz beziehungsweise Umwelttechnik (FH):* gibt es zum Beispiel in Bingen, Oldenburg, Paderborn, Ulm und Hamburg

- *Umwelt(schutz)technischer Assistent:* wird an Berufsfachschulen ausgebildet
- *Recyclingfachkraft:* Weiterbildung

Allrounder

Andere Namen und verwandte Berufe: Generalist

Kurzbeschreibung: Allrounder sind vielseitige Mitarbeiter, die sich zum Beispiel um alle kaufmännischen Aufgaben oder um die komplette IT einer kleinen Firma kümmern. Generalist: meist jemand, der sich ohne Vorkenntnisse schnell in sehr verschiedene Bereiche einarbeiten kann

Voraussetzungen/Ausbildung: zum Teil kaufmännische Ausbildung, IT-Kenntnisse

Alle Welt spezialisiert sich, die Berufsbezeichnungen sprengen schon die 4-Wort-Grenze. Doch jetzt heißt es aufatmen: Es gibt noch Nischen für Menschen, die sich dem Schubladendenken, dem Tunnelblick und Fachidiotentum verweigert haben und ihr Wissen und ihre Fähigkeiten konsequent in alle Richtungen ausgebaut haben. Seit einigen Jahren ist verstärkt auch der gute alte Allrounder, sprich Alleskönner, gefragt.

Allrounder gibt es in jeder Branche, ihr Trumpf ist die Vielseitigkeit. »Je mehr Personalressourcen abgebaut werden, desto stärker ist der Wunsch nach Mitarbeitern, die vieles können. Besonders kleinere oder mittlere Unternehmen sind an Allroundern interessiert«, meint Marianne Simeth vom Arbeitsamt Nürnberg. Nicht selten gesucht werden IT-Allrounder, die sich in kleineren Firmen um alles kümmern können, was mit Kollege Computer zu tun hat – vom Terminal-Anschließen bis hin zur Datenbank-Verwaltung oder der Jagd nach einem eingedrungenen Virus. Allrounder mit eher kaufmännischem Hintergrund sind ebenfalls begehrt: Chancen haben sie vor allem in Vertriebs- und Serviceberufen, wo es weniger auf eine fundierte Ausbildung ankommt als auf das Talent für die jeweilige Aufgabe. Die Zeitarbeitsfirma Bindan beispielsweise suchte für ihre neue Geschäftsstelle in München schlicht und einfach jemanden, der den Laden schmeißt, das heißt Personal einstellt, den richtigen Mitarbeiter zur richtigen Zeit an die richtige Arbeitsstelle beordert, Kunden findet und betreut, Angebote erstellt und Verträge schließt. »Die Bezeichnung Allrounder trifft den Nagel auf den Kopf, weil die Tätigkeit sehr vielseitig ist. Es hat sich gezeigt, dass sich von der Anzeige auch wirklich Leute angesprochen fühlten, die ein Talent für alles haben«, meint Liane Merbeck von Bindan. Einen kaufmännischen Hintergrund und Erfahrung in der Dienstleistungsbrache, im Vertrieb oder Personalwesen sollte ihr Traumkandidat jedoch schon vorweisen können, und ein BWL-Studium wäre auch nicht von Nachteil. Doch das, was letztlich zählt, ist, wie gut sich jemand verkauft: »Wenn er erfolgswillig ist, braucht er kein Studium.« Kein Wunder, dass bei den Lebensläufen der Bewerber einer bunter ist als der andere.

Wo es keine geregelte Ausbildung gibt, kommen die anderen Eigenschaften zum Zuge: Ein optimaler Allrounder denkt unternehmerisch und handelt selbstständig. Er sollte Menschen führen und Verantwortung übernehmen können, denn nicht selten steht er für das Geschäftsergebnis, die (hoffentlich) schwarze Zahl, gerade. »Viele Leute, die sich die Aufgaben an sich zutrauen, bekommen Angst vor der eigenen Courage, wenn sie merken, wie viel Verantwortung das bedeutet«, weiß Liane Merbeck zu berichten. Kundenbesuche gehören in der Zeitarbeitsbranche zum Arbeitsalltag dazu, doch ein reiner Vertriebsjob ist es nicht, den größten Teil seiner Woche verbringt der gesuchte Allrounder in der heimischen Geschäftsstelle, von der aus er zwischen 50 und 150 Zeitarbeiter betreut.

Die Gehaltsspanne liegt für einen Allrounder meist um 60 000 bis 100 000 Mark im Jahr, je nach Branchenerfahrung. Wenn er durch Power und Talent überzeugt, sind die Aufstiegschancen gut. Doch der Preis dafür ist, dass er sich in seinem Job überdurchschnittlich engagiert; er wird nicht dafür bezahlt, dass er auf die Uhr schaut.

Auch den Ruf nach einem Mitarbeiter, der zwar nicht alles, aber auch nichts Bestimmtes kann, wird auf dem Arbeitsmarkt zuweilen laut. Meist in den Fällen, bei denen die Aufgabe so spezialisiert, ausgefallen oder selten ist, dass es dafür nicht einmal einen passenden Spezialisten gibt. Gesucht wird dann ein »Generalist«, also jemand, der sich auch in Dinge einarbeiten kann, von denen er vor der Lektüre der entsprechenden Stellenanzeige noch nie etwas gehört hat. Einen solchen suchte beispielsweise die in Stuttgart ansässige Firma TRADOS, die Übersetzungsprogramme entwickelt. Schüchtern wagt sie im Kleingedruckten anzumerken, dass sie jemand bevorzugen würde, der einen Abschluss in Computerlinguistik sowie Erfahrung mit Sprachverarbeitung hat und am besten noch asiatische und arabische Sprachen spricht. Doch mit bemerkenswertem Realismus erkannte derjenige, der die Anzeige formulierte, dass man die Bewerbungen auf eine solche Stelle wohl an den Fingern einer Hand abzählen können würde. Also bekommt der Generalist eine Chance. Wünschenswert sind in diesem Fall lediglich ein Interesse für Computer und Sprachen, alles andere kann sich der zukünftige Mitarbeiter durch »Learning by Doing« aneignen. Anschließend arbeitet er als eine Art Tester oder Entwickler. – Es lebe der Alleskönner!

Ähnliche Berufe:

- *Office-Manager:* erweiterte Sekretariatsstelle, bei der neben Büroorganisation meist auch die Betreuung der Telekommunikations- und Computer-Infrastruktur, Reiseplanung, Fuhrpark- und Archivsystemmanagement, telefonische Betreuung von Kunden et cetera anfällt. Manchmal gehört auch die Mitarbeit an Beratungsprojekten dazu. Erwünscht ist meist eine kaufmännische Ausbildung.

Application-Engineer

Andere Namen und verwandte Berufe: Applikationsingenieur

Kurzbeschreibung: Ingenieur, der ein Produkt von der Entwicklung bis zur Serienfertigung betreut und dabei eng mit dem Kunden zusammenarbeitet

Voraussetzungen/Ausbildung: technisches oder naturwissenschaftliches Studium

In der guten alten Zeit, als die Maschinen noch einfach und die technischen Prozesse erfrischend unkompliziert waren (zumindest aus heutiger Sicht), gab es keine Application-Engineers. Es gab noch nicht mal Applikationsingenieure. Doch diese Zeiten, als es reichte, bei Problemen einen Servicetechniker loszuschicken, sind in manchen Firmen längst vorbei, und ein neuer Beruf macht sich in der Hightechbranche breit: »Der Application-Engineer ist die technische Schnittstelle zum Kunden«, erläutert Hans Adlkofer, der bei der Firma Infineon eine über den ganzen Globus verstreute Truppe von 30 Application-Engineers aus dem Produktbereich Chipkarten leitet.

Schon bei der Entwicklung neuer Produkte hat der »AE« ein Wörtchen mitzureden. Dann macht er sich im Team mit einem Vertriebsmitarbeiter daran, die Produkte auch zu verkaufen – der eine kümmert sich um die Preisabsprachen, der andere präsentiert und bespricht die Technik. Doch damit nicht genug: Während die Aufgabe des Vertriebsmitarbeiters mit Vertragsabschluss weitgehend beendet ist, beginnt für den Application-Engineer die Arbeit nun erst richtig. »Er begleitet das Projekt von A bis Z, bis der Prototyp fertig ist und das Gerät – zum Beispiel ein neues Handy mit unserem Chip – beim Kunden in die Fertigung geht«, beschreibt es Adlkofer. Der AE hilft, die Maschine oder Software beim Kunden zum Laufen zu bringen, schult die Mitarbeiter darin, sie zu bedienen, und unterstützt sie bei technischen Problemen. Eine Allround-Aufgabe, für die vor allem kommunikative Elektrotechnik-Ingenieure und Physiker mit sicherem Auftreten und einem Händchen fürs Problemelösen gesucht werden. »Oft finden sich in diesem Bereich Leute, die noch nicht genau wissen, ob sie einmal in den Vertrieb oder in die Entwicklung gehen wollen – man kann sich noch in beide Richtungen weiterentwickeln«, meint Adlkofer.

Am liebsten sind den Firmen Ingenieure, die eigentlich genauso gut zu den Kunden gehören könnten, also quasi die Seite gewechselt haben. »Unsere Produkte sind zwar Software, aber sie werden von Leute gekauft, die damit Mikrochips und Elektronik entwerfen. Der AE muss die Sprache des Kunden sprechen und zum Beispiel wissen, wie ein Pentium-Chip hergestellt wird«, meint Klaus Fiedler, Technischer Manager der Firma Cadence. Während der normale Computerbenutzer einfach nur die Zähne zusammenbeißt, wenn ihm das System abstürzt oder er mit einem Programm nicht zurechtkommt, zahlen diese Kunden eine Wartungsgebühr und können sicher sein, dass ihr Hilfeschrei nicht ungehört verhallt und wenig später ein Application-Engineer am Telefon ist oder persönlich vorbeikommt.

Viele der AEs in der deutschen Niederlassung von Cadence haben im Unternehmen klein angefangen – bei der Hotline-Betreuung. Wenn ihr Auftreten dann sicherer geworden ist und sie die Produkte der Firma in- und auswendig kennen, dürfen sie zum Kunden. »Aber wenn der Deal platzt, wird der Vertriebsmann gefeuert und der AE ist immer noch da«, bemerkt Fiedler. Das hat sicher auch etwas damit zu tun, dass Application-Engineers rar und begehrt sind. Wer einen von ihnen einstellen will, muss Ausdauer mitbringen. »Dreimal lief unsere Stellenanzeige in mehreren großen Tageszeitungen, und raten Sie mal, wie viele Bewerbungen wir bekommen haben? Sieben!«, stöhnt Wolfgang Besenböck, der als Customer-Support-Manager der Firma ETEC ein kleines Heer von AEs betreut. Deren Hauptbeschäftigung ist das Reisen, denn sie kümmern sich um Maschinen zur Herstellung von Leiterplatten, die man nicht einfach in einen Karton packen und einschicken kann, wenn es irgendwo »hakt«. »Bei so komplizierten Maschinen sind die Probleme nicht sehr einfach zu erkennen. »Oft geht es um Abweichungen im Mikrometer-Bereich«, erklärt Besenböck. »Solche Fälle zu lösen kann man schwer an der Uni lernen, das ist eine Erfahrungssache.«

Weiterbildung ein Leben lang – für den Application-Engineer ist es zeitraubende Realität. Wenn er nicht reist, arbeitet er sich in neue Produkte seiner Firma ein, hört sich um, recherchiert im Internet und besucht Kongresse, um herauszufinden, was die Konkurrenz so macht. Da ständig Neues auf den Markt kommt, ist das eine Sisyphusarbeit. Aber wenigstens wird sie nicht schlecht bezahlt: Ein Anfänger kann mit einem Einstiegsgehalt von 60 000 bis 70 000 Mark rechnen, nach ein paar Jahren sind 120 000 Mark üblich und bis zu 200 000 möglich. Aufstiegsmöglichkeiten gibt es ebenfalls reichlich – von der Hotline kann der junge hoffnungsvolle AE sich bis ins Management hocharbeiten.

Infos:
Berufliche Fortbildungszentren der Bayerischen Wirtschaft (bfz) gGmbH
Landshuter Allee 174
80637 München
Telefon: (0 89) 1 59 26-163
Telefax: (0 89) 15 51 28
E-Mail: info@zentrale.bfz.de
Internet: www.bfz.de
Bieten einen Lehrgang zum Applikationsingenieur an, der sich vor allem an Ingenieure der Fachrichtungen Maschinenbau und Kunststofftechnik richtet.

www.national.com
Auf den Pages von »National Semiconductor« finden sich die »Application-Notes«, eine wertvolle Informationsquelle für Application-Engineers.

Verein deutscher Ingenieure (VDI)
Postfach 10 11 39
40002 Düsseldorf
Telefon: (02 21) 62 14-0
Telefax: (02 21) 62 14-5 75
Internet: www.vdi.de
Bieten Seminare zu Themen wie »Technischer Vertrieb« an, die für Application-Engineers nützlich sein könnten.

Ähnliche Berufe:

- *Field-Service-Engineer:* Reparatur- und Wartungsspezialist (Techniker oder Ingenieur), der beim Kunden defekte Maschinen seines Unternehmens wieder zum Laufen bringen muss. Bewährt er sich, dann kann er zum Field-Service-Manager aufsteigen. Dessen Hauptaufgabe ist es, die Fäden im Hintergrund zu ziehen und die Ingenieure seines Teams zur rechten Zeit an den rechten Ort zu dirigieren.
- *Concept-Engineer:* gehört zur Entwicklungsabteilung. Erarbeitet sich in bestimmten Bereichen ein umfassendes Know-how und definiert dann in enger Zusammenarbeit mit den Kunden die Produkte von morgen. Gewöhnlich wird ein Ingenieurstudium der jeweiligen Fachrichtung verlangt.

Bioinformatiker

Kurzbeschreibung: entwickelt und nutzt Werkzeuge und Methoden aus der Informatik für die Biologie, Biochemie und Pharmazie

Voraussetzungen/Ausbildung: naturwissenschaftliches Studium oder Bioinformatik-Studium

»Ohne den Einsatz von Computern ist moderne Forschung in Biologie, Chemie und Pharmazie kaum noch vorstellbar«, heißt es in einer Presseerklärung der Martin-Luther-Univerisität Halle zu ihrem neuen Bioinformatik-Studiengang. Das aktuellste Beispiel dafür ist die Genomanalyse, bei der intensiv daran gearbeitet wird, das Erbgut von Mensch, Tier und Pflanze zu entschlüsseln. Bei solchen Projekten fallen enorme Datenmengen an, für die spezialisierte Datenbanken geschaffen werden müssen. In der 75-köpfigen Abteilung »Genomanalyse« des Instituts für Molekulare Biotechnologie in Jena arbeiten daher allein zehn Bioinformatiker. Eingesetzt werden die Spezialisten, die es in Deutschland erst seit wenigen Jahren gibt, aber auch beim Entwurf von Softwaresystemen, die beispielsweise bei der molekularbiologischen Diagnose und Therapie von Krankheiten oder beim Design von Medikamenten zum Einsatz kommen. Häufig geht es bei den Programmen, die Bioinformatiker entwickeln, auch um Proteinstrukturanalysen, Molekülmodelle und die Simulation biologischer oder chemischer Prozesse. Mit den lebenden Zellen, um die es letztlich geht, haben die Bioinformatiker nicht mehr viel zu tun: »Das nackte Leben bleibt bei uns leider weitgehend auf der Strecke«, erklärt Mathias Goeschl, Bioinformatiker bei der Heidelberger Firma Lion Bioscience, augenzwinkernd. »90 Prozent der Daten sind genetischer Code, nichts als Buchstaben in scheinbar wahlloser Abfolge, der Rest sind Beschreibungen von Stoffwechselvorgängen, Messreihen von Gen-Chips oder auch elektronisch archivierte Literaturquellen.«

Bisher rekrutierten sich die Bioinformatiker laut Andreas Zell, Leiter des Bioinformatik-Studiengangs der Uni Tübingen, vor allem aus Biotechnologen und Biologen mit einem Faible für Computer. Bei ihm selbst war es allerdings umgekehrt – der Informatiker kam über Forschungsprojekte der Neuroinformatik und der Genomforschung zu seiner heutigen Arbeit. Was ihm in der anderen Disziplin an Wissen noch fehlt, eignet er sich Stück für Stück in Biologie- und Biochemie-Vorlesungen an. Mathias Goeschl studierte Physik und beschäftigte sich in Diplomarbeit und Promotion mit den Themen, die heute zu seinem täglichen Brot gehören. »Zwischen den Stühlen zu sitzen ist in der Bioinformatik kein Problem, wenn nicht sogar wünschenswert«, meint er. »Interesse für beide Gebiete, sowohl Biologie als auch Informatik, muss vorhanden sein – eine zu einseitige Ausrichtung in eine der beiden Disziplinen führt über kurz oder lang in eine intellektuelle Sackgasse.«

Das kleine Grüppchen an Quereinsteigern reicht der Industrie schon längst nicht mehr, um ihren Bedarf an Bioinformatikern zu decken. Junge, oft rasant wachsende Biotechnologie-Firmen wie Lion, Evotech oder Biomaxx reißen sich förmlich um sie. Zum Beispiel Lion Bioscience: Das Unternehmen wurde 1997 gegründet und hat bereits 200 Mitarbeiter, viele von ihnen Bioinformatiker. Auch in der forschenden pharmazeutischen und chemischen Industrie, also bei Konzernen wie Merck, Bayer oder Novartis sind diese Spezialisten sehr gefragt. Rolf Hilgenfeld vom Institut für Molekulare Biotechnologie in Jena prophezeit sogar: »Der Bedarf an solchen Fachkräften mit interdisziplinärer Kompetenz ist riesig und wird in den kommenden Jahren exponentiell wachsen.«

Die Universitäten und Fachhochschulen haben den Trend bereits gewittert: In rascher Folge sind in den letzten beiden Jahren Bioinformatik-Studiengänge entstanden, zuerst zum Wintersemester 98/99 in Tübingen. Dort nahmen in den ersten beiden Semestern insgesamt 120 Studenten das Studium auf. Ein Jahr später zogen die Fachhochschule Weihenstephan und die Martin-Luther-Universität Halle nach, in Jena ist ebenfalls ein solcher Studiengang geplant. In Würzburg gibt es seit neuestem einen Lehrstuhl Bioinformatik. Auch auf zahlreichen Fortbildungen können sich interessierte Biologen fit machen.

Die Gehälter für Bioinformatiker sind attraktiv: Junge Biotechfirmen bieten neben dem regulären Gehalt nicht selten eine Beteiligung am Gewinn des Unternehmens, was bei den in dieser Branche üblichen Wachstumsraten sehr attraktiv sein kann. 80 000 bis 90 000 Mark Festgehalt sind üblich, wer Erfahrung hat, kann auch mehr verlangen.

Infos:
Bioinformation Systems e. V.
c/o Dr. Edgar Wingender
(Vorsitzender)
Mascheroder Weg 1b
38124 Braunschweig
E-Mail: ewi@gbf.de
Internet: www.bioinfo.de
Nichtkommerzieller Verein, der sich unter anderem mit der Fortbildung auf dem Gebiet der Bioinformatik beschäftigt.

Gesellschaft für Informatik,
Fachgruppe »Informatik in den Biowissenschaften«
Wissenschaftszentrum
Ahrstraße 45
53175 Bonn
Telefon: (02 28) 3 02-1 45
Telefax: (02 28) 3 02-1 67
Internet: www.gi-ev.de

Linksammlung zum Thema:
www.izw.fmp-berlin.de/bioinf.html

Informationen zu den Studiengängen: www.informatik.uni-tuebingen.de

Buchtipp:
Ralf Hofestädt (Hg.): *Bioinformatik 2000. Forschungsführer Informatik in den Biowissenschaften.* Berlin: Biocom, 1999 (39,80 Mark).

Ähnliche Berufe:

- *Biotechnologe:* untersucht mit biochemischen und ingenieurwissenschaftlichen Methoden biologische Systeme, vor allem Mikroorganismen. Das Ziel ist, so die Bundesanstalt für Arbeit, die Entwicklung technischer Verfahren zur Produktion von Biomasse, Enzymen, Zellprodukten wie Antibiotika oder Alkohol oder zum Schadstoffabbau in Kläranlagen.

Call-Center-Agent

Andere Namen und verwandte Berufe: Hotline-Agent, Callcenter-Mitarbeiter, Hotline-Consultant

Kurzbeschreibung: Telefondienstleister, die die auf einer Hotline eintreffenden Anrufe entgegennehmen, bearbeiten oder weiterleiten

Voraussetzungen/Ausbildung: abgeschlossene Berufsausbildung, angenehme Stimme und Dienstleistungsorientierung

Zwei Dutzend Männer und Frauen sitzen in einem Großraumbüro; sie tragen »Headsets«, Kopfhörer mit eingebautem Mikrofon, damit die Sprechgeräusche ihrer Kollegen sie nicht wahnsinnig machen. Das Telefon klingelt, sie heben ab, helfen einem Kunden, geben Daten in einen Computer ein, legen auf und heben wieder ab: Alltag in einem Callcenter. Vorgänger der so genannten »Agents« waren das Fräulein vom Amt und die freundlichen Herren und Damen der Telefonauskunft. Doch seit Bestellungen per Telefon zum Alltag gehören und es immer mehr komplizierte, erklärungsbedürftige Produkte gibt, sind die einstigen Pioniere nur noch ein kleines Grüppchen im Heer der professionellen Telefondienstleister. Vor allem Banken und Versicherungen, Unternehmen der Telekommunikations- und Computerbranche und Energieversorger unterhalten eigene Hotlines. Die eingehenden Anrufe werden von Mitarbeitern in einem Callcenter beantwortet. Doch so recht durchgedrungen ist das zur Öffentlichkeit noch nicht: Einer Umfrage der GfK Marktforschung zufolge hatten im Dezember 1999 53 Prozent der befragten Deutschen den Begriff »Callcenter« noch nie gehört, und nur 23 Prozent aller Befragten konnten ihn plausibel erklären.

Die Berufschancen in diesem expandierenden Sektor sind hervorragend – Experten schätzen, dass die Zahl der Arbeitsplätze in Callcentern in den nächsten Jahren von 40 000 auf 140 000 steigen wird. Aber leicht ist der Job nicht, die ständige Konzentration zehrt an den Nerven. Wie stressig es wird, hängt vom jeweiligen Callcenter ab – ob es eine Bestellnummer ist, bei der man einfach nur Kundenwünsche aufnehmen muss, oder eine Computerhotline, bei der man qualifiziert beraten und bei Problemen helfen muss. Einen Unterschied macht es natürlich auch, ob man nur Anrufe entgegennimmt oder aktiv Leute anruft. »Inbound« und »Outbound« nennt das der Callcenter-Profi.

Die Arbeitsbedingungen sind in den letzten Jahren besser geworden: »Es ist nicht mehr oft so, dass man auf Plätzen nebeneinander hockt. Die Unternehmen versuchen die Büros mit Säulen, Trennwänden und Pflanzen angenehmer zu gestalten«, meint Simone Jahn von Randstad Callflex, einem Zeitarbeitsunternehmen, das viele Call-Center-Agents vermittelt. In Spitzenzeiten – zum Beispiel wenn ein Fernsehspot mit Bestellnummer gesendet worden ist und die Zahl der Anrufe sprunghaft steigt – wird in den Callcentern zusätzliches Personal eingesetzt. Das bedeutet, man kann auch ganz gut für einige Stunden in der Woche einspringen, wenn man es nur als Nebenjob betreiben will. Doch flexible Arbeitszeiten bedeuten auch, dass man zu Schichtarbeit bereit sein muss. Achtstundenschichten – manchmal rund um die Uhr – sind üblich, pro Stunde sind jedoch zehn Minuten Pause vorgeschrieben.

In der Presse werden Callcenter-Arbeitsplätze oft als »McJobs« geschmäht. Doch bei den qualifizierten Hotlines in Unternehmen sind nach einer Umfrage der Callcenter-Akademie Nordrhein-Westfalen die meisten Mitarbeiter Vollzeit-Festangestellte. Oft sind die Betreiber froh, wenn sie jemanden haben, der ihre komplexen Sachverhalte oder Produkte erklären und dazu Fragen beantworten kann. Je nach Vorkenntnissen dauert die Einarbeitung zwischen einigen Tagen und mehreren Wochen.

Callcenter-Jobs eignen sich gut als Wiedereinstieg in das Berufsleben. »Wenn man im Callcenter angefangen hat, hat man eigentlich sehr gute Perspektiven«, meint Jennifer Jahnke von der Callcenter-Akademie Nordrhein-Westfalen. »Oft schafft man den Sprung in andere Unternehmensbereiche, weil man Kommunikation gelernt hat und mit dem PC umgehen kann. Es ist eher ein Einstieg als etwas, was man die nächsten 15 Jahre macht.« Nur wenige Leute bleiben länger als ein oder zwei Jahre Call-Center-Agents. Aufsteigen kann man innerhalb des Centers zum Team-, Gruppen- oder Projektleiter, der zum Beispiel plant, wie viel Personal zu welchen Zeiten eingesetzt werden muss.

Wer sich bei einem Callcenter bewerben will, der sollte Stress aushalten können, denn es heißt freundlich bleiben, selbst wenn die Anrufe Schlag auf Schlag kommen und die eine oder andere Beschwerde dabei ist. »Wenn jemand einfach nur gern telefoniert, dann sollte man das gleich vergessen, weil es ein großer Unterschied ist, ob man abends mit Freunden telefoniert oder den ganzen Tag mit Fremden redet«, meint Jahnke. »Aber kommunikativ sollte man sein. Wenn man nicht gern spricht, ist es nichts für einen. Auch ein sonniges Gemüt ist sehr nützlich.« Eingestellt werden meist Leute, die eine nette Telefonstimme haben, Hochdeutsch sprechen und die Sprache gut beherrschen. PC-Grundkenntnisse sind meist Bedingung. Der berufliche Hintergrund ist unwichtig, aber die meisten Call-Center-Agents haben eine abgeschlossene Berufsausbildung, oft aus dem kaufmännischen Sektor. »Was ich bei Bewerbern sehr gern sehe, ist Erfahrung im Dienstleistungsbereich«, meint Simone Jahn. »Wenn man zum Beispiel aus dem Einzelhandel kommt oder Arzthelferin war, ist das hilfreich, weil man mit Kunden umgehen gelernt hat.« Doch besonders bei spezialisierten Hotlines finden sich auch EDV-Experten und andere Akademiker.

Obwohl die meisten Agents zurzeit ihre Tätigkeit noch durch »Training on the Job« lernen, bieten bereits 46 Industrie- und Handelskammern Kurse zum »Call-Center-Agent« an, die man berufsbegleitend oder in Vollzeit absolvieren kann. Sie kosten zwischen 1 500 und 3 000 Mark. In der Callcenter-Akademie NRW wird in dem sechswöchigen Kurs Basiswissen vermittelt, die Teilnehmer werden auf das Telefonieren vorbereitet und im Umgang mit Kunden – auch den Schwierigen, die man zunächst beruhigen muss – geschult. Nach fünf Wochen Theorie mit Stimmtraining können die Teilnehmer ihre Fähigkeiten in der letzten Woche in einem echten Callcenter erproben.

Für einfache Telefonagenten werden oft nur geringe Löhne gezahlt (etwa zwischen 24 000 Mark bis 40 000 Mark), doch nach dem Aufstieg zum Gruppen- oder Projektleiter sind 60 000 bis 70 000 Mark und mehr kein Problem.

Infos:
Industrie- und Handelskammern
Internet: www.diht.de

Callcenter-Akademie
c/o ecmc Europäisches Zentrum
für Medienkompetenz GmbH
Bergstraße 8
45770 Marl
Telefon: (0 23 65) 94 04-40
Telefax: (0 23 65) 94 04-29
E-Mail: cca.nrw@ecmc.de
Internet: www.
callcenterakademie.de

Randstad Callflex
Dammtorstraße 13
20354 Hamburg
Telefon: (0 40) 34 91 24 14
Internet: www.talkline.de

Informationen zum Thema Callcenter-Jobs und Stellenmarkt:
www.jobchance-callcenter.de
www.callcenterprofi.de

Ähnliche Berufe:

- *Tele-Sales-Professional/Agent:* andere Bezeichnung für Telemarketer, das heißt Mitarbeiter, die per Telefon Dienstleistungen und Produkte verkaufen und Auskünfte zu Preisen, Konditionen et cetera geben. Erfahrung im Telefonmarketing wird von den Bewerbern meist erwartet.

Data-Warehouse-Analyst

Andere Namen und verwandte Berufe: Data-Warehouse-Spezialist

Kurzbeschreibung: wertet die Informationen in einem Data-Warehouse durch gezielte Fragen aus und stellt die so gewonnenen Erkenntnisse den Fachabteilungen beziehungsweise dem Management zur Verfügung

Voraussetzungen/Ausbildung: Datenbankerfahrung und betriebswirtschaftliche Kenntnisse

In der Antike befragte man das Orakel, wenn wichtige Entscheidungen anstanden. Heute wendet man sich in der Geschäftswelt an das hauseigene Data-Warehouse, das nicht selten vom Marktführer »Oracle« geliefert wurde. Der Vorteil besteht darin, dass man nicht die mehrdeutigen Sprüche des Orakels interpretieren, sondern nur Zahlen auswerten muss. Das gehört zur Aufgabe der Data-Warehouse-Analysts. Ihr Job ähnelt dem eines internen Unternehmensberaters: Sie bekommen Anfragen aus den Fachabteilungen ihres Unternehmens, erarbeiten durch Suchläufe in ihrem Data-Warehouse Ergebnisse und präsentieren sie. Ein Data-Warehouse ist einfach eine Datenbank, die meist auf einem getrennten Server läuft und die gleichen Daten enthält wie die operativen Systeme der Firma, auf denen zum Beispiel Buchungen laufen oder Bestände verwaltet werden. Die Daten im DW sind jedoch so umstrukturiert, dass sie wichtige Entscheidungsgrundlagen für das Management liefern können. Meist geht es dabei um Zielgruppen: »Eine der leichteren Fragen dabei wäre ›Wie viele unserer Kunden sind weiblich, unter 30, haben sich weniger als viermal beschwert und machen im Monat über 200 Mark Umsatz?‹«, meint Markus Heimann, Abteilungsleiter Business-Intelligence-Center/Data-Warehouse bei VIAG Interkom. Kniffliger wird es, wenn es stattdessen heißt, »Simulieren Sie mal, wie sich die Kunden bei einer Erhöhung des Grundpreises um fünf Mark verhalten würden«, oder »Welche Merkmale haben Kunden, die zur Konkurrenz abwandern?«

Data-Warehouse war im IT-Bereich eines der Zauberworte der letzten Jahre. Heute verfügen viele Großunternehmen über diese Systeme: In der Wissensgesellschaft kann sich kaum noch ein Unternehmen leisten, seine gesammelten Daten einfach brachliegen zu lassen. Das hat mehrere neue Jobs hervorgebracht: Zum einen den Data-Warehouse-Manager, der für Konzeption, Einführung und oft auch die Administration von DW-Projekten zuständig ist. Er ist meist Informatiker oder Betriebswirt. Zum anderen die technischen Mitarbeiter, die dafür sorgen, dass das System läuft. Sie achten darauf, dass die richtigen Daten ins Warehouse einfließen und dass die Antwortzeiten nicht zu lange werden, obwohl Gigabytes durchsucht werden müssen. Dann gibt es noch die Analysten: Mit raffinierten Softwaretools filtern sie Aussagen und Gesetzmäßigkeiten aus den Rohdaten. 200 Anfragen bekamen die acht VIAG-Analysten der Münchener Zentrale in den ersten drei Monaten des Jahres, bearbeitet werden die komplexeren Probleme meist im Team. »Das ist sehr spannend, es ist wie Detektivarbeit oder Rätselknacken. Meist sind die Fragen sehr wichtig für das Unternehmen, dadurch hat man ein riesiges Erfolgserlebnis, wenn man ein Problem geknackt hat«, meint Markus Heimann. Die Kehrseite ist, dass die Analysten unter hohem Druck arbeiten müssen. Auch die Tatsache, dass Daten etwas mit Macht zu tun haben, macht ihnen zuweilen zu schaffen: »Keiner möchte, dass man ihm in die Karten schaut, und wir bringen ja viele Dinge ans Tageslicht. Deshalb ist es wichtig, dass das DW-Team entsprechend von der Geschäftsleitung unterstützt wird.«

Angesiedelt sind die Data-Warehouse-Analysten in der Managementunterstützung oder im Marketing. In manchen Firmen kommt man ohne sie aus, weil die Fragen direkt von den Fachabteilungen ins Data-Warehouse-System gestellt werden: »Dafür braucht man keine Programmierkenntnisse, das geht über Windows-Oberflächen. Ein halber Tag Schulung reicht«, meint Guido Schmitter, Leiter Customer Care der Firma Sara Lee und geistiger Vater des hauseigenen Data-Warehouse-Systems. Doch überall dort, wo die Datenwühlerei richtig komplex wird, sind Analysten gefragt. Technisches Know-how und Erfahrung mit Datenbanken wünschen sich die meisten Firmen für diesen Job, außerdem sollte der Kandidat die Prozesse und Probleme der Geschäftswelt kennen. Wirtschaftsingenieure, Betriebswirte, Mathematiker und Physiker arbeiten sich meist besonders schnell in diesen Bereich ein. Wichtiger als Informatikkenntnisse ist, dass man komplexe Zusammenhänge verstehen und Zahlen interpretieren kann. Dann ist ein Einstiegsgehalt ab 90 000 Mark durchaus drin.

Gute Chancen werden sich in diesem Bereich wahrscheinlich auch in Zukunft bieten. »Der Mittelstand wird künftig nicht mehr drumherumkommen, sich auch Data Warehouses anzuschaffen«, meint Peter Wittenborg, Produktmanager Business Intelligence/Data Warehouse der Softwarefirma Oracle. »Außerdem werden die Betreiber von E-Business-Lösungen anfangen, die Besucher auf ihrer Website zu analysieren. Das ist ein wahrer Informationsschatz.«

Infos:
Institut für Managementinformationssysteme e. V.
Turmstraße 8
67059 Ludwigshafen
Telefon: (06 21) 5 99 02 70
Telefax: (06 21) 5 99 02 99
E-Mail: info@imis.de
Internet: www.imis.de
Veranstaltet unter anderem den Data-Warehouse-Kongress.

ORACLE Deutschland GmbH
Oracle University
Hanauer Straße 87
80993 München
Telefon: 01 80 20 00-5 26
Telefax: 01 80 20 00-5 27
E-Mail: edu-buch@de.oracle.com
Internet: www.oracle.com/de/education
Bieten Kurse zum Thema Data-Warehouse an.

Österreich:
Oracle GmbH
Oracle University
Brigittenauer Lände 50-54
A-1203 Wien
Telefon: (01) 3 37 77-4 01
Telefax: (01) 3 37 77-4 99
E-Mail: edu-buch@at.oracle.com
Internet: www.oracle.co.at

Schweiz:
ORACLE Software (Schweiz) GmbH
Oracle University
Täfernstraße 4
5405 Baden-Dättwil, Schweiz
Telefon: (0 56) 4 83 31 31
Telefax: (0 56) 4 83 31 33
E-Mail: education@ch.oracle.com

Data-Warehouse-Server im Internet (News, Links, Bücher ...): www.datawarehouse.de

Stellenbörsen im Internet:
www.computerjobs.de
www.dv-jobs.de

Buchtipp:
Reinhard Höhn: *Der Data-Warehouse-Spezialist. Entwurf, Methoden und Umsetzung eines Data Warehouse.* München: Addison Wesley Deutschland, 1999 (89,90 Mark).

Ähnliche Berufe:

- *Data-Mining-Specialist:* hilft Unternehmen, mit Data-Mining-Verfahren aus Datenbeständen wichtige Zusammenhänge herauszufiltern. Diese Verfahren werden im Moment besonders bei der Risikoanalyse eingesetzt, zum Beispiel bei Versicherungen, die das Risiko bei einem Neukunden einschätzen wollen. Data-Mining-Spezialisten sind oft Mathematiker, Physiker und Statistiker.

Datenbank-Administrator

Andere Namen und verwandte Berufe: Database-Administrator, Data-Manager, Data-Builder, Database-Engineer, Data-Factory-Steward

Kurzbeschreibung: kümmert sich um den reibungslosen Betrieb einer Datenbank und pflegt die Datenbestände. Manchmal plant und entwickelt er die Datenbank auch

Voraussetzungen/Ausbildung: Datenbankerfahrung

So gut wie jede Firma ab einer bestimmten Größe braucht eine Datenbank. McDonald's verwaltet damit seine Bestände an tiefgefrorenen Pommes und Hackfleisch, das Telekommunikationsunternehmen o.tel.o die Adressen und Abrechnungsdaten ihrer 750 000 Privatkunden, die TLC GmbH die Trassen und elektronischen Fahrpläne ihrer Muttergesellschaft, der Deutschen Bahn AG. Hinter all dem stehen Database-Administrators, zuweilen etwas menschenscheue Fachleute, die mit Datensätzen genauso souverän hantieren wie andere mit Akten.

Hat ein Spezialist oder Berater die Datenbank entworfen und in Betrieb genommen, beginnt normalerweise die Aufgabe des Administrators. Damit, das System und die kostbaren Daten zu hegen und zu pflegen, hat er reichlich zu tun. In seiner Verantwortung liegt es, sich um die Fehlerbehebungen zu kümmern, Sicherheitskopien anzulegen und aufzupassen, dass die Speicherplatten nicht voll laufen. Er überwacht die Zugriffe auf die Datenbank, optimiert ihre Leistung und interne Abläufe, organisiert die Datenbank wenn nötig um, entfernt »Karteileichen« und lässt statistische Analysen laufen. In kleineren Betrieben liegt zuweilen sogar das ganze System in seinen Händen, er plant und entwickelt die Datenbank gleich so, wie er sie haben will, nimmt sie in Betrieb und verwaltet sie dann inklusive des Netzwerks, das die Computer der Firma untereinander verbindet.

»Der Administrator hat eigentlich eine recht ruhige Arbeit – so lange, bis etwas schief läuft: Ein Benutzer löscht versehentlich eine Menge Daten, irgendeine Hardware wird defekt oder die Datenbank hat selbst ein Problem. Dann muss der Administrator schnell und zuverlässig alles wieder in Ordnung bringen«, erklärt der Leiter eines Rechenzentrums, der nicht namentlich genannt werden möchte – zu lästig sind seinem Unternehmen die Abwerbeversuche der Headhunter. Eingreifen muss der Administrator zum Beispiel, wenn die Datenbank in einen »Deadlock« gegangen ist. Was wie ein Ringergriff klingt, ist ein Zugriffsproblem. »Es kann eintreten, wenn zwei Benutzer dieselben Ressourcen brauchen und sich die Anfragen im System so unglücklich überkreuzen, dass sie sich gegenseitig blockieren. Dann wartet das Programm bis zum jüngsten Gericht darauf, dass die jeweils andere Ressource frei wird. Manchmal muss das der Administrator von Hand korrigieren«, erklärt Frank Münker von der Softwarefirma Living Source.

Auf dem Arbeitsmarkt haben Database-Administrators gute Chancen; je nach Berufserfahrung können sie mit 60 000 bis 150 000 Mark im Jahr rechnen. Krisensicher ist der Job allemal, denn in den Firmen wachsen die Datenmengen ins Unermessliche und damit der Bedarf an Leuten, die diese Daten verwalten. »Ich glaube, dass der Beruf wichtiger werden wird«, meint auch Stephane Guilpain, ein Betriebswirt, der als Datenbankadministrator Karriere gemacht hat und zurzeit bei Siemens arbeitet. »Schließlich steht hinter jeder E-Commerce-Plattform eine Datenbank.« Seiner Erfahrung nach ist es wichtig, dass ein DBA die Schnittstelle zwischen den Finanzabteilungen und IT-Abteilung bilden kann: »Computerleute und Buchhalter können nur schlecht miteinander reden, sie sprechen einfach nicht dieselbe Sprache. Wichtig ist für den DBA, dass er mit beiden Abteilungen klarkommt und auch über den Finanzbereich wenigstens die grundlegendsten Dinge weiß.«

Zuweilen wird ein Informatikstudium verlangt, doch wer solide EDV-Kenntnisse vorweisen kann, der findet auch mit einem anderen technischen Studium oder gar als Quereinsteiger offene Türen vor. Dabei darf man sich nicht von dem Wust unterschiedlicher Bezeichnungen abschrecken lassen, die für sehr ähnliche Aufgaben im Umlauf sind. Nach den persönlichen Eigenschaften wird selten gefragt, gerade mal »analytisches Denken« schafft es als Anforderung in viele Stellenanzeigen, die sich ansonsten eher wie eine Ansammlung von Abkürzungen lesen. Fachkompetenz ist in diesem Beruf alles – wer die besitzt, kann im Büro auch in geflickten Jeans auftauchen. Schließlich hat man meist mit Daten und nur selten mit Kunden zu tun. Grundsätzlich gilt: Ein zukünftiger Database-Administrator sollte sich mit Server-Betriebssystemen wie UNIX oder Windows NT und vor allem mit den gängigsten Datenbanksystemen wie Access, ORACLE, Informix und DB2 auskennen. Programmierkenntnisse in SQL oder C++ werden auch gelegentlich verlangt. »Am wichtigsten ist natürlich Berufserfahrung, denn Datenbanksysteme sind in Betrieben oft ›mission-critical‹ und Ausfallzeiten können verheerend teuer sein, von Datenverlusten ganz zu schweigen«, meint Frank Münker.

Kurse zum »Datenbankspezialisten mit ORACLE-Zertifizierung« bietet zum Beispiel die ptm-Akademie an, die Standorte in München, Gera, Würzburg und Jena hat. Zehn Monate theoretische Ausbildung werden dabei durch ein achtwöchiges Praktikum ergänzt.

Infos:
ORACLE Deutschland GmbH
Oracle University
Hanauer Straße 87
80993 München
Telefon: 01 80 20 00-5 26
Telefax: 01 80 20 00-5 27
E-Mail: edu-buch@de.oracle.com
Internet: www.oracle.com/de/education
Bieten Ausbildung zum Oracle-Datenbankadministrator an.

Private ptm-Akademie
(Standorte in München, Würzburg, Gera und Jena)
Löbdergraben 28
07743 Jena
Telefon: (0 36 41) 42 51 36
Telefax: (0 36 41) 42 51 37
E-Mail: ptm-jena@ptm.de
Internet: www.ptm.de

Jobbörse speziell für Datenbankadministratoren: www.dbajobs.com/

Stellenbörsen im Internet:
www.future-consulting.de
www.computerjobs.de
www.dv-jobs.de

Ähnliche Berufe:

- *Datenbankentwickler:* konzipiert Datenbanken von Anfang an oder realisiert die schwierige Anbindung/Verschmelzung verschiedener Datenbanken in einem Unternehmen, sodass eine neue Datenarchitektur entsteht. Gefragt sind dafür vor allem Informatiker mit Datenbankerfahrung.
- *Datenbankmanager:* siehe oben

DTP-Layouter

Andere Namen und verwandte Berufe: DTP-Setzer, DTP-Spezialist

Kurzbeschreibung: erstellt am Bildschirm Broschüren oder Bücher

Voraussetzungen/Ausbildung: Kenntnisse der gängigen Grafik- und Layoutprogramme

Als Computer in die Druckereien und Setzereien, in Verlage und Werbeagenturen Einzug hielten, veränderten sich die Arbeitsbedingungen dort drastisch. Resigniert fanden die Setzer sich damit ab, dass sie sich schon wieder auf eine neue Technologie einstellen mussten, nachdem schon Bleisatz, Lithografie, Fotosatz und vieles andere den Weg in die Nische angetreten hatte. Quasi als Ausgleich dafür wurde ein neuer Job geboren: der DTP (Desktop Publishing)-Layouter. Am Bildschirm entwirft er aus einem Text und ein paar Illustrationen Broschüren und Bücher, die dann von der Druckerei hergestellt werden.

»Es ist praktisch eine Art Grafiker ohne entsprechenden Hochschulabschluss«, meint Ulrich Sonnauer, Marketingleiter der hausinternen Agentur des Möbelriesen Segmüller. Jedes Jahr gestalten seine Leute eine Vielzahl von bunten Prospekten und Anzeigen. »Die meisten Leute in diesem Beruf haben sich per Zusatzausbildung umschulen lassen oder sich das nötige Können selbst beigebracht.« Auch einige Grafik-/Design-Absolventen finden sich in diesem Berufsfeld. Möglicherweise wird sich als Berufsvoraussetzung die neue Ausbildung »Mediengestalter für Digital- und Printmedien« durchsetzen. Es ist ein neuer Lehrberuf, der gleich mehrere etwas antiquierte Ausbildungen ablöst: Reprohersteller, Schriftsetzer und Werbe- und Medienvorlagenhersteller. Nach der Ausbildung finden die Mediengestalter ihre Einsatzgebiete in Agenturen, Zeitungen und Zeitschriften, wo sie gedruckte Produkte und Multimedia herstellen. Doch bisher werden in Stellenanzeigen nur »normale« DTPler gesucht, nach einem Zertifikat fragt niemand. Ein zukünftiger DTP-Layouter sollte jedoch die wichtigsten Programme beherrschen, die man zum »Seitenbauen« braucht: vor allem Photoshop, QuarkXPress und Freehand. Mitbringen sollte man neben dem guten Draht zu Computern vor allem einen Sinn für Gestaltung.

So sind denn auch die Lebensläufe in diesem Berufsbild bunt, bunter, am buntesten. Der Berliner Guido Büsch beispielsweise fing als Zugschaffner an und führte internationale Reisezüge. Mit kühnem Sprung wechselte er 1995 die Branche und wurde Layouter bei einem Online-Magazin. Uwe Aufleger, der heute in Erding einen Presse- und Verlagsservice betreibt, gestaltet Bücher und Kursprogramme für Weiterbildungsanbieter. Gelernt hat er eigentlich, kunstvolle bunte Kirchenfenster zu schaffen, aber sein Gefühl für Form und Farbe kommt ihm auch bei seiner jetzigen Arbeit als DTP-Layouter zugute.

Wie bei seinen Kollegen ist auch sein Werkzeug der »Mac«, ein Macintosh-Computer mit Riesenbildschirm, der groß und grau auf seinem Schreibtisch thront. Vor ihm verbringt er den Tag, der bei ihm als Freiberufler schon mal zwölf bis dreizehn Stunden lang sein kann. Zwei Wochen Stress und volle Konzentration, Grafiken bauen, Text einlesen, Worte und Bilder zu einem harmonischen Ganzen verbinden. Dann gehen die Vorlagen per Kurier oder Datenleitung an die Druckerei. Aufatmen, ein bis zwei Tage freinehmen, dann zurück an den Rechner. Bei einem seiner Projekte, dem Tour-Tagebuch von Jan Ullrich, bei dem er parallel zur Tour de France täglich Satz und Layout der neuesten Textteile machte, verließ er das Büro oft erst um Mitternacht. »Dafür lag das Buch aber auch schon vier Tage nach Ende der Tour in den Buchläden«, erzählt Aufleger stolz.

Bezahlt werden die Freien pro Seite, von sechs Mark für Massensatz bis weit über 100 Mark für aufwändige Layouts. Davon müssen sie ihre Ausrüstung finanzieren, und das ist kein Pappenstiel: »Man ist gezwungen, sich technisch immer auf dem neuesten Stand zu halten. Schriften, Hardware, Software, Peripherie – man muss ständig investieren«, beschreibt es der Illustrator und DTP-Layouter Hans Lechner. »Man kann zwar ein Schweinegeld verdienen, wenn man für die richtige Branche layoutet, aber die Hausfrauen mit ihren ›Wohnzimmer-Setzereien‹ ruinieren ganz schön die Preise.«

Festangestellte, die sich vor allem in Firmen mit hohem Prospekt-Ausstoß, Agenturen und Verlagen finden, haben das Problem natürlich nicht. Sie bekommen ihre Werkzeuge gestellt, zudem sind ihre Arbeitszeiten »ziviler«. Bei Segmüller bekommt der Layouter einen Ordner mit allen wichtigen Unterlagen zu dem Projekt, auch die Bilder sucht jemand anderes zusammen. Dann fertigt er die Seiten nach den Vorgaben und unter der Regie eines Art Directors. Am Anfang arbeitet er fast nur nach Vorlage, doch nach einem halben bis Dreivierteljahr ist er fit genug, um einen Prospekt eigenverantwortlich betreuen zu können. Mit einigen Jahren Berufserfahrung kann er schließlich zum Gruppenleiter aufsteigen. Der Verdienst liegt beim Einsteig von 50 000 Mark aufwärts.

Anstrengend ist die Bildschirmarbeit natürlich schon, doch eine Garantie dafür, sich die Augen zu verderben, ist der Job nicht: »Die Bildschirme heute sind um 300 Prozent besser als früher. Heute muss man vor allem etwas für die Raumluft tun, daher kommen meist die Kopfschmerzen. Deswegen haben wir das Büro bei uns stark begrünt«, meint Ulrich Sonnauer.

Infos:
Verband der Deutschen Grafik Designer e. V. (VDGD/DDV)
c/o Friedrich Hoven
Kochsgasse 7
5224 Verwegen (Aachen)
Telefon: (0 24 08) 50 51
Telefax: (0 24 08) 50 52
E-Mail:www.germandesign.de

GTW Training & Consulting GmbH
Drachenburgstraße 5 a
53179 Bonn
Telefon: (02 28) 9 43 90-99
Telefax: (02 28) 9 43 90-26
E-Mail: Training@GTW-Bonn.de
Internet: www.euroteq.de
Bieten Seminare zu DTP/Layoutprogrammen an.

Konzept + Design
Austraße 138
70376 Stuttgart
Telefon: (07 11) 59 35 94
Telefax: (07 11) 9 59 79 95
E-Mail: info@designonline.de
Internet: www.designonline.de
Bieten Schulungen zu DTP/ Layoutprogrammen an.

Ähnliche Berufe:

- Screen Designer: siehe Beitrag in diesem Buch
- Mediengestalter für Digital- und Printmedien: siehe oben

E-Jurist

Andere Namen und verwandte Berufe: Internet-Jurist

Kurzbeschreibung: Jurist mit Schwerpunkt Online-Recht, der zum Beispiel Verträge mit Providern aushandelt, sich mit Verschlüsselungsprogrammen befasst und Domain-Namen einklagt

Voraussetzungen/Ausbildung: Jurastudium, meist Zweites Staatsexamen

In Stellenanzeigen hat die neue Bezeichnung sich bereits eingeschlichen: Gesucht wird immer häufiger der Jurist, der sich mit Internet, E-Commerce und Online-Recht – auch »Netlaw« oder »Cyberlaw« genannt – auskennt. Die neuen Medien haben eine Vielzahl von juristischen Fragestellungen aufgeworfen – von Regelungen zum Online-Banking, Versteigerungen im Internet, über die Benutzung von Website-Namen, bis hin zu Fragen zu Datenschutz, elektronischen Signaturen, Urheberrecht und Softwarerecht. »Es herrscht das Vorurteil, dass das Internet ein rechtsfreier Raum ist. Aber das stimmt längst nicht mehr, gerade von Europa ist eine wahnsinnige Flut von Regelungen gekommen, das ist fast schon eine Überregulierung«, meint E-Jurist Jörg Bock. Arbeit finden Juristen mit Schwerpunkt Online-Recht beispielsweise in großen Kanzleien, in Software- und E-Commerce-Firmen, aber auch in ganz normalen großen Unternehmen, auf die mit ihrem eigenen Internet-Auftritt immer mehr Fragestellungen zu diesem Thema zukommen. »Da werden einige neue Arbeitsplätze für Juristen in Unternehmen und Kanzleien entstehen«, prophezeit Uwe Scherf, Geschäftsführer der Bundesrechtsanwaltskammer. »Ich könnte mir vorstellen, dass sich der Nachwuchs intensiv mit diesem jungen Rechtsgebiet beschäftigen wird. Aber nicht nur das – jeder Anwalt muss sich mit dieser Thematik auseinander setzen und die neuen Medien nutzen.«

Der Computerfan Jörg Bock, der heute in der Internet-Firma seiner Frau arbeitet, wählte den Schwerpunkt Wirtschaftsrecht und rutschte nach seinem 2. Staatsexamen durch seine Arbeit bei der Industrie- und Handelskammer ins E-Recht hinein. »Es kamen viele Anfragen zu E-Commerce, das ist alles auf meinem Schreibtisch gelandet. Zum Beispiel hat der Betreiber einer Internet-Suchmaschine angefragt, wie seine Allgemeinen Geschäftsbedingungen aussehen sollten, und wir haben den Entwurf dann verbessert. Oder eine Firma hat wettbewerbswidrig Massen-E-Mails an Privatleute verschickt. Es hat mir viel Spaß gemacht, solche Fragen zu bearbeiten.«

Einer der Fälle, mit denen er öfter zu tun hatte, waren Abmahnungen wegen unbefugter Domainnamen-Verwendung. Wer einen Namen wie »www.daimlerchrysler.de« einfach blockiert, der muss im schlimmsten Fall sogar mit Schadensersatzansprüchen rechnen. Einen ähnlichen Fall hat auch Peter Kuschow, E-Jurist beim ADAC, zu bearbeiten: Irgendein Unbekannter hatte sich verschiedene ADAC-Domainnamen gesichert, zum Beispiel »adac-nordbayern.de«. Kurschow konnte ihn jedoch dazu bewegen, sie freiwillig aufzugeben. Eigentlich ist Peter Kuschow Baujurist, doch durch eine Schwangerschaftsvertretung bekam er den Bereich Internet-Recht dazu. Seither berät er zum Beispiel die Online-Redaktion des ADAC in rechtlichen Fragen oder macht Verträge mit Providern. »Meist mache ich den ersten Vertragsentwurf zu einer Angelegenheit, die die Fachabteilungen schon ausgehandelt haben«, berichtet er. »Das Problem ist dabei oft zu verstehen, was eigentlich Vertragsgegenstand ist. Man muss sich von einem Computerfachmann genau erklären lassen, was wir eigentlich geregelt haben wollen.«

Ganz leicht ist die Spezialisierung gerade auf diesen Rechtsbereich nicht, da sich das Feld noch immer rasant entwickelt. Man muss sich ständig selbst weiterbilden, zum Beispiel indem man sich durch den Blick in die Zeitung über neue Urteile informiert und sich die Unterlagen zur Einsicht schicken lässt. Wer sich auf das E-Recht einlässt, der muss eine Pioniermentalität mitbringen, da man sich nicht mithilfe eines Gesetzeskommentars einlesen kann, sondern immer wieder komplett neue Probleme auf den Tisch bekommt. »Man kann oft ganz schlecht beurteilen, wie das Gerichtsverfahren ausgehen wird, weil man an Richter geraten kann, die sich mit dem Internet nicht auskennen«, erklärt Jörg Bock. »Man muss dann auch in Schriftsätzen aufpassen, dass man keine englischen Fachbegriffe wie ›Downloading‹ verwendet, das kann als unzulässig zurückgewiesen werden, weil die Gerichtssprache Deutsch ist. Wenn man dagegen an jemanden kommt, der sich mit dem Internet gut auskennt, der fühlt sich dann wieder beleidigt, wenn man solche Dinge lang und breit erklärt.«

Auch selbst ab und zu zu surfen gehört zum Job des Online-Juristen, denn kennt man die Welt der Netze nicht aus eigener Erfahrung, kann man die daraus entstehenden Probleme nur schwer verstehen und denkt möglicherweise nicht daran, sie in Vertragsentwürfen zu berücksichtigen. »Ein zukünftiger E-Jurist sollte vor allem technisches Verständnis mitbringen. Ein Verkehrsjurist, der keine Ahnung hat, wie ein Auto fährt, würde sich auch sehr schwer tun«, grinst Peter Kuschow. Außerdem sollte er gute Kommunikationsfähigkeiten haben, um mit den Software-Leuten reden zu können, die von ihm fertige Verträge erwarten.

Die besten Voraussetzungen für eine solche Spezialisierung bringen Juristen mit, die sich im Wirtschaftsrecht oder internationalem Privatrecht auskennen. Zurzeit sprießen Studiengänge mit Schwerpunkt Rechtsinformatik und Lehrgänge zum Online-Recht überall in Deutschland aus dem Boden: So bietet zum Beispiel die Universität Hannover einen neuen Ergänzungsstudiengang Rechtsinformatik an, der mit dem internationalen »Master of Laws« abschließt Und die FH Furtwangen bietet in ihrer tele-akademie einen Kurs zum Thema Online-Recht an. Auch das Deutsche Anwaltsinstitut bietet regelmäßig Weiterbildungskurse zum Thema »Internet für Rechtsanwälte« an (Infos über die Bundesrechtsanwaltskammer).

Infos:
Bundesrechtsanwaltskammer
Joachimstraße 1
53113 Bonn
Telefon: (02 28) 9 11 86-0
Telefax: (02 28) 26 15 38
Internet: www.brak.de

tele-akademie
Postfach 11 52
78113 Furtwangen
Telefon: (0 77 23) 92 06 80
Telefax: (0 77 23) 92 06 81
E-Mail: tele-ak@fh-furtwangen.de
Internet: www.tele-ak.de

www.zurecht.de/finden/online.htm
Ausführliche Linksammlung zum Online-Recht

Buchtipp:
Zeitschrift *Computer & Recht*
Verlag Dr. Otto Schmidt
Unter den Ulmen 96-98
50968 Köln
Telefon: (02 21) 9 37 38-1 80
Telefax: (02 21) 93 73 89 03
E-Mail: computerundrecht@otto-schmidt.de
Internet: www.otto-schmidt.de

Energiebroker und -trader

Andere Namen und verwandte Berufe: Stromhändler

Kurzbeschreibung: kauft und verkauft Strom beziehungsweise agiert zwischen Verkäufer und Kunde als Makler

Voraussetzungen/Ausbildung: wirtschaftswissenschaftliches beziehungsweise technisches Studium oder Erfahrung in Handel und Finanzwesen

Fürs Wetter hat sich Kai Ristau nie sonderlich interessiert. Doch seit er als Energiebroker arbeitet, holt er sich jeden Morgen aus dem Internet die neuesten meteorologischen Information, um jederzeit darüber im Bilde zu sein, was sich am Himmel so tut – und damit auch an den Energiebörsen: »Wenn es kalt wird, dreht jeder die Heizung auf. Resultat: Energie wird knapper, der Preis steigt. Wenn die Schneeschmelze beginnt, füllen sich die Staubecken der Wasserkraftwerke. Weil das sozusagen jede Menge gespeicherter Strom ist, sinkt der Kurs«, erklärt Ristau. Eine ungewöhnliche

Vorstellung im Lande der einstmals festen Strompreise. Doch die Liberalisierung des deutschen Strommarkts, die 1998 in Gang kam, hat auf einen Schlag ein neues Geschäftsfeld geschaffen – den Energiehandel. Auf mittelfristig 50 Milliarden Mark schätzt Personalberater Dieter Unterharnscheidt vom Competence Center Energy das Stromhandelsvolumen in Deutschland. In diesem rasant wachsenden Bereich fallen jede Menge zusätzliche Arbeitsplätze an – sie entstehen buchstäblich schneller, als man sie besetzen kann. Viele von ihnen betreffen Berufe, die es in schon länger deregulierten Strommärkten wie Skandinavien und den USA schon seit einigen Jahren gibt, die in Deutschland aber komplett neu sind: So zum Beispiel den Energietrader, den Stromhändler. Er kauft und verkauft die elektrische Ware sozusagen auf eigene Rechnung, meist für einen Energieversorger oder ein anderes großes Unternehmen. Bei den Hamburgischen Electricitäts-Werken (HEW) beispielsweise arbeiten im neugegründeten Stromhandelsbereich schon 20 Leute, im Sommer soll das Team auf 60 Mitarbeiter anwachsen.

Wo es um Werte geht, die gehandelt werden, betreten natürlich auch Broker die Bühne, Energiemakler. Sie vermitteln zwischen Käufer und Verkäufer und bleiben dabei neutral, weil sie von beiden Seiten Provisionen erhalten. Ihre Welt sind D-Mark und Megawatt, ihre Orientierung der Index der Amsterdam Power Exchange und der skandinavischen Energiebörse Nord Pool. Als einer von ihnen arbeitet Kai Ristau seit einem Jahr bei der kleinen Hamburger Firma *powerbroker*. Gleich nach dem Betriebswirtschaftsstudium heuerte ihn Geschäftsführer Tobias Mangelmann – dessen eigener Abschied von der Universität noch nicht viel länger zurückliegt – an. »Wir vermitteln bestimmte Leistungsmengen für einen konkreten Zeitraum, zum Beispiel 50 Megawatt für einen Tag oder zehn Megawatt für die nächste Woche. Wenn sich der Preis nach oben entwickelt, verkauft der Kunde wieder«, erklärt Ristau. Etwa 25 solcher Großhandelskontrakte arrangieren die fünf Mitarbeiter der Firma pro Tag. Das bedeutet, viele Stunden täglich am Telefon zu verbringen, Kunden anzurufen und ihnen aktuelle Preise und Infos durchzugeben, aber auch, sich über Trends auf den Märkten auf dem Laufenden zu halten.

Stress und schnelle Entscheidungen gehören im Energiehandel zum Alltag, denn er ist für Händler und für die Kunden der Broker ein riskantes Geschäft. Man kann Millionen von Kilowattstunden nicht einfach so speichern, man muss sie an dem Tag, für den man sie gekauft hat, verbrauchen oder sie bis dahin wieder abstoßen – wenn der Preis in der Zwischenzeit in den Keller gegangen ist, hat man eben Pech gehabt und verliert Geld. Würde man nicht verkaufen, verfiele die Ware und man stände mit leeren Händen da.

Trotz der Risiken boomt das Geschäft mit dem Strom, mit rosigen Zukunftsperspektiven. Demnächst wird in Frankfurt die *European Energy Exchange* (EEX) an den Start gehen, die erste deutsche Energiebörse. »Es wird ein sehr großer Personalbedarf entstehen«, sagt Andreas Hartenbach, Management-Consultant bei der Mercuri Urval GmbH, voraus. »Wer jetzt einsteigt, hat als Mann der ersten Stunde große Vorteile, wenn die Energieunternehmen wachsen. Zudem können durch die hohe Nachfrage selbst Leute, die erst ein halbes Jahr oder Jahr in dem Bereich gearbeitet haben, schon sehr hohe Gehaltsforderungen stellen.« Die Energieversorger kommt es teuer zu stehen, dass mit ihrem Einstieg in die Welt des Handels auch das dazugehörige Bonus-Gehaltssystem auf sie abgefärbt hat. Wer etwas Erfahrung vorweisen kann und Erfolg hat, kann als Energietrader oder -broker gut und gern 120 000 bis 150 000 Mark verdienen.

Da in Deutschland kaum Profi-Stromtrader zu finden sind, wildern die Firmen vor allem unter den Wertpapier-, Devisen- und Rohstoff-Händlern. Auch BWL-Absolventen mit Schwerpunkt Finanzmarkt oder Wirtschaftsingenieure haben Chancen. Technisches Wissen ist kaum nötig, vor allem handeln sollte man können. Kai Ristau sagt über den idealen Energiebroker: »Clever, nicht wortkarg, mit Biss und trotzdem freundlich, mit einem Gespür für Markt- und Preisentwicklungen.«

Infos:
Vereinigung Deutscher Elektrizitätswerke (VDEW e. V.)
Stresemannallee 23
60596 Frankfurt am Main
Telefon: (0 69) 63 04-1
Telefax: (0 69) 63 04-2 89
Internet: www.strom.de
Mit Stellenbörse

FORUM Institut für Management GmbH
Vangerowstraße 18
69115 Heidelberg
Telefon: (062 21) 50 05 00
Telefax: (0 62 21) 50 05 55
E-Mail: info@forum-institut.de
Internet: www.forum-institut.de
Bietet Seminare für den Bereich Energiewirtschaft an, zum Beispiel Grundlagen des Risikomanagements im Energiehandel, Erfolgreich Energie einkaufen, Grundlagen des Energierechts.

Ähnliche Berufe:

- *Fondsmanager:* Bankmitarbeiter, der die Gelder seiner Kunden in Fonds investiert. Er bewirtschaftet und optimiert »seinen« Fonds aktiv durch An- und Verkäufe von Wertpapieren, damit er bei möglichst geringem Risko eine gute Rendite erzielt. Voraussetzung ist meist ein BWL-Studium oder eine Banklehre mit Weiterbildung sowie idealerweise Erfahrung im Wertpapierhandel.

E-Shopbuilder

Andere Namen und verwandte Berufe: Shopping-Producer, E-Business-Spezialist, E-Commerce-Consultant, Shop-Manager, Storebuilder

Kurzbeschreibung: betreut und entwickelt virtuelle Einkaufswelten und E-Commerce-Projekte

Voraussetzungen/Ausbildung: meist Informatikstudium oder wirtschaftswissenschaftliches Studium plus Informatikkenntnisse

Die englische Bezeichnung verrät es schon – der E-Shopbuilder lässt sich nicht dazu herab, im realen Universum schicke kleine Boutiquen einzurichten. Alle Geschäfte, die er entwirft und baut, befinden sich im virtuellen Raum und können rein theoretisch von jedem Punkt der Erde und rund um die Uhr angesteuert werden. Etwa seit 1997 boomt E-Commerce auch hierzulande, unabhängig davon, ob man schon richtig Geld damit verdienen kann oder nicht. »Handwerksmeister sind tagsüber gewöhnlich auf der Baustelle und erledigen den Bürokram abends. Auch dann wollen wir ihnen den besten Service bieten«, erklärt das Wilfried Mast von der Firma Häfele, die einen großen Online-Shop für Handwerker eingerichtet hat.

Das Bedürfnis »Wir suchen jemanden, der uns einen Online-Shop aufbaut« in ein Wort beziehungsweise in eine Berufsbezeichnung zu kristallisieren, die man in eine Stellenanzeige schreiben könnte, ist jedoch anscheinend gar nicht so einfach. Jede Firma strickt sich ihren eigenen Titel zurecht: Internet-Shopbuilder, Shopping-Producer, E-Commerce-Projektleiter, Multimedia-Manager, Web-Producer und jede denkbare Verknüpfung dieser Begriffe sind im Umlauf.

Was alle diese Menschen gemeinsam haben: Sie sind heiß umworben. »Die ganze Branche hat große Nachwuchsprobleme – der Markt ist leergefegt«, seufzt Harald Meurer. Er ist Geschäftsführer der Agentur @-solutions, die ihren Kunden – wie zum Beispiel der Konzertkartenvertrieb Ticketworld.de – ein Fullservice-Paket bietet. Vier Shops bauen seine Leute gerade. Der Projektmanager, also derjenige, der als »Shopbuilder« agiert, stellt sich für jeden Auftrag ein neues Team zusammen, das aus einem oder mehreren Grafikern und Programmierern besteht. Er schreibt das Angebot, geht damit zum Kunden und setzt es dann um. Außerdem muss er präsentieren und verhandeln, steuern, organisieren und dafür sorgen, dass die Kosten sich im akzeptablen Rahmen bewegen. Ein bis zwei Monate dauert es, einen neuen Laden zu eröffnen, dann ist das nächste Projekt dran – das macht den Job abwechslungsreich.

Größere Firmen lassen sich ihre Shops oft von Agenturen maßschneidern. Wer dafür nicht das nötige Kleingeld hat, bastelt sich selbst was zusammen oder beteiligt sich bei einem Anbieter, der eine Plattform im Internet hat und einzelne Shops an Endkunden »untervermietet«. Einer dieser Provider, der auch die Dienstleistung des virtuellen Ladenbaus anbietet, ist die Internet-Firma Yahoo!. Zur Aufgabe des Yahoo-Shopping-Producers gehört, mithilfe einer eigens entwickelten Software als One-Man-Team für Kunden Shops im Internet zu entwerfen und aufzubauen. Dabei sind auch Design-Fähigkeiten gefragt: »Erfahrung in der Gestaltung von Websites« sollte man für diesen Job mitbringen.

Kommunikativ muss ein zukünftiger Shopbuilder sein, schließlich hat er ständig mit Kunden zu tun, aber fast genauso wichtig ist technisches Verständnis. »Er muss sich in ganz unterschiedlichen Welten bewegen können – er redet gewöhnlich mit Vorständen und Geschäftsführern, aber auch mit Kreativen aus dem Multimedia-Bereich«, sagt Harald Meurer von @-solutions. Kenntnisse in den Programmiersprachen HTML und Java sind Pflicht, manche Unternehmen wünschen sogar, dass ihr zukünftiger Projektleiter auch mit anderen mehr oder minder exotischen Buchstabenkombinationen wie C++, UNIX, XML, SSL, SQL und CORBA etwas anfangen kann. In einigen Agenturen braucht der Shopbuilder nicht selbst zu programmieren, bei anderen Unternehmen muss er dies häufig. Bevorzugt werden jedoch keine Informatiker, sondern BWL-Studenten mit Schwerpunkt Marketing und Kommunikation, die vom Internet fasziniert sind und sich das nötige Wissen durch »Learning by Doing« selbst beigebracht haben. Das ist bisher der gängige Weg, den Einstieg in diesen Beruf zu finden. In der Multimedia-Branche sind die Hierarchien meist flach, daher drückt sich der Lohn für gute Arbeit nicht unbedingt in einem neuen Titel und besseren Büro aus. Nur die virtuellen Shops, die man baut, werden größer – bis hin zum Drei-Millionen-Mark-Einkaufspalast. Natürlich steigt damit auch das Gehalt: Ein Nachwuchs-Shopbuilder bekommt etwa 60 000 Mark, später gibt es 85 000 Mark oder mehr.

Infos:
Deutscher Multimedia-Verband (dmmv)
Kaistraße 14
40221 Düsseldorf
Telefon: (02 11) 85 28 60
Telefax: (02 11) 8 52 86 15
E-Mail: info@dmnv.de
Internet: www.dmnv.de
Auf der Homepage findet sich auch eine Jobbörse.

Ähnliche Berufe:

- *Multimedia-Programmierer:* erarbeitet in einem Team mit Grafikern und Konzeptionern ein Multimedia-Produkt oder optimiert es technisch. Meist Quereinsteiger mit guten Informatikkenntnissen oder Absolventen einer Multimedia-Fortbildung
- *IT-Consultant mit Schwerpunkt E-Commerce:* siehe Beitrag in diesem Buch

Event-Manager

Andere Namen und verwandte Berufe: Event-Marketing-Specialist, Referent Event-Marketing

Kurzbeschreibung: organisiert von Unternehmen gesponserte Veranstaltungen oder Promotion-Aktionen

Voraussetzungen/Ausbildung: Organisationstalent

Im Fernsehen wird man alle paar Minuten mit Werbespots traktiert, in den Zeitschriften finden sich oft mehr Anzeigen als Artikel. Die Gleichung, dass man doppelt so viel verkauft, wenn man doppelt so viel wirbt, geht für die Firmen schon längst nicht mehr auf. Um dem genervten Verbraucher doch noch einen Anflug von Begeisterung zu entlocken, ist seit ein paar Jahren immer mehr das Erlebnis gefragt.

Carsten Jacob ist einer der Menschen, die ihren Beruf im neuen Feld des Event-Marketings gefunden haben. »Früher war ich tagsüber kaufmännischer Angestellter und BWL-Student, nachts habe ich als DJ in Berlin Platten aufgelegt und große Skireisen organisiert«, erzählt er von seinem früheren »Doppelleben«. Heute kann er bei CineCom – einer Marketingagentur aus der Unterhaltungsbranche – beide Erfahrungsbereiche verknüpfen. Seither hat er unzählige glanzvollen Premierenfeiern organisiert, die Eröffnung des UFA-Palasts in Düsseldorf betreut, die deutsche Beachsoccer-Nationalmannschaft vermarktet und sich den Kopf darüber zerbrochen, wie man Luxusautos in Kinofoyers hineinzwängt. Häufig sitzt Carsten Jacob im Flugzeug oder Auto und reist zu den »Locations«, die restliche Zeit verbringt er damit, mit Kunden zu sprechen, Konzepte zu erstellen, Präsentationsunterlagen vorzubereiten, Ideen auszubrüten, Kosten zu kalkulieren, Verträge auszuhandeln. Selten verlässt er sein Büro vor neun Uhr abends. An seinem Job reizen ihn die Abwechslung und das greifbare Ergebnis: »Ob es im Erfolg oder Misserfolg endet, bekommt man hautnah mit«, sagt er. »Während das Event läuft, ist man sehr angespannt und auf der Lauer, ob alles klappt. Ich freue mich immer, wenn es vorbei ist.«

Für die Kunden ist Event-Marketing nicht gerade billig. Aber die großen Firmen zieren sich nicht, dafür tief in die Tasche zu greifen: Einer forsa-Umfrage zufolge planen 40 Prozent der befragten Großunternehmen, ihre Aktivitäten auf diesem Gebiet noch weiter auszudehnen. Manche von ihnen, so zum Beispiel Microsoft, beschäftigen eigene Event-Marketing-Specialists, die dann für die konkreten Veranstaltungen wiederum externe Profis anheuern. In den letzten Jahren sind Hunderte von kleineren und größeren Event-Agenturen in Deutschland entstanden, die den Firmen häufig ein Komplettpaket anbieten. »Der Kunde ruft an und sagt, der und der Anlass besteht. Wir liefern dann die Idee und realisieren sie«, beschreibt das Anja Voos von kogag Events & Incentives in Solingen, einer der ältesten und größten Agenturen. Das fängt bei der Promotion-Aktion im Supermarkt an und geht bis zur Präsentation der neuen S-Klasse von Mercedes in vier deutschen Städten mit Tausenden von geladenen Gästen. Oft wird bei großen Veranstaltungen ein Produktionsbüro vor Ort eingerichtet, gearbeitet wird in der »heißen Phase« schon mal rund um die Uhr.

Während sich im Event-Bereich früher viele Hotelfachleute tummelten, rücken heute eher Betriebswirte und Geisteswissenschaftler nach. Gefragt sind auch Absolventen von Akademien für Werbung, Kommunikation und Marketing. Ein zukünftiger Event-Marketing-Specialist sollte belastbar sein, betriebswirtschaftlich denken können und leidenschaftlich gern organisieren. Noch ist in diesem Beruf der Quereinstieg die Regel. Seit diesem Jahr erst kann man sich an den FHs Karlsruhe und Düsseldorf zum »Diplom-Event-Manager« ausbilden lassen. Davon hält Gerhard Fuchs, stellvertretender Leiter der Bayerischen Akademie für Werbung und Marketing (BAW), jedoch nicht viel: »Event-Manager sind aus unserer

Sicht überspezialisiert, da kann ich auch einen Mailingfrankier-Manager einstellen. Ohne Verständnis der Gesamtkommunikation bringt das nichts.« Bei der BAW ist das Thema Event-Marketing in das Abendstudium zum Public-Relations-Fachwirt integriert.

Am häufigsten finden Nachwuchs-Event-Manager über ein Praktikum oder das Volontariat bei einer Event-Agentur den Einstieg. Zu Anfang müssen sie sich meist mit 4 000 bis 5 000 Mark brutto begnügen. Nach dem Aufstieg zum Projektleiter und Teamleiter gibt es durchschnittlich 7 000 Mark. Nach oben gibt es im Prinzip keine Grenze, denn in manchen Firmen wird das Grundgehalt durch Provisionen ergänzt. Wer einen Auftrag mit großem finanziellen Volumen an Land zieht, der bekommt von diesem Kuchen ein Stück ab.

Infos:

kogag Events & Incentives
Schorberger Straße 66
42669 Solingen
Telefon: (02 12) 26 06-0
Telefax: (02 12) 26 02-2 01 oder -2 04
E-Mail: Voos.Anja@kogag.de
Internet: www.kogag.de

Bayerische Akademie für Werbung und Marketing e. V. (BAW)
Orléansstraße 34
81667 München
Telefon: (0 89) 48 09 09-10
Telefax: (0 89) 48 09 09-19
E-Mail: info@baw-online.de
Internet: www.baw-online.de

Fachverband für Sponsoring und Sonderwerbeformen
Fachbereich Eventmarketing
Schützenstraße 107
22761 Hamburg
Telefon: (0 40) 60 95 08-33
Telefax: (0 40) 60 95 08-34
E-Mail: ywodzak@debitel.net
Internet: www.sponsoring-verband.de

GLM
music & more – Seminare für die Musik- und Medienbranche
Kaiser-Ludwig-Platz 1
80336 München
Telefon: (0 89) 54 40 45 34
Telefax: (0 89) 54 40 45 35
Internet: www.glm.de
Lehrgang zum Event-Manager (220 Unterrichtsstunden)

www.eventmanager.de
Branchenportal für den Event-Bereich, mit Event-News und Jobbörse

Buchtipp:

Elisabeth Mehrmann, Irmhild Plaetrich: *Der Veranstaltungs-Manager. Organisation von Veranstaltungen, Messen, Ausstellungen, Kongressen und Tagungen*. München: dtv, 1993 (12,90 Mark)

Ähnliche Berufe:

- *Tagungsveranstalter:* organisiert und koordiniert Kongresse, Messen und Tagungen, meist im Auftrag von Messegesellschaften, großen Hotels oder Tagungszentren. Viele kommen durch Quereinstieg in die Branche, von Vorteil ist jedoch eine Ausbildung zum Fachwirt für Messewirtschaft. Mitbringen sollte man außerdem Organisationstalent und Belastbarkeit.

Facility-Manager

Andere Namen und verwandte Berufe: Gebäudemanager, Gebäudeverwalter

Kurzbeschreibung: betreut große Bürogebäude, Hotels, Werke et cetera und kümmert sich dabei meist sowohl um die Haustechnik als auch um alle notwendigen Dienstleistungen

Voraussetzungen/Ausbildung: Ingenieurstudium oder Technikerausbildung

Heimlich und still, von der Öffentlichkeit wenig beachtet, ist das Berufsbild aus dem Ausland in den deutschsprachigen Raum herübergekommen. Schon gibt es Fortbildungen und Fachzeitschriften, sogar einen Fachverband – doch allgemein bekannt sind Facility-Manager deswegen noch längst nicht. Albert Emberger von der Firma Dräxlmaier weiß das aus leidvoller Erfahrung: »Auf unsere Stellenanzeige bekamen wir Angebote von besseren Hausmeistern bis hin zum Professor.«

Mit Häusern haben diese Manager zwar zu tun. Doch sie mit den graubekittelten, besenschwingenden Herren zu verwechseln, die meist im praktischen Doppelpack mit Ehefrau eingestellt werden, hieße sie schwer kränken. Ein »echter« Facility-Manager betreut mit seinem Team große Bürogebäude, Hotels, Werke, Einkaufszentren und Fun-Parks – sozusagen vom Bau bis zum Abriss. Die Technik ist dabei meist ebenso unter seiner Obhut wie die Verwaltung. Wenn der Kunde ein Komplettpaket wünscht, erstellt und optimiert der Facility-Manager die Gebäudetechnik, die seine Firma dann auch betreibt; er koordiniert die Wartung, managt Entsorgung, Pfortendienst, Reinigung und Sicherheit. Er kennt das verborgene Innenleben »seines« Objekts und versucht ihm zum günstigsten Preis die optimale Leistung zu entlocken. Da reicht es natürlich längst nicht mehr, sich mit den »klassischen« Bereichen wie Elektronik und Heizung auszukennen: In einem Krankenhaus zum Beispiel heißt es zusätzlich Reinraumtechnik, die Vernetzung von Telefonen mit Computern, Lautsprecheranlagen für Durchsagen, Sauerstoffanschlüsse und vieles mehr zu organisieren. »Diese ganze Technik im Griff zu haben, die Wartung zu steuern, und über geschicktes Vertragsmanagement alles so zu koordinieren, dass man nicht einen Haufen Geld rauswirft, das ist die Kunst«, meint Christian Szeibert, Geschäftsführer der GTW Weiterbildung GmbH in München, die unter anderem zum Facility-Manager fortbildet. »Dabei fühlt man sich manchmal wie ein Jongleur mit acht Bällen.«

Dieses Gefühl kennt Peter Weidenhöfer, Facility-Manager bei der Firma Stangl AG. Sein »Objekt« ist nichts weniger als die Fakultät Maschinenbau der Technischen Universität Garching im Norden von München. »Schon bei der Inbetriebnahme war ich dabei, jetzt kümmere ich mich um alle technischen Angelegenheiten, damit die TU den Rücken frei hat«, erklärt er. In der Praxis bedeutet das, dass Studenten und Professoren mit ihren Wünschen und Änderungen auf ihn zukommen – ob nun ein Kühlkreis ein paar Grad weniger haben soll, ob irgendwo Helium oder ein Verbrennungsprüfstand gebraucht wird. Die Hälfte seiner Zeit verbringt er vor Ort. Dass die Gebäudebenutzer selbst alle der Fakultät Maschinenbau angehören, macht seine Aufgabe nicht leichter. »Denen kann man, wenn eine Lüftungsanlage pfeift, nicht irgendwas erzählen, weil der gleiche Professor vielleicht später am Tag selbst einen Vortrag über Lüftungstechnik hält«, meint Weidenhöfer augenzwinkernd.

Mit seinem Versorgungstechnik-Studium hat Weidenhöfer eine gute Ausgangsbasis für seine Arbeit. Doch auch Ingenieure oder Techniker beispielsweise aus den Bereichen Elektro/Energie sind in diesem Beruf willkommen. Da es bisher nur wenige Studiengänge (zum Beispiel an der FHS Kufstein in Österreich) oder Fortbildungen gibt, haben Quereinsteiger gute Chancen. »Das kann man nicht auf der Schulbank lernen, man muss reinwachsen, indem man wirklich ein Objekt managt«, ist Peter Weidenhöfer überzeugt. Viel wichtiger sei, dass man kommunikativ ist, Mitarbeiter führen und gut verhandeln kann.

Facility-Manager – zumindest »echte«, denn es gibt auch Makler, die sich diese Bezeichnung zulegen – sind gesucht. Da die Anforderungen hoch sind, übersteigt zuweilen sogar die Nachfrage das Angebot: »Solche Leute, die sowohl im technischen als auch im kaufmännischen Bereich sehr qualifiziert sind, sind schwer zu finden«, seufzt Albert Emberger von Dräxlmeier. Sein Wunschkandidat für den vakanten Posten sprang im letzten Moment ab. Der Fachverband German Facility Management Association (GEFMA) bemüht sich zurzeit, den Dschungel der Bezeichnungen und Tätigkeitsbeschreibungen etwas zu lichten. Wie groß bisher die Bandbreite ist, spiegelt sich in den Gehältern wider: Wer nur ein paar Putztrupps leitet und sich trotzdem Facility-Manager nennt, der kann im Jahr gerade mal 35 000 Mark mit nach Hause nehmen, wenn sich der Posten aber auf Vorstandsniveau bewegt, können es gut zehnmal so viel werden. Ein Techniker bekommt etwa 60 000 bis 90 000 Mark.

Infos:

GTW Weiterbildung GmbH
Hansastraße 16
80686 München
Telefon: (0 89) 57 88 79
Telefax: (0 89) 57 69 44
E-Mail: gtw.mbh@t-online.de
Internet: www.gtw.de

GEFMA Deutscher Verband für Facility-Management e. V.
Dottendorfer Straße 86
53129 Bonn
Telefon: (02 28) 23 03 74
Telefax: (02 28) 23 04 98
E-Mail: gefma@t-online.de
Internet: www.gefma.de

Internationales Institut für Facility-Management
Essener Straße 5
46047 Oberhausen
Telefon: (02 08) 2 05 21 97
Telefax: (02 08) 2 05 59 56
E-Mail: schrage@heuer-dialog.de
Bietet einjährigen Studiengang zum »Bachelor of Facility Management« an.

FHS Kufstein Tirol
Salurner Straße 57
A-6330 Kufstein
Telefon: (0 53 72) 7 18 19-0
Telefax: (0 53 72) 7 18 19-4
E-Mail: info@fh-kufstein.ac.at
Internet: www.fh-kufstein.ac.at
Studiengang zum Diplom-Ingenieur (FH) für Facility-Management. Angegliedert ist außerdem das Institut für Facility Management Consulting GmbH.

Wirtschaftskammer Salzburg (WIFI)
Julius-Raab-Platz 2
A-5027 Salzburg
Telefon: (06 62) 88 88-4 11 oder -4 12
Telefax: (06 62) 88 32 14
E-Mail: info@sbg.wifi.at
Internet: www.sgb.wifi.at
Bietet Lehrgänge zum Facility-Manager an.

www.fmpro.de
Website der FMPRO Facility Management Professional, auf der sich viele Links, Buchtipps, Adressen zum Thema finden.

Buchtipps:
Zeitschrift *Facility Management*
Bertelsmann Fachzeitschriften
Avenwedder Straße 55
33311 Gütersloh
Telefon: (0 52 41) 80-0
Telefax: (0 52 41) 80-95 82
E-Mail: facility.management@bertelsmann.de
Erscheint sechsmal im Jahr.

Daniel Frutig, Dietrich Reiblich: *Facility Management. Objekte erfolgreich verwalten und bewirtschaften.* Zürich: Versus Verlag, 1995 (89 Mark)

Ähnliche Berufe:

- *Developer:* in der Immobilienbranche jemand, der große Projekte entwickelt. Er zieht Aufträge an Land, erstellt Machbarkeitsstudien sowie Finanzierungskonzepte und vermarktet große Objekte. Gefordert werden meist gute Branchen- und Marktkenntnisse sowie Verhandlungsgeschick. Als Ausbildung ist mittlerweile der »Kaufmann in der Grundstücks- und Wohnungswirtschaft« möglich, aber auch eine technische Ausbildung oder ein wirtschaftswissenschaftliches Studium sind gute Voraussetzungen.

Financial-Analyst

Andere Namen und verwandte Berufe: Finance-Analyst, Bilanzbuchhalter, Junior-Controller, Research-Analyst, Business-Development-Analyst

Kurzbeschreibung: Meist erstellt und überwacht er Monats- und Jahresbudgets. In anderen Firmen recherchiert er, wie gut eine Firma oder Branche finanziell dasteht

Voraussetzungen/Ausbildung: wirtschaftswissenschaftliches Studium oder kaufmännische Ausbildung

Kein Zweifel, die Bezeichnung »Financial-Analyst« hört sich gut an. Sie klingt irgendwie nach Zahlenmagier und ist durchweht von der mystischen Aura der Börse und der internationalen Finanzmärkte. Doch gerade mit den Analysten, die Anlegern Aktientipps geben, haben Financial-Analysts herzlich wenig zu tun. Am häufigsten finden sie sich bei den deutschen Ablegern amerikanischer Firmen in den Controlling- und Finanzabteilungen – und zwar auf den unterschiedlichsten Hierarchieebenen. »Sie sind das Rückgrat einer guten Finanzabteilung und kümmern sich um das Tagesgeschäft«, meint Personalberater Hans Lüttich. »In deutschen Unternehmen werden FAs zunehmend gesucht, man schreibt nicht gern Buchhalter oder Kostenrechner in die Anzeige, das klingt so verstaubt. Außerdem ist der Beruf heute sehr viel komplexer als früher, vieles wird heute über IT-Systeme abgewickelt.« Viele Financial-Analysts haben die Aufgabe, Monats- und Jahresbudgets auszutüfteln. Sie analysieren die Kosten und bereiten sie als Entscheidungshilfe für das Topmanagement grafisch auf. Zuständig sind sie meist auch für Berichte an die Muttergesellschaft, die aus dem Ausland einen scharfen Blick auf den Sprössling hat und keine Klagen hören, sondern fette schwarze Zahlen sehen will.

Doch ein Analyst braucht mehr als ein Händchen für Zahlen, zumindest bei Buena Vista Home Entertainment, einer Disney-Tochter, die sich um den Vertrieb von Videocassetten kümmert. »Ein Financial-Analyst braucht auch Kontaktfreudigkeit: Er muss auf andere Leute zugehen können und im Haus nach Informationen suchen. Im Idealfall hat er in jeder Abteilung seine Fühler«, meint Katharina Hölzl, Finance-Manager bei Buena Vista und einst selbst Finance-Analystin. »Man darf nicht darauf warten, dass einem die Informationen gebracht werden, denn das geschieht oft nicht.« In ihrer Abteilung sind die Financial-Analysts die einzigen, die den Überblick über alle Ausgaben haben, und die ersten, die durch Soll/Ist-Vergleiche merken, wenn die Kosten aus dem Ruder laufen. Finden sie irgendwo Alarmierendes, ist es ihre Aufgabe, nach den Ursachen zu forschen und nachzufragen, ob einfach die Schätzung verkehrt war oder ob irgendetwas nicht stimmt und das Management gewarnt werden muss.

Wer seinen Job gut macht, kann in die Strategieabteilung oder zum Controller aufsteigen. »Hochschulabsolventen würden sich am liebsten auf Controller-Jobs bewerben, aber dafür haben sie einfach noch nicht genug Erfahrung – und die können sie als Financial-Analyst sammeln. Oft schreiben Firmen daher als Trick ›Junior-Controller‹ in die Anzeigen, obwohl sie einfach einen Financial-Analyst-Job zu bieten haben«, erklärt Hans Lüttich.

Doch nicht nur als klassische »Erbsenzähler« machen Financial-Analysts Karriere. In manchen Unternehmen und speziell auch in Beratungsfirmen helfen sie als eine Art Junior-Consultant Projekte durchzuziehen oder betätigen sich noch stärker als Finanz-Spürhunde, daher manchmal das Wort »Research« oder »Business« vor ihrer Bezeichnung. Ihr Job besteht darin herauszufinden, wie solide eine Firma oder eine ganze Branche finanziell dasteht. Sie bereiten Fusionen vor, indem sie feststellen, welche Unternehmen sich zu kaufen lohnen würden. »Sie gehen auch schon mal zu Shareholder-Meetings, um zu sondieren, ob die Firma ein Kaufs- oder Verkaufskandidat ist«, meint Maximilian Koch, Associate bei der internationalen Unternehmensberatung Stern Stewart. »Unternehmen, die viel aufkaufen, haben oft Stäbe von Financial-Analysts.« Um es in ihm weiterzubringen, muss man aber laut Koch mehr mitbringen als analytische Stärke und Kenntnisse im Rechnungswesen: »Man sollte ein gutes Verständnis vom Markt haben und Unternehmensübernahmen und De-Mergers verfolgen. Damit entwickelt man ein Gespür, wer zu wem passt oder ob ein Unternehmen über- oder unterbewertet ist.«

Keine Frage, in der Zeit des Fusionsfiebers ist dies ein Job mit Zukunft. Besonders bei Investmentbanken wird jede qualifizierte Bewerbung mit einem dankbaren Aufseufzen in Empfang genommen.

Wer Financial-Analyst werden will, der sollte systematisch und präzise arbeiten können, analytisch denken, Teamfähigkeit und am besten noch SAP-Kenntnisse mitbringen. Auch Termindruck sollte man aushalten können, denn Abschlüsse müssen meist zu bestimmten Stichtagen fertig sein. Ideal ist ein Betriebswirtschaftsstudium mit Schwerpunkt Rechnungswesen, aber auch Industriekaufleute mit einer Zusatzausbildung als Bilanzbuchhalter haben eine Chance. Im Mittelstand und Handel sind 50 000 bis 70 000 Mark Jahreseinkommen üblich, aber in der Industrie kann ein Hochschulabsolvent durchaus 70 000 bis 80 000 Mark erwarten, in der Beratung sogar noch etwas mehr. Wer auf Anhieb nichts findet, der könnte es auch bei einer Zeitarbeitsfirma versuchen – oft findet man dadurch den Einstieg in die Finanzabteilung einer Firma.

Infos:
Bundesverband der Bilanzbuchhalter und Controller e. V.
Am Propsthof 15-17
53121 Bonn
Telefon: (02 28) 7 66 98 11
Telefax: (02 28) 7 66 98 13
E-Mail: kontakt@bvbc.de
Internet: www.bvbc.de

www.bilanzbuchhalter.de
Jede Menge Infos, auch zur Bilanzbuchhalter-Akademie

FORUM Institut
für Management GmbH
Vangerowstraße 18
69115 Heidelberg
Telefon: (0 62 21) 50 05 00
Telefax: (0 62 21) 50 05 55
E-Mail: info@forum-institut.de
Internet: www.forum-institut.de
Bietet Seminare für den Bereich Finanz- und Rechnungswesen/Bilanzbuchhaltung an, zum Beispiel Bilanzbuchhaltung oder Analyse von IAS und US-GAAP-Abschlüssen an.

Hans Lüttich, Personalberater
Schurichstraße 22
81247 München
Telefon: (0 89) 8 11 28 97
Telefax: (0 89) 81 17 97 80

Ähnliche Berufe:

- *Controller:* überprüfen in Firmen, ob die einzelnen Abteilungen wirtschaftlich und effizient arbeiten. Wenn das nicht der Fall ist, ziehen sie die »Notbremse«. Zugangsvoraussetzung ist meist ein BWL-Studium mit Schwerpunkt Controlling.

Food-&-Beverage-Manager

Andere Namen und verwandte Berufe: Wirtschaftsdirektor, Restaurantleiter, Service-Manager, Food-&-Beverage-Director

Kurzbeschreibung: organisiert und koordiniert alles, was in einem Hotel mit Gastronomie zu tun hat, und ist zum Teil auch für den Zimmerservice zuständig

Voraussetzungen/Ausbildung: Hotel- oder Restauranterfahrung

Dreimal am Tag streift Markus Steber, Food-&-Beverage-Manager des Arabella Sheraton Grand Hotel, durch das Haus, das zu einem großen Teil seines Lebens geworden ist. Sein Arbeitstag beginnt um sieben Uhr morgens, wenn die Empfangshalle noch leer ist und die ersten Gäste zum Frühstück eintrudeln. »Dann gehe ich erst einmal durch die Abteilungen, begrüße meine Kollegen, frage, ob wir Kranke haben, ob es Gästekommentare am Vortag gab, wie viele Reservierungen es gibt. Natürlich schaue ich mir die Qualität des Essens an, prüfe, ob die Dekoration in Ordnung ist und ob die Salz- und Pfefferstreuer aufgefüllt sind.« Um neun Uhr treten dann seine Abteilungsleiter bei ihm zur Manöverkritik des Vortags und zur Besprechung der Tagesaufgaben an – drei Restaurantleiter, zwei Barchefs, ein Bankettleiter und der Küchenchef.

F-&-B-Manager sind, wie ihr Name schon sagt, in großen Hotels oder Gaststätten für alles verantwortlich, was mit Essen und Trinken zu tun hat. Steber ist im neuen Grand Hotel Herr über sämtliche Restaurants, Bars und Cafés – selbst die Minibars in den Zimmern liegen in seiner Verantwortung. Vorläufer des F-&-B-

Managers war der Wirtschaftsdirektor. Der neue Begriff bürgerte sich ein, als die amerikanischen Hotelketten nach Deutschland vordrangen und die amerikanische Managementstruktur gleich mit implantiert wurde.

F-&-B-Manager müssen den Spagat schaffen, gleichzeitig Gastgeber des Hauses mit einem offenen Ohr für Probleme und Wünsche der Gäste zu sein und sich um eine Vielzahl von administrativen Dingen zu kümmern. Eine seiner Hauptaufgaben ist es, seine Mitarbeiter zu führen und zu motivieren. »Dazu gehört auch, mal mit dem Koch ein Bier zu trinken«, meint Roland Schröck, F-&-B-Director im Marriott Hotel in München. »In diesem Job muss man fast schon Psychologe sein. Es ist ganz wichtig, dass man seine Mitarbeiter gut behandelt, sonst behandeln sie die Gäste schlecht.« F-&-B-Manager planen aber auch den Einkauf von Lebensmitteln, führen die Abrechnung durch, sind zuständig für die Lagerverwaltung und für die Einhaltung von gesetzlichen Bestimmungen. Einen scharfen Blick halten sie auf Profit-und-Verlust-Berichte der einzelnen Abteilungen, denn ihre Aufgabe ist nicht zuletzt, Umsatz und Gewinn zu erwirtschaften. Zusammen mit dem Küchenchef bestimmen sie, was auf der Speise- und Weinkarte steht und kalkulieren die Preise. Außerdem kümmern sie sich um Werbung und Verkaufsförderung. Da sie auch für die Qualität und Hygienekontrolle zuständig sind, kann es sein, dass sie dann und wann unangemeldet in den dunklen Ecken der Küchen und Restaurants herumstöbern und nach Dreck und unerwünschter Fauna und Flora suchen.

In ihrem Beruf müssen sie viel verkraften, das geben die F-&-B-Manager zu. Sie kommen frühmorgens ins Hotel und verlassen es oft spät am Abend. Dazwischen gibt es eine Vielzahl von Krisen zu meistern und dabei immer freundlich zu bleiben – und das meist für wenig Geld. Doch für die meisten ist ihr Job eine Passion. Markus Steber grauste es nach dem Abitur vor dem Gedanken an ein Studium, er wollte weg von der Theorie und rein ins pralle Leben. In der Welt »seines« Hotels fühlt er sich genau am richtigen Ort. Seinem Stellvertreter Marco Cattaneo ging es ähnlich: »Ich bin familiär vorbelastet, meine Familie ist auch schon in der Gastronomie gewesen. Aber meine Eltern waren nicht so begeistert von meinen Plänen, die sahen mich dann doch lieber in einem akademischen Beruf.« Die meisten dienen sich von der Pike auf hoch. Roland Schröck musste nach der Hotelfachschule erst einmal fünf Monate als Minibar-Checker malochen, ehe er seinen Aufstieg begann, der ihn über ein exklusives Hotelsegelschiff und das Renaissance Chemnitz ins Marriott führte.

Grundsätzlich kann sich jeder zum Food-&-Beverage-Manager fortbilden, der Berufserfahrung in einem großen Hotel oder Restaurant vorweisen kann. Ideale Voraussetzungen haben meist Restaurant- oder Hotelfachleute. Viele Hotels bieten F-&-B-Manager-Traineeprogramme an, doch es gibt auch Kurse an Schulungszentren. Dort heißt es dann, einige Tage oder Wochen lang Controlling und Angebotsplanung, Preispolitik und Werbung zu pauken. Doch am wichtigsten sind die persönlichen Eigenschaften: »Er sollte freundlich und nett auftreten können, ein klares Verhältnis zu Zahlen haben und ein Lebemensch sein – also gern essen und trinken«, meint Markus Steber. »Er sollte Verständnis für die Bedürfnisse der Kunden und Mitarbeiter, aber auch für die Nöte der Geschäftsleitung haben.«

Am Anfang verdient man sich als Food-&-Beverage-Assistent oder stellvertretender F-&-B-Manager seine Sporen, später stehen den Ehrgeizigen sogar die höheren Weihen eines General-Managers offen. Ausgeschrieben werden solche Jobs jedoch selten, in der Zeitung sucht man sie vergebens. Das erstaunt Marco Cattaneo nicht besonders: »In der Gastronomie lernt man viele Leute kennen, das geht alles über Kontakte.«

Infos:
Deutscher Hotel- und Gaststättenverband
Postfach 20 04 55
53134 Bonn
Telefon: (0228) 82008-0
Telefax: (0228) 82008-46
E-Mail: dehoga@dehoga.de
Internet: www.dehoga.de

Höhere Bundeslehranstalt für Tourismus und wirtschaftliche Berufe
Bergheidengasse 5-19
A-1130 Wien
Telefon: (01) 8047281
Telefax: (01) 8047281-600
E-Mail: office@hltw13.at
Internet: www.hltw13.at

Zentrale und internationale Fachvermittlung für Hotel- und Gaststättenpersonal (ZIHOGA)
Villemombler Straße 76
53123 Bonn
Telefon: (02 28) 7 13-12 26
Telefax: (02 28) 7 13-11 22
Internet: aaonline.dkf.de/zihoga/

www.hotel-career.de
E-Mail: info@hotel-career.de
Jobbörse für Hotellerie, Gastronomie und Touristik

Buchtipp:
Zeitschrift *Hotel Online*: www.hotelier.de

Ähnliche Berufe:
- *Restaurantleiter:* Chef eines gastronomischen Betriebs innerhalb oder außerhalb eines Hotels
- *Bankettmanager:* verantwortlich für Veranstaltungen in Großhotels

Forschungsmanager

Andere Namen und verwandte Berufe: Forschungskoordinator, Forschungsreferent, Research-Administration-Manager, Wissensmanager

Kurzbeschreibung: meist Mitarbeiter in der Verwaltung eines Unternehmens oder einer Forschungseinrichtung, der die Forschung koordiniert und die Wissenschaftler berät und betreut. In Firmen zum Teil Schnittstelle zwischen Entwicklungs- und Vertriebsabteilung

Voraussetzungen/Ausbildung: Fachstudium, kommunikative Fähigkeiten

»Forschungsmanager ist (jedenfalls noch) kein Beruf, den man ergreift oder für den man sich ausbilden lässt. Es ist aber eine Funktion, die sich heute in vielen größeren Unternehmen, in Hochschulen und in großen Forschungseinrichtungen findet«, erklärt Ali Arslan, Pressesprecher des Bundesministeriums für Bildung und Forschung (BMBF). Der Hintergrund: Öffentliche Mittel sind immer schwerer zu bekommen, gleichzeitig werden die Innovationszyklen aber immer kürzer und zwingen viele Unternehmen, stark in die Forschung zu investieren und sie effizient zu koordinieren. Auch viele Institute und Universitäten entscheiden sich, ihre Verwaltung mehr am Management zu orientieren oder die Forschungsleistungen systematischer und marktorientierter zu erbringen. So entstand der neue Job des Forschungsmanagers.

Für den frisch promovierten Elektroingenieur Tim Meyer bot diese Entwicklung die Chance auf einen spannenden Job im Fraunhofer-Institut für Solarenergiesysteme in Freiburg. Sein Glück war, dass gerade von der Zentrale die Weisung an alle Fraunhofer-Institute ergangen war, bis 2001 ein Forschungsmanagement aufzubauen und in jedem Institut mindestens einen Mitarbeiter damit zu beauftragen. Als Forschungsmanager hat Tim Meyer nun die Aufgabe, im Auftrag der Institutsleitung kritisch und unvoreingenommen zu prüfen, welche Märkte das Institut eigentlich bedienen will, welches die Kernkompetenzen des Instituts sind und was getan werden muss, damit das Institut die Forschung betreibt, die in Zukunft sinnvoll ist und benötigt wird. »Das ist ähnlich wie die Geschäftsfeldplanung, die jedes Unternehmen macht. Doch an den Instituten und Unis geht es oft im Tagesgeschäft unter, bei Abteilungs- oder Institutsleitern ist es häufig zeitlich nicht drin, deshalb sind dafür Stabsstellen sinnvoll.« In den nächsten zwei Jahren wird seine Arbeit darin bestehen, Mitarbeiter nach ihren Einschätzungen zu befragen, ob ein bestimmtes Gebiet zukunftsfähig ist, sie von neuen Entwicklungsrichtungen zu überzeugen, Projektlisten zu prüfen und vieles mehr.

Doch hinter der Bezeichnung Forschungsmanager kann sich auch eine ganz andere Arbeit verbergen. »Bei uns gibt es einige Mitarbeiter, die in unsere Organisation und in wissenschaftliche Projekte eingebunden sind, aber nebenbei GmbHs betreiben, an denen wir beteiligt sind«, erklärt Joachim Jakobs, Pressesprecher am GMD-Institut für Integrierte Publikations- und Informationssysteme (GMD-IPSI) in Darmstadt. »Für uns ist diese Konstruktion interessant, um in einem sehr knappen Markt gute Leute zu gewinnen. Auch für die Mitarbeiter hat es Vorteile – bei uns können sie sehen, ob sie sich zum Unternehmer eignen. Hier fällt es ihnen leichter, Kontakte zu knüpfen, und es ist noch mal ein Netz drunter.«

Matthias Hemmje ist einer dieser Forschungsmanager. Der Informatiker gründete nach seiner Promotion am GMD-IPSI einen »Spin-off« und kehrte später ans Institut zurück. Heute ist er Forschungsleiter Digitale Bibliotheken und betreibt gleichzeitig die Firma Globit – Globale Informationstechnik GmbH, die unter anderem ein Kongressinformationssystem vermarktet. Wenn er nicht über Forschungsprogramme verhandelt, Konferenzen besucht oder Ergebnisse publiziert, kümmert er sich wie ein ganz normaler Manager um die Projektkoordination und die Personalbetreuung, wobei ihm sein Studiennebenfach Betriebswirtschaft hilft. Der Unterschied zur Arbeit in der Industrie ist, dass die Projektergebnisse meist konzeptuell sind; er liefert Entwürfe, die Partner entwickeln dann die Produkte und führen sie am Markt ein. »Mich reizt an dem Job, dass man sich immer an der vorderen Front der Entwicklung bewegt und Trends beeinflussen kann«, erklärt Hemmje. »Es ist eine gute Verbindung zwischen Kommerzialisierung und Forschung – man kann jederzeit interessante Ergebnisse auf den Markt bringen. Manche Forschungsmanager wechseln in ihrem Arbeitsleben drei- oder viermal zwischen Forschung und Industrie.«

Noch ist dieser Typus des Forschungsmanagers eher selten. Viele andere dieser Fachleute arbeiten in der Verwaltung einer Universität oder eines Instituts und verstehen sich als eine Kreuzung zwischen Manager und internem Dienstleister. Besonders gute Bedingungen bieten dafür die österreichischen Universitäten, die zurzeit reorganisiert werden. Dabei entstehen nicht selten neue Planstellen für Mitarbeiter in der Forschungsverwaltung. Eine von ihnen hat der Geowissenschaftler Hermann Huemer, der mehrere Jahre Forschungsmanager an der Universität für Bodenkultur war und 1999 an die Wirtschaftsuniversität Wien wechselte. Eine seiner wichtigsten Aufgaben ist, eine Datenbank aufzubauen, in der alle laufenden Projekte, Ergebnisse, Geldgeber und Partner dokumentiert werden. Außerdem gehört zu seiner Arbeit die Beratung und Betreuung von Wissenschaftlern, die Huemer zum Beispiel über Förderungs- und Finanzierungsmöglichkeiten informiert. Dafür recherchiert er im Internet die neusten Daten und gibt sie in einem Newsletter weiter. Eine ähnliche Stelle hat Rolf Thum – ein promovierter Mineraloge – in der »Koordinierungsstelle Forschung und Entwicklung der Fachhochschulen Baden-Württemberg«, einer Service-Einrichtung für alle FHs des Bundeslandes, die ihren Sitz an der FH Mannheim hat. »Für mich war es nicht schwierig, da hineinzuwachsen, weil Geowissenschaftler in Deutschland recht universell ausgebildet werden«, meint er. »Man muss die Fähigkeit haben, sich wie ein interessierter Laie in die einzelnen Felder einzuarbeiten und einen Überblick zu gewinnen.« Seither berät er Professoren aus den unterschiedlichsten Disziplinen, vom Maschinenbau bis zu den Sozialwissenschaften. Für ihn machen seine »Kunden« nicht zuletzt den Reiz seines Jobs aus: »Am wichtigsten ist, dass der Umgang mit den Leuten funktioniert. Man muss ihre Sorgen und Nöte ernst nehmen und zuhören können, denn leider sind die Bedingungen für die Forschung an Fachhochschulen nicht immer optimal. Meine Aufgabe ist dann, die Beschwerden an die entsprechenden politischen Gremien, zum Beispiel die Fachhochschulrektorenkonferenz, weiterzuleiten.« Zu seinem Job, der vor allem aus vielen Telefonaten, E-Mails und Reisen zu den 28 FH-Standorten, zu Messen und Tagungen besteht, gehört auch eine Menge Öffentlichkeitsarbeit. Thum gibt das Fachhochschul-Forschungsmagazin *horizonte* heraus, organisiert zentrale Veranstaltungen wie die Fachhochschul-Forschungstage mit und unterstützt die FHs bei Messeauftritten.

In Firmen heißen Forschungsmanager zuweilen auch »Research-Administration-Manager«. Sie planen und koordinieren die Forschung einer Firma. Außerdem überwachen sie die Aktivitäten der Mitarbeiter, die die einzelnen Studien leiten und für die Erhebung und Verwendung von Daten zuständig sind. Auch die Budgets liegen oft in ihrer Verantwortung. Voraussetzung könnten zum Beispiel ein naturwissenschaftliches Studium, Erfahrung im Monitoring klinischer Studien und im Management von Daten sein.

Wer Forschungsmanager werden möchte, sollte ein Hochschulstudium mitbringen, auch eine Promotion schadet nicht. »Ich war selbst Assistent und kenne die ›Kundenseite‹ aus eigener Erfahrung. Aber auch mein Doktortitel ist absolut hilfreich in dieser Branche, damit ist man sofort als (Ex-)Wissenschaftler und Kollege identifizierbar«, meint Hermann Huemer. Doch Kommunikationsfähigkeit, betriebswirtschaftliche Kenntnisse, Überblickswissen und Einordnungsfähigkeit sind für den Job wichtiger als die Kompetenz im eigenen Fach. Wer sich gezielt zum Forschungsmanager ausbilden will, könnte ein Fachstudium mit Betriebswirtschaftslehre kombinieren oder beispielsweise einen der zurzeit entstehenden Weiterbildungsstudiengänge zum Thema »Wissensmanagement« absolvieren. Vorsichtig lässt das BMBF jedoch verlauten: »Ob diese Studiengänge großen Erfolg haben werden und bei weiterer Professionalisierung vielleicht zu einem Regelbaustein des Aus- und Berufsweges von Forschungsmanagern werden, bleibt abzuwarten.« Als Warteschleife mit geplantem Wiedereinstieg in die Forschung eignet sich der Job nur bedingt – nach mehr als drei Jahren ist man gewöhnlich »raus« und schafft die Rückkehr nur mit größeren Anstrengungen.

So unterschiedlich wie die Anforderungen sind auch die Gehälter. Bezahlt wird bei Instituten meist nach BAT IIa/IIb, in der Industrie und großen Forschungseinrichtungen liegt das Einstiegsgehalt um die 70 000 bis 80 000 Mark.

Infos:
Bundesministerium für Bildung
und Forschung (BMBF)
Heinemannstraße 2
53175 Bonn-Bad Godesberg
Telefon: (02 28) 57-0
Telefax: (02 28) 57-36 01
Internet: www.bmbf.de

Bundesministerium für Bildung
und Forschung (BMBF)
Hannoversche Straße 30
10115 Berlin
Telefon: (0 30) 2 85 40-0
Telefax: (0 30) 2 85 40 52 70
Internet: www.bmbf.de

Buchtipp:
Klaus Zapotoczky, Herbert Strunz: *Forschungsmanagement.* Wien: Verlag Österreich, 1996 (76,70 Mark)

Ähnliche Berufe:

- *Medical-Advisor:* Mediziner oder Pharmazeut, der die Bereiche Marketing, Vertrieb und Öffentlichkeitsarbeit einer pharmazeutischen Firma wissenschaftlich unterstützt. Meist erarbeitet und aktualisiert er gemeinsam mit diesen Abteilungen Informationsmaterial für Apotheker, Ärzte und Patienten, repräsentiert das Unternehmen auf Kongressen und pflegt den Kontakt zu wichtigen Meinungsbildnern. Er ist auch für die Beobachtung medizinischer Trends zuständig, seltener für die Planung und Dokumentation von klinischen Studien.

- *Scientific-Affairs-Specialist:* ähnliche Funktion wie der Medical-Advisor. Er berät den Außendienst eines Unternehmens wissenschaftlich und hat dadurch mit Anfragen von Kunden und Problemlösungen zu tun. Meist gilt es außerdem, Präsentationen zu organisieren und durchzuführen, Workshops zu veranstalten und Broschüren zu erstellen.

Fraud-Analyst

Kurzbeschreibung: überwacht Telekommunikations- und Computernetze auf Missbrauch und entwickelt vorbeugend Gegenstrategien

Voraussetzungen/Ausbildung: meist kaufmännische Ausbildung und IT-Kenntnisse

Wenn Sie auch zu denjenigen gehören, die mit dem Wort Fraud-Analyst nichts anfangen können, trösten Sie sich. Während sich in Amerika nicht nur Fraud-Analysts, sondern auch Fraud-Managers, Fraud-Administrators und Fraud-Investigators tummeln, kristallisiert sich das Berufsbild hierzulande gerade erst heraus. Es bietet denen, die schon immer davon träumten, als Detektiv in die Fußstapfen von Sam Spade zu treten und den Bösen das Handwerk zu legen, zumindest einen Einstieg. »Unerlaubte Zugriffe in Datennetze und Datenbanken zu verhindern, Software-Raubkopien und Schwarzlizenzen zu ermitteln, betrügerische Telefonate zu entdecken, unseriöse Telefonservicedienste auflaufen zu lassen und Urheber von Computerviren ausfindig zu machen«, zählt Berufsberater und Autor Martin Massow die Aufgaben von Fraud-Analysts auf. Jobs gibt es für diese Spürhunde der digitalen Welt vor allem in Telekommunikationsunternehmen, Banken, Versicherungen (dort analysieren sie etwas suspekte Ansprüche von Versicherten) und in der IT-Branche.

Glamourös ist die Arbeit der Fraud-Analysts eher selten, Routineüberwachungen und langwierige Analysen gehören für die Schutzengel der Sprach- und Datennetze zum täglichen Brot. Nicht alles ist »Handarbeit«: Einige Firmen verwenden eigens entwickelte Software oder aus Amerika stammende Programme wie *FraudBuster*, *Sleuth* oder *Integrity+*, die vollautomatisch nach verdächtigen Aktivitäten und Mustern suchen. Wenn die Software meint, etwas gefunden zu haben, geht der Fraud-Analyst den »Alarmmeldungen« nach, zieht Daten aus anderen Quellen hinzu und hakt wenn nötig telefonisch beim Kunden nach, um herauszufinden, was hinter der Sache stecken könnte. »Betrugsanalayse klingt spannender, als es ist«, meint Andrea Schubinski, Pressereferentin der Telekommunikationsfirma VIAG Interkom. »Bei uns werden die Fraud-Analysts schlicht alarmiert, wenn in den Abrechnungen Ungereimtheiten auftauchen, zum Beispiel innerhalb einer Nacht eine Telefonrechnung von 1 500 Mark aufläuft.«

Der zweite großer Aufgabenbereich ist, es gar nicht erst zum Betrug kommen zu lassen – der Analyst muss Trends rechtzeitig erkennen, mit der Technik Schutzmechanismen absprechen, sich um Gegenstrategien kümmern. Denn ein verhinderter Betrug ist für die Firma allemal billiger als ein erschnüffelter. Bei größeren neuen Projekten zum Beispiel im Bereich Electronic Banking unterstützen Fraud-Analysts den Risk-Manager, um vorherzusagen, welche Betrugsfälle auftreten könnten und wie man sie erkennt.

Fraud-Analysts arbeiten eng mit der Sicherheitsabteilung des Unternehmens zusammen. Manchmal sind sie auch als Systemanalytiker in den Bereich IT integriert. So auch bei Microsoft. Dort behalten einige Mitarbeiter im Auge, was auf den Rechnern passiert, während andere sich auf der Managementebene um Sicherheitsstrategien kümmern. »Einer der Leute ist nur damit beschäftigt, die *Log Files* zu kontrollieren, ob jemand zum Beispiel versucht hat, sich auffällig oft mit einem falschen Passwort bei uns einzuwählen«, erklärt Pressesprecher Thomas Baumgärtner – eine Maßnahme im Kampf gegen Hacker.

Hilfreich ist für Fraud-Analysts je nach Profil des konkreten Jobs ein Informatikstudium, gelegentlich aber auch eine kaufmännische Ausbildung. Wer sich in der jeweiligen Branche auskennt, ist besonders willkommen: »Berufserfahrung aus dem Kreditkartengeschäft, Versand- oder Bankwesen sowie erste Erfahrungen in der Betrugsabwehr, Sicherheitsabteilung oder Bonitätsprüfung«, wünscht sich die Firma VIAG Interkom von ihren Digitaldetektiven. Vor allem aber sollte ein zukünftiger Fraud-Analyst – wie der Name schon sagt – gute analytische Fähigkeiten mitbringen.

Zu den weniger angenehmen Seiten des Jobs gehört es, sich zeitlich nach den Betrügern richten zu müssen, denn Täuschungsversuche kommen nicht nur während der Bürostunden vor, sondern 24 Stunden täglich. Besonders bei Banken, die schnell auf verdächtige Transaktionen reagieren müssen, werden Fraud-Analysts nicht selten zu Schichtdienst und Rufbereitschaft am Wochenende und an den Feiertagen aufgefordert. Dafür gibt es ein Einsteigergehalt von 50 000 bis 60 000 Mark, nach der firmeninternen Ausbildung bekommt man um die 75 000 Mark.

Infos:
VIAG Interkom GmbH & Co.
90345 Nürnberg
Telefon: 0 800 1 09 00 00
Telefax: 0 800 1 09 00 10
Internet: www.viaginterkom.de

Ähnliche Berufe:

- *IT-Security-Manager:* sind zuständig für den Schutz der IT-Infrastruktur vor Viren und Hackern, die Sicherheit des E-Commerce zwischen dem Kunden und Unternehmen, die Verhinderung von Missbrauch sowie für Fragen der Verschlüsselung. Meist erarbeiten sie Sicherheitskonzepte. Um deren Ausführung und die laufende Überwachung kümmern sich dann Netzwerk-Administratoren und Fraud-Analysts.
- *Data-Warehouse-Analyst:* siehe Bericht in diesem Buch
- *Financial-Analyst:* siehe Bericht in diesem Buch
- *Risk-Manager:* siehe Bericht in diesem Buch

Fundraiser

Andere Namen und verwandte Berufe: Akquisitionsmanager

Kurzbeschreibung: professioneller Spendensammler, der mit Methoden des Marketings die Öffentlichkeit für gute Zwecke mobilisiert

Voraussetzungen/Ausbildung: meist Erfahrung im Bereich Öffentlichkeitsarbeit

»Wir sind aufgewacht.« Berndt Maier, der Berliner Geschäftsführer des Sozialverbandes VDK, spricht vielen Kollegen in anderen sozialen und wohltätigen Organisationen aus der Seele. Denn überall im Lande herrscht Geldknappheit bei Verwaltung und Kommunen. Die öffentlichen Fördergelder sprudeln längst nicht mehr. Die Mitgliedsbeiträge befinden sich ebenfalls auf Talfahrt. Neue Wege der Kapitalbeschaffung sind gefragt. Denn der Bedarf an sozialer oder gemeinnütziger Arbeit wächst. Immer mehr Einrichtungen und Angebote wie Betreuungsvereine, mobile Essensdienste, Frühförderstellen oder Vereine für Jugendhilfebetreuung wären eigentlich vonnöten. »Kein Geld«, lautet in vielen Behörden jedoch achselzuckend die Antwort.

Fundraising scheint in dieser Notsituation zumindest einer der rettenden Strohhalme zu sein. »Der Fundraiser erstellt eine Kommunikationsstrategie für die Beschaffung von Finanzmitteln«, erläutert Buchautorin und Fundraising-Spezialistin Marita Haibach. In den USA oder in Großbritannien sind die Aktivitäten längst weit verbreitet. Wohltätigkeitsessen oder -galas sollen dort unter anderem finanzkräftige Privatleute und Unternehmen zur mildtätigen Gabe bewegen. In Deutschland steckt Fundraising noch in den Kinderschuhen. Der Fantasie eines Fundraisers sind keine Grenzen gesetzt: Die Palette reicht von Mailings, über die Mitglieder und potenzielle Förderer direkt angesprochen werden, bis hin zum Benefizkonzert, dessen Einnahmen teilweise oder ganz einer Organisation zufließen.

»Fundraiser« ist keine geschützte Berufsbezeichnung. Auf eine geregelte Ausbildung konnte er bis vor kurzem auch nicht blicken, obwohl es beispielsweise in Amerika längst möglich ist, den Studienabschluss »Master of Fundraising« zu erwerben. Die BSM Bundesarbeitsgemeinschaft für Sozialmarketing/Deutscher Fundraisingverband, dem die meisten hauptberuflichen Fundraiser und Agenturen angehören, hat deshalb eine zweijährige berufsbegleitende Ausbildung mit staatlicher Anerkennung entwickelt. Beteiligt daran ist auch der Deutsche Spendenrat, dessen Auftrag es ist, über die guten Sitten in der Praxis zu wachen, sowie das Gemeinschaftswerk für Evangelische Publizistik. Doch es wird wohl noch eine Weile dauern, bis genügend gründlich ausgebildete Fundraiser zur Verfügung stehen. Bisher ergreifen diesen Beruf in der Regel Quereinsteiger, vor allem Juristen, (Sozial-) Pädagogen und Betriebswirte. Zu ihnen gehört auch Gerhard Wallmeyer, der Bereichsleiter Fundraisung bei Greenpeace in Hamburg. Er ist einer der Doyens der Fundraising-Szene in Deutschland. Umwelt- und Naturschutzorganisationen sind nämlich bereits etwas früher auf den Fundraising-Zug aufgesprungen und zum Teil auch professioneller ausgerichtet – obwohl sie vom Spendenaufkommen etwas abseits der großen Einnahmesummen der karitativen Organisationen und Einrichtungen stehen. Der Diplom-Pädagoge Wallmeyer begann Anfang der achtziger Jahre mit ersten Mailings Greenpeace-Förderer zu werben. Es war die Glanzzeit des Mailings als Fundraisingwerkzeug. Die Attraktivität von Mailings hat heute jedoch merklich abgenommen. »Die riesige Anzahl von Mailings hat eher zum Bettelbrief-Image geführt«, sagt Wallmeyer. Heute beruhe erfolgreiches Fundraising vielmehr auf der konsequenten Nutzung der gesamten Medienklaviatur: Anzeigen, Plakate, Fernsehspots und auch Telefonakquise. Greenpeace versuche jedoch nach wie vor, insbesondere über Aktionsbriefe, in denen konkrete Aktivitäten vorgestellt werden, alte und potenzielle neue Mitglieder zur finanziellen Zuwendung zu motivieren. Und das Geschäft läuft so schlecht nicht.

Berndt Maier in Berlin hat ganz andere Probleme. Sein neuer Fundraiser soll nicht nur Geld locker machen, sondern zusätzlich noch richtig Öffentlichkeitsarbeit betreiben. »Der Beruf ist mir egal. Nur kein Berufsanfänger.« Dies ist typisch für die gesamte Szene, in der noch viel Unsicherheit über das Berufsbild herrscht.

400 000 Mark will Meyer in den nächsten zwei Jahren in den Aufbau seiner Fundraiser-Stelle stecken. BAT III bis II/a plus Leistungszulage könne er sich als Gehalt vorstellen. Der Verdienst von Fundraisern schwankt indes ziemlich. In kirchlichen Einrichtungen wird oft nur BAT V bezahlt, bei den Big-Players wie Greenpeace oder WWF sind 110 000 Mark Jahressalär durchaus zu erreichen. Der Frauenanteil ist übrigens auch in Deutschland im Steigen begriffen. In den USA ist Fundraising bereits zu zwei Drittel eine Frauenbranche. Die Zukunftsaussichten für den Beruf sind überaus positiv: Zwar ist die Anzahl der Spendenwilligen nominell gesunken, aber nicht das Spendenaufkommen, das langsam, aber stetig wächst und zurzeit jährlich zwischen 10 und 15 Milliarden Mark beträgt. Laut der Bundesarbeitsgemeinschaft Sozialmarketing haben 1999 mehr als 40 Prozent der Deutschen gespendet. Und die Erbengeneration hat noch viel zu verteilen.

Infos:

Fundraising Akademie
Postfach 50 05 50
60394 Frankfurt am Main
Telefon: (0 69) 5 80 98-1 24
Telefax: (0 69) 5 80 98-2 71
Bildet in einem zweijährigen Lehrgang zum Fundraiser aus.

Bundesarbeitsgemeinschaft Sozialmarketing (BSM)
Deutscher Fundraising-Verband
Bachstraße 10
63785 Obernburg
Telefon: (0 60 22) 68 15-63
Telefax: (0 60 22) 68 15-61
E-Mail: info@sozialmarketing.de
Internet: www.sozialmarketing.de
Bieten auf der Homepage unter anderem Seminarkalender und Stellenmarkt an.

Buchtipp:

Marita Haibach: *Handbuch Fundraising. Spenden, Sponsoring, Stiftungen in der Praxis.* Frankfurt/New York: Campus, 1998 (49,00 Mark)

Zeitschrift *Stiftung & Sponsoring*
Fachmagazin für Non-Profit-Management und Marketing
W & N Stiftung & Sponsoring Verlags GmbH
Thaddäusstraße 33
33415 Verl
Telefon: (0 52 46) 9 25 10-0
Telefax: (0 52 46) 92 19 99
Internet: www.stiftung-sponsoring.de

Ähnliche Berufe:

- *Non-Profit-Manager:* auch Sozialmanager genannt. Setzt seine betriebswirtschaftlichen Kenntnisse in einer gemeinnützigen Institution oder einem Verein ein. Er trägt zwar ein »Non-Profit« in seinem Namen, doch es gehört durchaus auch zu seinen Aufgaben, Geld aufzutreiben, zum Beispiel durch Fundraising. Gesucht werden dafür vor allem Betriebswirte.

Gesundheitsmanager/-berater

Andere Namen und verwandte Berufe: Medical-Manager, Gesundheitswirt, Gesundheitspädagoge, Gesundheitserzieher

Kurzbeschreibung: Gesundheitsmanager: Mitarbeiter in einem Unternehmen, einer Krankenkasse oder Institutionen, der mit Managementmethoden medizinische Projekte und Konzepte entwirft und umsetzt. Gesundheitsberater: Betreut Patienten im Auftrag von Krankenkassen oder arbeitet im Bereich Gesundheitsförderung und Therapieunterstützung

Voraussetzungen/Ausbildung: Ausbildung im Gesundheitswesen

Im Gesundheitswesen ist ein Umbau im Gange, hin zu mehr Effizienz, zu mehr Gesundheitsförderung und Beratung. »Soziale Einrichtungen verstehen sich heute immer mehr als moderne Dienstleistungsunternehmen. Soziale Dienstleistungen werden immer stärker nach Marktmechanismen organisiert«, stellten auch die Berufsforscher des Bundesinstituts für Berufsbildung fest.[16] So kommt es zu einem überraschenden Effekt: Obwohl in den traditionellen Bereichen Stellen abgebaut und Leistungen gestrichen

---

16 Laszlo Alex, Henning Bau (Hg): *Qualifikationsreport 1: Wandel beruflicher Anforderungen. Der Beitrag des BIBB zum Aufbau eines Früherkennungssystems Qualifikationsentwicklung.* Bielefeld: W. Bertelsmann, 1999, S. 227.

werden, entstehen gerade durch den wirtschaftlichen Druck, den sich die Organisationen ausgesetzt sehen, neue Berufe und berufliche Chancen. »Gesundheitsmanager können zum Beispiel in den Krankenkassen den neuen Bereich der Gesundheitsförderung entwickeln. Bisher ging es vor allem um Leistungsabrechnung, doch der Trend ist, direkter mit den Kunden umzugehen und stärker beratend tätig zu werden; um dafür Konzepte zu entwickeln und sie umzusetzen, werden professionelle Manager gebraucht«, erklärt Paul Wolters, Leiter des Fernstudiengangs »Gesundheitsmanager« der Fakultät Gesundheitswissenschaften an der Universität Bielefeld.

Gesundheitsmanager können aber auch in Krankenhäusern neue Entwicklungen wie Qualitätssicherung und Optimierung von Leistung und Wirtschaftlichkeit voranbringen. In großen Unternehmen sind sie für die betriebliche Gesundheitsvorsorge, Arbeitsschutz und Fehlzeitenanalyse zuständig. Sie initiieren Gesundheitszirkel und führen Projekte durch. Auch in Firmen an der Schnittstelle zwischen Medizin und Wirtschaft sind Stellen für Gesundheitsmanager entstanden. Einer dieser Manager ist Colin Wernsdörfer, Leiter Medizin- und Gesundheitsmanagement bei der 1997 gegründeten Dienstleistungsfirma ArztPartner/almeda AG, die stark auf das Internet ausgerichtet ist und sich daher »führendes E-Health-Unternehmen in Deutschland« nennt. Wernsdörfer, eigentlich ein Internist, organisiert nun Pilotprojekte, bei denen chronisch Kranke wie zum Beispiel Diabetiker begleitet werden sollen. Mitarbeiter im hauseigenen Callcenter rufen regelmäßig an, erkundigen sich nach den Zuckerwerten der Diabetiker, achten darauf, dass die nötigen Untersuchungen gemacht werden und stehen als Ansprechpartner zur Verfügung. Langfristig sollen die Kassen die Dienstleistung finanzieren. »Das Hauptziel ist, chronisch Kranke weitestgehend ambulant zu führen. Ein Tag Krankenhaus kostet 1 000 Mark, wenn man nur ein bis zwei Tage spart, hat man unsere Kosten wieder drin«, erklärt der Gesundheitsmanager. »Außerdem fühlen sich die Kranken besser betreut, das Programm soll ja ihre Lebensqualität steigern.«

Drei Viertel seiner Zeit verbringt Wernsdörfer am Schreibtisch, doch er hat auch Termine vor Ort, mit Ärzten, Kliniken und Organisationen, mit denen die ArztPartner/almeda AG kooperieren will. Seine Arbeit in diesem Feld macht ihm Spaß, aber sie ist nicht ganz einfach: »Das Gesundheitsmanagement ist noch sehr jung, es gibt noch keine Standards. Das ist natürlich einerseits sehr spannend, weil man diese Standards mit prägen kann, aber es ist auch ein täglicher Kampf, weil es wenig Orientierung gibt.«

Als Gesundheitsmanager – ob mit oder ohne Weiterbildung, denn bisher ist der neue Beruf nicht gesetzlich geregelt – kann jeder arbeiten, der im Gesundheitswesen tätig ist. Ärzte, aber auch Pharmazeuten, Krankenschwestern, Arzthelferinnen und Heilpraktiker sowie Mitarbeiter in Verwaltungen, Krankenkassen und privatwirtschaftlichen Gesundheitsdiensten haben dafür gute Voraussetzungen, egal ob sie sich einfach nur weiterqualifizieren oder den Beruf wechseln wollen. Ideal ist, wenn man neben reichlich Berufspraxis auch Führungsqualitäten, Erfahrung im Projektmanagement, Moderations- und Verhandlungskompetenz mitbringt. »Man muss das Gesundheitswesen genau kennen und die Fähigkeit haben, mit den vielfältigen Akteuren wie Patienten und Versicherungen umzugehen«, ergänzt Paul Wolters. Vier Semester dauert das von ihm betreute neue Fernstudium, das die Studierenden für neue Berufsanforderungen und innovative Aufgaben im sich modernisierenden Gesundheitswesen qualifizieren soll. Die Teilnehmer bekommen eine breite Grundlage in Gesundheitswissenschaft und Betriebswirtschaft. »Das Interesse an dem Studiengang ist sehr, sehr groß – offensichtlich gibt es einen großen Bedarf«, kommentiert Wolters. Auf dieses Interesse haben auch andere Einrichtungen reagiert: Eine Fortbildung zum Gesundheitsmanager kann man beispielsweise auch an der Universität Dresden, an der Hochschule für Wirtschaft und Politik in Hamburg und in Österreich an der Niederösterreichischen Landesakademie absolvieren. Wer sich allgemein für das Management sozialer Einrichtungen interessiert, für den kommt der neue Studiengang an der Berufsakademie Villingen mit dem Abschluss Diplom-Sozialwirt infrage. Auch Seminare von wenigen Tagen, wie sie zum Beispiel von der IfG angeboten werden, haben Konjunktur.

Wer sich speziell mit den Bereichen Gesundheitsförderung (zum Beispiel in Betrieben oder bei Krankenkassen), -planung und -berichterstattung beschäftigen will, für den eignet sich der neue Studiengang »Gesundheitswirt« an der Fachhochschule Hamburg.

Während Gesundheitsmanager mit Managementfähigkeiten im Hintergrund die Konzepte austüfteln, setzen Gesundheitsberater sie um und wenden sich direkt an den Patienten. Mittlerweile haben viele Krankenkassen Reha-Berater als direkte Ansprechpartner und Betreuer für Versicherte, die im Krankenhaus liegen oder an einer Langzeiterkrankung leiden. Die Berater arbeiten entweder in eigenen Geschäftsstellen im Krankenhaus oder kommen bei Bedarf vorbei und telefonieren regelmäßig mit den Patienten. Dadurch, dass sie organisatorische Entscheidungen treffen und schnell umsetzen können, macht ihre Arbeit das Gesundheitssystem ein Stück unbürokratischer und flexibler. »Daraus ergeben sich zahlreiche Möglichkeiten, wie der Genesungsprozess beschleunigt und Maßnahmen des Gesundheitswesens besser koordiniert und zügig aufeinander abgestimmt werden können«, freut sich die Krankenkasse AOK. »Verzögert sich zum Beispiel die Beschaffung einer Gehhilfe um eine Woche, bleibt der Patient eine Woche länger im Bett liegen und fängt erst verspätet mit dem erneuten Laufenlernen an.« Für die AOK rechnete sich das Experiment – sie konnte 1997 gegenüber dem Vorjahr 28 Prozent der Ausgaben für Krankengeld, fast drei Milliarden Mark – einsparen.

Manche Gesundheitsberater sind in Betrieben angestellt und kümmern sich dort um die Gesundheitsförderung, andere arbeiten mit Ärzten oder Heilpraktikern zusammen oder sind selbstständig. Da sie nicht selbst Patienten behandeln dürfen, tummeln sie sich vor allem im Bereich der Vorsorge und Therapieunterstützung: Überall dort, wo Ernährungs-, Entspannungs- und Bewegungsberatung gefragt ist, bieten sie ihre Dienste an. Oft initiieren sie Angebote im Bereich Erwachsenenbildung, unterrichten beispielsweise bei Volkshochschulen oder halten Vorträge.

Für diesen Job eignen sich Bewerber mit einer medizinischen, sozialen oder pädagogischen Berufsausbildung. Fortbildungen von ganz unterschiedlicher Qualität und Dauer gibt es am Markt reichlich: Bei der Volkshochschule kann man in 80 Stunden ein Zertifikat »Gesundheitsberater« erwerben, bei der »Akademie für ganzheitliche Lebens- und Heilweisen«, zu der auch eine Heilpraktikerschule gehört, kann man ein 24-monatiges Fernstudium absolvieren. Ob man vom Beruf des Gesundheitsberaters leben kann, ist zurzeit zweifelhaft, sofern man nicht fest angestellt ist. Möglicherweise mausert sich der Beruf jedoch in den nächsten Jahren zu einem festen Bestandteil des Gesundheitssystems – das Bundesinstitut für Berufsbildung denkt bereits darüber nach, daraus einen Lehrberuf zu machen.

Infos:

Fakultät für Gesundheitswissenschaften
Universität Bielefeld
Postfach 10 01 31
33501 Bielefeld
Telefon: (05 21) 1 06 43 80
Telefax: (05 21) 1 06 60 44
E-Mail: fernstudium@gesundheitswissenschaften.uni-bielefeld.de

Europäisches Institut für postgraduale Bildung an der Technischen Universität Dresden e. V. (EIPOS)
Goetheallee 24
01309 Dresden
Telefon: (03 51) 4 40 72 10
Telefax: (03 51) 4 40 72 20
E-Mail: eipos@t-online.de
Internet: www.eipos.de
Bieten eine Fachfortbildung zum »Gesundheitsmanager« an.

IfG GmbH
Privates Institut für Gesundheitsbildung, Gesundheitsmanagement und Personalentwicklung
Plauener Straße 6
92318 Neumarkt
E-Mail: info@ifg.iksys.com
Internet: www.ifg.iksys.com
Bieten viertätiges Seminar zur Weiterbildung zum Gesundheitsmanager im Betrieb an.

UGB Verband für unabhängige Gesundheitsberatung e. V.
Keplerstraße 1
35390 Gießen
Telefon: (06 41) 7 77 85
Telefax: (06 41) 7 85 68
Internet: www.ugb.de
Bilden zum/r Gesundheits-TrainerIn aus (Bereiche Ernährung, Bewegung und Entspannung oder Neue Lebensstile).

Akademie für ganzheitliche Lebens- und Heilweisen
Memeler Straße 25
42781 Haan
Telefon: (0 21 29) 94 02-0
Telefax: (0 21 29) 94 02-22
Internet: www.alh-akademie.de

Buchtipp:

Mario Weiss: *Gesundheitsmanagement. Konzepte und Werkzeuge für Gestalter und Manager.* Stuttgart: Thieme, 1997 (68 Mark)

Ähnliche Berufe:

- *Medical-Advisor:* Mediziner oder Pharmazeut, der die Bereiche Marketing, Vertrieb und Öffentlichkeitsarbeit einer pharmazeutischen Firma wissenschaftlich unterstützt. Manchmal auch Medical-Manager genannt, da die Abgrenzung zum Gesundheitsmanager fließend ist (siehe auch Anhang).

Ideenmanager

Andere Namen und verwandte Berufe: Innovation-Manager, Idea-Manager, Wissensmanager

Kurzbeschreibung: entwickelt Konzepte für kontinuierliche Verbesserungen in Unternehmen, motiviert und unterstützt die Mitarbeiter bei der Ideenfindung

Voraussetzungen/Ausbildung: Einfühlungsvermögen, Moderationsfähigkeit

Wer sich im Zeitalter des Cyberspace auf seinen Erfolgen ausruht, der findet sich nur allzu schnell auf dem Abstellgleis wieder. »Es werden immer mehr Ideen benötigt, um sich am Markt behaupten zu können«, ist die Diagnose der Kreativitätstrainerin Jacqueline Rieger. »Vor allem hat das Internet zu einer drastischen Beschleunigung aller Unternehmensaktivitäten geführt, die Produktlebens- und -entwicklungszeiten werden immer kürzer.« Als Folge boomt seit Mitte der neunziger Jahre das Thema Kreativität und Ideen. In den Firmen sickert die Erkenntnis durch, dass es nicht mehr reicht, die Ideen in Forschungs- und Entwicklungsabteilungen auszubrüten, sondern das ganze Unternehmen gefordert ist. Noch zaghaft drängt sich der Beruf des Ideenmanagers oder Innovation-Managers in die Arbeitswelt. »Bisher konnte ich beobachten, dass es solche Leute in großen Unternehmen gibt, entweder in Zusammenhang mit Zukunft, dann geht es oft um allgemeine Entwicklungen, oder aus dem Produktionsbereich, dann verbessert man das Bestehende und Gewohnte«, berichtet Kommunikationsberaterin

Renate I. Ritter. »Außerdem gibt es Kreativitätsmanagement im Bereich Marketing und Kommunikation.« So manche Firma kombinierte das altehrwürdige Vorschlagswesen mit modernen Methoden kontinuierlicher Verbesserung und taufte es in »Ideenmanagement« um.

Wer einen guten Ideenmanager sucht, der hat es nicht einfach – diese Erfahrung machte die Firma Hirschvogel Umformtechnik, die Produkte für die Automobilindustrie herstellt. Auf ihre Stellenanzeige bekam sie sehr viel Resonanz: Zur Belustigung der Personalabteilung zermarterten sich die Bewerber ihr Hirn, um möglichst originelle Bewerbungen abzugeben, mit witzigem Text und per Computer schön gestaltet. Doch viele Bewerber kamen direkt von der Hochschule, kaum jemand konnte genügend Berufserfahrung vorweisen. Das Rennen machte schließlich Andreas Schuster. Fit gemacht durch viele Kurse und ein Gruppenleitertraining betreut der Physiker seit 1994 kontinuierliche Verbesserungsprozesse und entwickelt Konzepte für ein unternehmensweites Ideenmanagement. »Das ist kein Job, bei dem man sich ins Kabäuschen verkriecht und Briefe abschickt, sondern man redet vor Ort mit den Leuten«, erzählt Schuster. Im Stammwerk von Hirschvogel, in dem 1 200 Menschen arbeiten, besteht sein Arbeitsalltag vor allem darin, Gruppentreffen zu moderieren, bei denen neue Ideen besprochen und entwickelt werden. Einmal im Monat organisiert er mit den Mitarbeitern Kaizen-Workshops, bei denen jeweils eine Maschine oder ein Prozess verbessert wird. Er selbst braucht also kein Geysir neuer Einfälle zu sein: »Man muss sich zurückhalten, die Leute sollen die Ideen selbst erzeugen. Meine Aufgabe ist es, zu motivieren und zu unterstützen.«

Wie Schuster sind auch die meisten anderen Ideenmanager Quereinsteiger, die die Firmen häufig aus den eigenen Reihen rekrutieren. Der neue Aufbaustudiengang der Fachhochschule Brandenburg zum Thema »Technologie- und Innovationsmanagement« ist bisher in der deutschen Hochschullandschaft allein auf weiter Flur. Manche Personalchefs bevorzugen bei ihren Innovation-Managern ein BWL-Studium oder einen technischen Hintergrund, anderen ist die Ausbildung neben den menschlichen Fähigkeiten eher Nebensache. »Er sollte angenehm und einfühlsam sein, einen umgänglichen Ton haben, zuhören und mit unkonventionellen Ideen umgehen können«, definiert Uwe Rautzenberg, Abteilungsleiter Strategie bei Hirschvogel, den perfekten Ideenmanager.

Das Einstiegsgehalt liegt um die 70 000 bis 80 000 Mark im Jahr. Manche Unternehmen beteiligen ihren Ideenmanager, beglückt durch die geballte Innovation, die er den Mitarbeitern entlockt, auch am Einsparpotenzial. Dann haben die Summen auf dem Gehaltskonto natürlich die eine oder andere »0« mehr.

Infos:

EUREKA e. V.
Gartenstraße 115
73430 Aalen
Telefon: (0 73 61) 7 10 22
Telefax: (0 73 61) 7 20 09
E-Mail: eureka@id-management.de
Internet: www.id-management.de
Internationale Initiative zur Förderung des Ideenmanagements, bietet unter anderem Seminare und Inhouse-Training an.

Fachhochschule Brandenburg
Magdeburger Straße 50
14770 Brandenburg/Havel
Telefon: (0 33 81) 3 55-0
Telefax: (0 33 81) 3 55-1 99
E-Mail: info@fh-brandenburg.de
Internet: www.fh-brandenburg.de/tuim.html

Wuppertaler Kreis e. V.
Deutsche Vereinigung zur Förderung der Weiterbildung von Führungskräften
Gustav-Heinemann-Ufer 84-88
50968 Köln
Telefon: (02 21) 37 20 18
Telefax: (02 21) 38 59 52
Internet: www.wkr-ev.de
Bieten Seminare zum Ideenmanagement an.

Buchtipps:

Ulrich Fischer, Thomas Breisig: *Ideenmanagement. Förderung der Mitarbeiterkreativität als Erfolgsfaktor im Unternehmen.* Frankfurt am Main: Bund-Verlag, 2000 (59 Mark)

Zeitschrift *Ideenmanagement – Vorschlagswesen in Wirtschaft und Verwaltung*
viermal jährlich, pro Heft 16 Mark
Erich Schmidt Verlag GmbH & Co.
Genthiner Straße 30 G
10785 Berlin
Telefon: (0 30) 25 00 85-0
Telefax: (0 30) 25 00 85-21
E-Mail: esv@esvmedien.de
Internet: www.erich-schmidt-verlag.de/ideenmanagement.htm

Ähnliche Berufe:

- *Wissensmanager:* prüft und verbessert den Informationsfluss im Unternehmen. Entwickelt Methoden, den Wissensbestand und die Ideen der Mitarbeiter im Unternehmen zu entdecken und besser verfügbar zu machen. Überschneidet sich zum Teil mit dem Ideenmanager
- *Forschungsmanager:* siehe Beitrag in diesem Buch

Infobroker

Andere Namen und verwandte Berufe: Informationsbroker, Informationswirt

Kurzbeschreibung: bietet Unternehmen Leistungen im Bereich Information und Daten an; führt häufig Datenbank- oder Literaturrecherchen durch

Voraussetzungen/Ausbildung: meist Fachstudium oder Informationswirt-Studium

Als Rainer Schwarz-Kaske vor 13 Jahren die Laufbahn als Hochschullehrer einschlagen wollte, stand er vor einer schier unlösbaren Aufgabe: Im Bereich der C4-Professuren im Fachbereich Chemie war auf Jahre hinaus der Stellenmarkt dicht. Als promovierter Chemiker hatte er nun zwei Möglichkeiten: Warten, ob ein Professor vorzeitig stirbt, und so lange auf der Wartebank Platz nehmen oder sein Glück selbst in die Hand nehmen. Schwarz-Kaske entschied sich für Letzteres und wurde einer der ersten Infobroker hierzulande. Zu bereuen braucht er diesen Entschluss nicht, denn heute zählt er zu den Führenden des Life-Science-Bereichs.

Er berät Pharmafirmen, chemische Industriefabriken und Unternehmen im Boomsektor Biotechnologie. Sein Arbeitsalltag ist weniger spektakulär, als der englische Berufsbegriff zunächst vermuten lässt. Auf Anfrage eines Unternehmens durchstöbert er in erster Linie kostenpflichtige Online-Datenbanken wie »Embase« oder »Chemical Abstracts« und bereitet die Informationen für den

Kunden auf. Das kann eine Arzneimittelrecherche genauso sein wie die Lösung kniffliger Fragestellungen um Patente und Forschungsergebnisse. »Alles wird am Rechner im eigenen Büro erledigt. Viele Kunden bekomme ich gar nicht zu Gesicht«, erklärt Schwarz-Kaske.

Jährlich werden in der Bundesrepublik immerhin zirka 150 Infobroker-Stellen angeboten. Die Tendenz ist steigend. Nach Informationen des Verbands Informationstechnik im VDMA und ZEVI arbeiten in Deutschland bereits circa 600 dieser Informationsspezialisten. »Derzeit liegt der Beruf voll im Trend, da immer mehr Unternehmen die Information als Wert begreifen«, prophezeit Jürgen Schees, der in einem großen Pharmakonzern das Infobroking mitbetreut, der Branche. Meist bieten Infobroker dem Kunden ein Komplettpaket mit sämtlichen Leistungen rund um die Information: Sie analysieren die Problemstellungen, beschaffen Informationen, bewerten und selektieren sie; anschließend bereiten sie die Daten sinnvoll auf und schreiben Gutachten. Auf Anfrage errichten Infobroker den Firmen auch das betriebsinterne Informationssystem, inklusive Erstellung von Datenbanken, Datenerfassung und Digitalisierung von Printprodukten, Herstellung von CD-ROMs und vielem mehr. Die meisten führen nebenbei noch Schulungen und Seminare durch: Ein wahrer Allround-Job rund um die Information.

Eine der wenigen Anlaufstellen in Deutschland, wo man den Beruf des Infobrokers von der Pike auf lernen kann, ist die Loquenz Akademie in Tübingen. Dort kümmert man sich vor allem um Biowissenschaftler. Auch immer mehr allgemeine Studiengänge, die eine gute Basis für Infobroker sind, werden aus der Taufe gehoben: Seit dem Wintersemester 1997/98 bietet beispielsweise die Universität Karlsruhe den Studiengang Informationswirtschaft an. Er wird gemeinsam von den Fakultäten Wirtschaftswissenschaften und Informatik durchgeführt, außerdem bekommen die Studierenden auch noch Know-how aus den Rechtswissenschaften mit auf den Weg. Bedarf für ihre Informationswirte sieht die Uni in »Unternehmen jeglicher Art und in öffentlichen Verwaltungen: Informationswirte gestalten die Informationswelt zugleich unter wirtschaftlichen und technologischen Aspekten, sie entscheiden in

Leitungsfunktionen über derartige Konzepte oder führen spezielle Unternehmen, die zum Beispiel als ›Informationsmakler‹ am Markt agieren.« Selbsternannte Infobroker haben es bislang schwer. Schwarz-Kaske rät deshalb davon ab, sich gleich nach dem Studium selbstständig zu machen. Zunächst sollte man zwei bis drei Jahre Berufserfahrung im Angestelltenverhältnis sammeln oder das Augenmerk auf die Weiterbildung zum Infobroker legen.

Bei der Loquenz Akademie in Tübingen ist Mark Reuter verantwortlich für die Ausbildung zur »Spürnase« oder gar zum »Spürhund«, wie er den Infobroker ins Deutsche überträgt. Sechs Monate lang wird man theoretisch ausgebildet, bevor man weitere vier Monate in Firmen, Banken und Unternehmensberatungen das Gelernte erproben darf. Viele dieser Organisationen verfügen heute über so genannte I-&-D-Abteilungen (Information und Dokumentation), in denen angestellte Infobroker relevante Informationen sammeln und auswerten. Bis zu 30 Mitarbeiter sind dort für das Infobroking zuständig. Der Bedarf wird schnell sichtbar: Wenn etwa ein neues Produkt eingeführt oder Wettbewerber im Allgemeinen beobachtet werden, treten diese Info-Manager, wie sie bisweilen auch genannt werden, auf den Plan. Wie weit es allerdings vom Infobroker zum Industriespion ist, wollte keiner näher erläutern. Um Seriosität ist man allemal bemüht, hat zu diesem Zweck sogar das Wortungetüm »Deutsche Gesellschaft für Informationswissenschaft und Informationspraxis«, kurz DGI, als Dachverband gegründet. Jürgen Schees verweist auf den Ehrenkodex der DGI, der jedes Mitglied zur legalen Ausübung seines Berufs verpflichtet. »Es werden nur verfügbare Daten angezapft«, fügt Reuter hinzu.

Der Infobroker mit breit gefächertem Halbwissen hat schlechte Chancen, vor allem Spezialisten können sich auf diesem Markt durchsetzen. Über alles mitzureden ist in der Branche verpönt. Deshalb bietet der Beruf insbesondere Akademikern und Fachexperten auf dem Abstellgleis, jenen also, die mit drohender Arbeitslosigkeit zu kämpfen haben, gute Chancen. Denn der Schritt zum Infobroker ist kein großer, wie Reuter bilanziert. Bis zu 40 Teilnehmer schleust man in Tübingen jährlich durch die Weiterbildung, übrigens eine Maßnahme, die vom Arbeitsamt hundertprozentig gefördert wird. Die Vermittlungsquote beträgt stattliche 90 Prozent. Der Verdienst ist unterschiedlich: Einsteiger verdienen um die 70 000 Mark jährlich, mit Berufserfahrung kommt man auf 90 000 Mark, manchmal wird es sogar sechsstellig.

Infos:

Loquenz Akademie
Gartenstraße 18
72074 Tübingen
Telefon: (0 70 71) 92 03-15
Telefax: (0 70 71) 92 03-50
E-Mail: astrid-werner-hahn@loquenz.de
Bietet Lehrgänge im Bereich Informationsmanagement an.

Deutsche Gesellschaft für Informationswissenschaft und Informationspraxis e. V. (DGI)
Geschäftsstelle
Ostbahnhofstraße 13
60314 Frankfurt am Main
Telefon: (0 69) 43 03 13
Telefax: (0 69) 4 90 90 96
E-Mail: dgd@darmstadt.gmd.de
Internet: www.dgd.de

Universität Karlsruhe (TH)
Kaiserstraße 12
76128 Karlsruhe
Telefon: (07 21) 6 08-0
Telefax: (07 21) 6 08-42 90
Internet: www.uni-karlsruhe.de

Studium Information und Dokumentation
Fachhochschule Darmstadt
Haardtring 100
64295 Darmstadt
Telefon: (0 61 51) 16-02
Telefax: (0 61 51) 16 89 49
Internet: www.fh-darmstadt.de

Studiengang Informationswirtschaft
Fachhochschule Köln
Fachbereich Bibliotheks- und Informationswesen
Claudiusstraße 1
50678 Köln
Telefon: (02 21) 82 75-33 76
Telefax: (02 21) 3 31 85 83
Internet: www.fbi.fh-koeln.de

Buchtipp:

Astrid Haarland: *Geschäftsfeld Infobroker. Voraussetzungen – Tätigkeitsfelder – Verdienstchancen.* Regensburg: Walhalla, 2000 (29,90 Mark)

Ähnliche Berufe:

- *Research-Analyst:* siehe Beitrag »Financial-Analyst« in diesem Buch
- *Researcher:* Mitarbeiter in Personalberatungsunternehmen (»Executive Search«), die geeignete Kandidaten suchen und ansprechen. Dazu muss der Researcher Daten zu Branchen, Unternehmen und Führungskräften aus einer Vielzahl von Quellen re-

cherchieren. Meist unterstützt er die Berater, die für das jeweilige Projekt verantwortlich sind. Manche Researcher arbeiten aber auch bei gewöhnlichen Unternehmen und sind dort für Produkt-, Marken- und Branchenanalysen beziehungsweise das Sammeln und Aufbereiten von Wirtschaft- und Finanzdaten verantwortlich (siehe Research-Analyst).

Infografiker

Andere Namen und verwandte Berufe: Grafiker

Kurzbeschreibung: erstellt erklärende Grafiken, Schaubilder und Karten für Online- und Print-Zeitschriften sowie für Sender

Voraussetzungen/Ausbildung: kreatives Talent, Kenntnis der wichtigsten Grafik-Programme

Manche Informationen kann man einfach besser erfassen, wenn sie durch ein Bild erklärt werden: Ob es nun eine Fieberkurve zu den neusten Entwicklungen der Börse ist, ein Schaubild, das erläutert, wie ein neuer Motor arbeitet, oder eine Landkarte, auf der man sich schnell orientieren kann, in welcher Ecke der Welt Burkina Faso liegt. Zeitungen, Zeitschriften, Fernsehsender und Online-Redaktionen, sie alle benutzen Infografiken, um für ihre Leser anschaulich zu machen, worum es in dem jeweiligen Bericht geht. Daraus hat sich ein eigener Beruf entwickelt: der Infografiker. In enger Zusammenarbeit mit der Textredaktion erstellt er am Computer Grafiken. »Wir haben das Profil des Berufs 1991 selbst entwickelt, weil wir so viele schlimme Grafiken in der Zeitung gesehen haben, die man hätte besser machen können«, erinnert sich Jürgen Dörmann vom publizistischen Bildungszentrum Haus Busch. »Es war am Anfang ein bisschen schwer vermittelbar, dass der Beruf eine Marktchance haben könnte.« Doch inzwischen haben sich die Infografiker einen festen Platz in der Medienwelt erobert. Momentan werden sie sogar heiß umworben, da ständig neue Wirtschaftsmagazine gegründet werden und gerade sie großen Bedarf an Leuten haben, die Zahlen und Fakten in attraktive und übersichtliche Bilder umsetzen können.

Der Fotograf Christoph Sierverding kam durch Zufall zur Infografik. Vor acht Jahren war er gerade arbeitslos und machte einen Bewerberkurs, als er von einer der Lehrerinnen von den Umschulungen im Haus Busch hörte. Es war der allererste Infografik-Kurs in Deutschland. Der Beruf lag Sieverding, und der Erfolg ließ nicht auf sich warten: Nachdem er mehrere Jahre bei *Focus* Infografiken erstellt hatte, wurde er im Januar 2000 Ressortleiter Infografik beim Wirtschaftsmagazin *Focus Money*. Nach seiner Erfahrung kann man sich zwar für manche Grafiken – zum Beispiel wie eine Herztransplantation funktioniert – schon mal einen Tag Zeit nehmen, doch sonst läuft die Produktion von Wirtschaftsgrafiken eher Schlag auf Schlag. »Man erarbeitet sich ein Schema und liest dann die Daten da hinein. Für die einfacheren Sachen brauche ich zehn Minuten pro Grafik«, erklärt Sieverding. Die Arbeit ist stressig, das Infografik-Team muss gemeinsam mit den Journalisten ranklotzen, damit das Heft pünktlich erscheinen kann. »Meist hat der Redakteur eine Idee oder bringt schon eine Vorstellung mit, manchmal auch eine kleine Skizze. Wenn er zum Beispiel zeigen möchte, an welcher Stelle der Lungenflügel bei der Operation abgetrennt wird, bringt er Fotomaterial oder Zeichnungen mit. Man bespricht die Daten, einigt sich auf eine Form, und wir setzen das dann um.«

Wenn der schreibende Kollege keine Vorlagen mitbringt, entwickeln die Infografiker Ideen und suchen ihr Material selbst, oft auch durch Recherchen im Internet. Auf Sieverdings Schreibtisch neben seinem großen Macintosh und in den Regalen stapelt sich Kartenmaterial, Bücher über Technik, Medizin und Natur. Am Computer wird das Material dann bearbeitet und die fertige Grafik gebastelt. Doch nicht alles ist pure Bildschirmarbeit, bei manchen Medien gehen die Infografiker sogar gelegentlich mit den Journalisten vor Ort. Wenn beispielsweise eine Kreuzung von der Verkehrsführung her sehr schlecht ist und die Zeitung die Mächtigen aufrütteln möchte, dann hat der Infografiker die Aufgabe, sich die Kreuzung anzuschauen und eine Grafik zu bauen, die zeigt, wie man sie besser beschildern könnte.

Gearbeitet wird in der Infografik-Abteilung so lange wie nötig: »Normalerweise sind es acht Stunden am Tag, aber wenn ein fetter Job kommt und ich möchte ihn selbst erledigen und ihm meinen Stempel aufdrücken, dann hänge ich mich rein, bis er fertig ist – egal ob es draußen hell oder dunkel ist«, erzählt Sierverding. Der Reiz an seiner Arbeit ist für ihn, aus trockenem Material eine gut verständliche Grafik mit attraktiver Optik zu schaffen. Natürlich hat es auch einen Reiz, seine Arbeiten regelmäßig in der Zeitschrift zu sehen. Sechs feste Grafikerstellen gibt es bei *Focus*, bei *Focus Money* kommen noch einmal vier dazu. Zwar muss im Team jeder alle Aufträge übernehmen können, doch jeder hat sein Spezialgebiet: Der eine malt lieber Panzer oder Flugzeuge, der andere lieber organische Dinge. Im Bedarfsfall, wenn es richtig hektisch ist und jede Menge Illustrationen zu erstellen sind, wird auf freie Mitarbeiter zurückgegriffen.

Viele der heute arbeitenden Infografiker haben Grafik-Design studiert. Die meisten, die speziell als Infografiker ausgebildet wurden – oft arbeitslose Akadmiker aller Fachrichtungen –, haben die Umschulung in Haus Busch absolviert. Voraussetzung für den Job ist kreatives Talent und die Fähigkeit, komplexe Sachverhalte verständlich in grafische Darstellungen umzusetzen – und das meist unter Zeitdruck. »Grafisches Gefühl muss sein«, meint Jürgen Dörmann, pädagogischer Leiter von Haus Busch. »Der Beruf bringt nichts für jemanden, der mit einem Bleistift nur Buchstaben machen kann.« Außerdem ist es Ehrensache, dass Infografiker das journalistische Handwerk wenigstens in den Grundzügen beherrschen. In den Lehrgängen werden Darstellungsformen wie Nachricht, Bericht und Porträt, Zeitungsdesign und Presserecht ebenso gelehrt wie Typografie, Scannen und Layout. Meist gehört bei den Ausbildungen sogar ein journalistisches Praktikum dazu. Jürgen Dörmann ist überzeugt, dass das sinnvoll ist: »Die Leute müssen journalistisch denken und arbeiten, sonst können sie höchstens Zahlenlisten vom Arbeitsamt machen, das ist leicht. Aber andere Aufgaben wären schwierig zu stemmen: Zum Beispiel, wenn ein Journalist, der vor Ort war und kein Foto machen konnte, zum Mitarbeiter geht und sagt, mach mir was Infografisches draus.« Die Zeitschrift Net-Business beispielsweise wünscht sich daher von ihren Infografikern neben Berufserfahrung auch »Redaktionserfahrung in Tages- oder Wochenzeitungsredaktionen«.

Gearbeitet wird heute nur noch am Computer, deshalb sollte man als angehender Infografiker die übliche Software beherrschen – Freehand und Illustrator für die Grafik, Photoshop für die Bildbearbeitung, QuarkXpress für das Layout und zusätzlich noch das eine oder andere Programm für 3D und Webdesign. Man muss sich permanent an neue Soft- und Hardware anpassen, sich in Updates einarbeiten. 3-D-Grafiken oder animierte Infografiken sind heute üblich, vor fünf Jahren waren sie noch nicht möglich. Aber das ist noch längst nicht alles: Oft wird auch noch ein breites Allgemeinwissen gefordert. »Ausgeprägte Kenntnisse in den Bereichen Politik, Wirtschaft, Gesellschaft«, fordert neben vielen anderen Medien auch die ddp-Nachrichtenagentur.

Mit einem Bruttogehalt von 4 000 bis 10 000 Mark im Monat kann man als Infografiker rechnen. Häufig wird man als Redakteur oder Redaktionsassistent eingestellt und dann nach dem gleichen Tarif bezahlt wie die schreibenden Kollegen. Das birgt jedoch den Nachteil, dass dann keine Überstunden mehr bezahlt werden.

Infos:
Deutsches Institut für publizistische Bildungsarbeit
Haus Busch
58099 Hagen
Telefon: (0 23 31) 3 65-6 00
Telefax: (0 23 31) 3 65-6 99
E-Mail: Hausbusch@hausbusch.de
Internet: www.hausbusch.de
Die Bewerber müssen mindestens 25 Jahre alt sein und einen kleinen Aufnahmetest absolvieren.

isotype.com
Domstraße 34
50668 Köln
Internet: www.isotype.com
Firma, die auch Schulungen und Weiterbildung anbietet. Auf der Website findet sich auch eine Page zum Thema »Neues aus der Infografik-Branche«.

Buchtipp:
Martin Liebig: *Die Infografik.* Konstanz: UVK, 1999 (48 Mark)

Angela Jansen: *Handbuch der Infografik. Visuelle Information in Publizistik, Werbung und Öffentlichkeitsarbeit.* Berlin: Springer, 1999 (89 Mark)

Ähnliche Berufe:

- *DTP-Layouter:* siehe Beitrag in diesem Buch

Investor-Relations-Manager

Kurzbeschreibung: gibt Investoren, Analysten und Finanzjournalisten ungeschminkte Auskünfte über das Unternehmen, wirbt aber auch neue Investoren

Voraussetzungen/Ausbildung: Finanz-Know-how, Kommunikationsfähigkeit

Es ist ein magischer Moment in der Geschichte eines Unternehmens, ein Stichtag, dem man euphorisch oder mit leicht nervösem Kniezittern, auf jeden Fall mit Spannung, entgegenblickt: der Börsengang. Nun wird ein Unternehmen in guten wie in schlechten Zeiten von Investoren, Analysten und Wirtschaftsjournalisten aufmerksam beobachtet. Und sie alle wenden sich, wenn sie Fragen haben oder Hintergrundinformationen brauchen, an den Investor-Relations-Manager. Seine Aufgabe ist es, mit ihnen im ständigen Dialog zu bleiben, die zentrale Anlaufstelle für alle Anfragen zu bilden und persönliche Kontakte zu den wichtigsten Multiplikatoren der Finanzwelt und Wirtschaftspresse zu pflegen. Zudem trägt er selbst aktiv die »Story« des Unternehmens nach außen.

»Der Begriff der Investor-Relations ist in Deutschland erst in den neunziger Jahren aufgekommen, vorher wurde die Funktion von den verschiedensten Stellen wahrgenommen – von den Finanz- oder Presseabteilungen zum Beispiel«, erläutert Alexander Serfas, Leiter Investor-Relations der Dresdner Bank. »In den letzten Jahren hat der Beruf immer größere Bedeutung bekommen, da die Kapitalmärkte für die Unternehmen immer wichtiger werden und immer mehr Firmen an die Börse gehen.« Das Resultat: Wer Erfahrung im Bereich Investor-Relations hat, der muss mehrmals die Woche freundlich, aber bestimmt Anrufe von Headhuntern abwimmeln. Das jedenfalls ist die Erfahrung von Karsten Pierschke vom Berliner Softwarehaus PSI. Schon bei der Vorbereitung des Börsengangs im August 1998 war der 33-jährige Diplom-Kaufmann in der Abteilung Öffentlichkeitsarbeit dabei und führte Gespräche mit Analysten. Seit Anfang letzten Jahres leitet er das Investor-Relations-Management hauptberuflich. »Ich fühle mich als Dolmetscher zwischen unserer verrückten Hightechbranche und der sachlich-trockenen Financial Community«, beschreibt Pierschke seinen Job. »Man muss diese technischen Dinge so rüberbringen, dass sich auch ein gestresster Analyst, der sich um 50 Werte kümmern muss, daran erinnert, was an PSI so Besonderes ist.«

Beim Umgang mit der Finanzwelt hat Pierschke gute Erfahrungen gemacht: »Es ist nicht schwer, solange man sich an bestimmte Spielregeln hält. Zum Beispiel nicht endlos zu schwafeln, sondern Informationen auf den Punkt zu bringen und auch offen über Schwächen und Defizite zu reden.« Vertrauen und Glaubwürdigkeit spielen eine große Rolle zwischen einem Investor-Relations-Manager und seinen »Kunden«. Das betont auch Alexander Serfas: »Besonders angewiesen auf das Vertrauen der Anleger ist Investor-Relations in schwierigen Unternehmenssituationen. Hat das Unternehmen früher dazu geneigt, Entwicklungen positiv zu überzeichnen, so geht die Investment Community dann davon aus, dass nun eingeräumte Probleme verniedlicht werden.«

Das Telefonieren und Reisen schluckt etwa die Hälfte der Arbeitszeit eines IR-Managers. Mit Roadshows und anderen Veranstaltungen sowie auf Messen macht er potenzielle Investoren auf die Firma aufmerksam. Mit dem gleichen Ziel lässt er einen steten Strom von Texten und Veröffentlichungen aus seiner Feder fließen. Doch die Kommunikation läuft nicht nur in einer Richtung, sondern auch von außen nach innen – eine wichtige Funktion des IR-Managers ist, der Geschäftsleitung Rückmeldung über das Bild, das die Außenwelt vom Unternehmen hat, zu geben.

Noch gibt es keine Studiengänge zum Bereich Investor-Relations, bisher spezialisieren sich meist Leute mit wirtschaftswissenschaftlichem Abschluss, aus der Öffentlichkeitsarbeit oder der Finanzwelt auf diesen Boombereich. Sowohl gute analytische als auch kommunikative Fähigkeiten sollte man für den Job mitbringen. »Es ist sehr schwierig, jemanden zu finden, der beides verbindet – die Leute sind meist entweder gut im Finanzbereich oder gute Journalisten«, seufzt Hartmut G. Rauscher, Geschäftsführer der Victory Media Gruppe. Er sucht einen Investor-Relations-Manager, der die über 5 000 Teilhaber ihrer Medienfonds betreut und das Unternehmen eventuell später einmal beim Börsengang begleitet.

Wo intensiv gesucht wird, wird auch viel gezahlt – aber selten gleich am Anfang, denn schließlich muss der Mitarbeiter meist erst von der Firma ausgebildet werden. Ein Investor-Relations-Manager mit Erfahrung kann es jedoch ohne größere Mühe auf 100 000 bis 150 000 Mark im Jahr bringen.

Infos:
Deutscher Investor Relations Kreis e. V. (DIRK)
Büro: Jörg Peters
c/o Gontard & Metallbank AG, Investor-Relations
Guiollettstraße 54
60325 Frankfurt am Main
Telefon: (0 69) 71 90 82 08
Telefax: (0 69) 71 90 82 04
E-Mail: joerg-peters@gmag.de
Internet: www.dirk.org

Ähnliche Berufe:

- *PR-Manager:* kümmert sich um die Öffentlichkeitsarbeit des Unternehmens. Beantwortet Fragen über das Unternehmen, gibt Journalisten Auskünfte, organisiert Veranstaltungen und betreibt Imagepflege durch die Herausgabe von Broschüren

IT-Consultant

Andere Namen und verwandte Berufe: IT-Berater, DV-Berater, IT-Projektmanager

Kurzbeschreibung: externer oder firmeninterner Berater, der Computerprobleme lösen hilft oder größere IT-Projekte initiiert und umsetzt

Voraussetzungen/Ausbildung: meist wirtschaftswissenschaftliches, technisches oder naturwissenschaftliches Studium, sehr gute IT-Kenntnisse, Kontaktfreudigkeit

Nach ein paar Jahren Berufstätigkeit haben IT-Consultants meistens eines gemeinsam: Sie haben durch die unterschiedlichsten Projekte eine Menge Erfahrungen gesammelt und Menschen kennen gelernt – und sie *hassen* Hotels. Denn in den ersten Jahren sind sie häufig auf Achse und leben, solange ein Projekt dauert – von ein paar Tage bis zu ein paar Monaten oder sogar Jahren –, beim Kunden.

Die Berater werden dann gerufen, wenn ein Unternehmen eine IT-Lösung für einen Geschäftsprozess braucht, die eigenen Computeranlagen ausbauen oder neue Software implementieren möchte und dafür auf Hilfe von außen setzt. »Es kommt darauf an, Kundenbedürfnisse zu erkennen, daraus Lösungsansätze zu entwickeln, das mit dem Kunden abzusprechen und zügig sowie kostendeckend umzusetzen«, bringt es Florian Kröher auf den Punkt. Er ist Leiter des Geschäftsfelds Microsoft Services bei der großen IT-Beratungsgesellschaft SerCon, einer IBM-Tochter mit über 25 Niederlassungen in Deutschland.

Die Dienste der IT-Consultants sind sehr gefragt, und ihr Umsatz steigt ständig. Nach Auskunft des Bundes Deutscher Unternehmensberater (BDU) macht der IT-Beratungsmarkt schon fast die Hälfte des Gesamtberatungsmarkts aus. Welchen Umfang die Projekte haben, ist sehr unterschiedlich. » Mein bisher schwierigster Job war, eine Behörde komplett zu automatisieren«, erzählt Günter Szameikat von der Schumann Unternehmensberatung AG, einem Unternehmen der SYSTOR-Gruppe. Mit fast dreißig Jahren Beratungserfahrung ist er ein echtes »Urgestein« der Branche. »Das ging von der Vorgangsanalyse und der Schulung der Mitarbeiter, die noch nie in ihrem Leben eine Tastatur gesehen hatte, über die Programmierung der Anwendungen bis hin zur Einführung des Systems.« Das Projekt dauerte mehrere Jahre und musste mehrere Änderungen der Gesetzeslage und zwischendurch die neue Situation durch die Wiedervereinigung gleich mit einbeziehen. Dann aber waren die Aktenberge online im System, Standardvorgänge konnten über das System abgewickelt und Formulare ausgedruckt werden.

Für einen solchen Großauftrag stellt das Beratungsunternehmen meist Dutzende von IT-Beratern ab. Die Teams werden jedes Mal neu aus Mitarbeitern zusammengestellt, die von der Spezialisierung und eventuell auch von den Branchenkenntnissen her für den konkreten Auftrag geeignet sind. »Es ist natürlich mit etwas Aufwand verbunden, sich jedes Mal beim Kunden einzuarbeiten«, beschreibt Florian Kröher das Gefühl, sich bei einem neuen Projekt zu orientieren. »Bei längeren Projekten hat man ein oder zwei Wochen Zeit, sich einen Überblick zu verschaffen, aber bei kurzen muss ein Tag reichen.«

Wer bei einer Beratungsgesellschaft wie SerCon einsteigt, der fängt meist als »Junior-Consultant« oder normaler Consultant an und arbeitet in der ersten Zeit an bereits laufenden Projekten mit. Parallel dazu werden seine Wissenslücken mit fachlichen Schulungen aufgefüllt: Kröher beispielsweise sorgt bei neuen Mitarbeitern als Erstes für eine Ausbildung zum »Microsoft-Certified-Systems-Engineer«. Dann arbeitet der Nachwuchsberater in Projektteams mit und sucht sich selbst Neukunden. Sein eigenes Büro sieht er in dieser Zeit selten öfter als einen Tag in der Woche – dann gilt es, für die Rechnungslegung detailliert Bericht zu erstatten, sich mit Kollegen auszutauschen, sich über Entwicklungen im eigenen Geschäftsfeld schlau zu machen und in neue Programme einzuarbeiten. Bei entsprechender Qualifikation kann er nach ein paar Jahren die interne Prüfung zum »Senior-Consultant« ablegen.

Da die Bezeichnung »Berater« beziehungsweise »Consultant« nicht geschützt ist, steht es aber auch jedem Informatiker oder Quereinsteiger frei, sich selbstständig zu machen und allein oder mit ein paar Mitstreitern selbst Kunden zu betreuen. Auch firmeninterne Mitarbeiter mit dem Titel »IT-Consultant« gibt es, denn immer mehr IT-Abteilungen in Unternehmen werden nach dem Vorbild der Beratungsgesellschaften organisiert. »Unser Selbstverständnis ist, dass wir Leistungen für Kunden im Unternehmen erbringen. Die IT-Consultants haben bei uns eine ganz wichtige Rolle, denn es muss jemanden geben, der die Anforderungen der Business-Units in Projektvorhaben und IT-Lösungen übersetzen kann«, erklärt Sabine Dittmann-Stenger, Chefin der IT-Abteilung bei der vor zwei Jahren gegründeten Allianz Asset Management GmbH. Ihre internen Berater haben die Aufgabe, aktiv auf ihre »Kunden« zuzugehen, um frühzeitig Probleme oder Anforderungen festzustellen. Zwar sitzen alle Consultants in der IT-Abteilung, doch sie sind verschiedenen Bereichen im Unternehmen – wie Investment oder Retail – zugeordnet.

Die meisten IT-Consultants der Allianz Asset Management haben sowohl Computer-Know-how als auch einen finanzwirtschaftlichen Background. Bei den Beratungsgesellschaften sind besonders Informatiker oder Wirtschaftsinformatiker beliebt. Gefragt sind im Moment speziell Bewerber, die sich mit E-Commerce, Internet-Technology, Callcenter-Implementierung und Data-Warehouse auskennen. Aber wenn jemand die nötigen »Soft Skills« und fachliche Ahnung mitbringt, ist sein beruflicher Hintergrund eigentlich egal. »Die Beratungsgesellschaften haben sich geöffnet, früher wurden vor allem Betriebswirte und für den IT-Bereich Informatiker gesucht, jetzt findet man dort vom Physiker bis zum Geisteswissenschaftler alles, die ganze Bandbreite«, meint Klaus Reiners vom BDU. Naturwissenschaftler, Wirtschaftswissenschaftler oder komplette Quereinsteiger werden mit Kusshand akzeptiert, wenn sie bereit sind, sich kopfüber in das abwechslungsreiche Beraterleben zu stürzen. »Man muss eine starke Motivation mitbringen, sonst hält man das hohe Innovationstempo nicht lange durch«, meint Florian Kröher. »Alle ein bis zwei Jahre können wir uns wieder über die Bücher setzen, weil ein Generationswechsel bei den Betriebssystemen stattgefunden hat.« In großen Beratungsgesellschaften sind die Mitarbeiter normalerweise zwei bis vier Wochen im Jahr auf Schulungen, denn sein Wissensvorsprung ist das Kapital eines IT-Beraters. Meist beschäftigen sich Berater mit Anwendungen und Technologien, die im Geschäftsalltag erst ein oder zwei Jahre später eine Rolle spielen – auch das macht den Reiz des Jobs aus.

Offenheit und Freundlichkeit sind in diesem Beruf ein ebenso wichtiges Kapital wie das technische Wissen. »Er sollte extrovertiert sein, aber Zuhören können, anpassungsfähig und flexibel sein«, wünscht sich Günter Szameikat von der Schumann Unternehmensberatung seine Mitarbeiter. Selbst das Aussehen ist nicht ganz unwichtig: »Ich kann nicht Quasimodo zum Kunden schicken.«

Besonders junge Berater genießen das abwechslungsreiche Leben mit immer neuen Arbeitgebern und Einsatzorten, andere lassen sich nach ein paar Jahren von einem Kunden abwerben oder bitten darum, heimatnah eingesetzt zu werden. Auch der Einstieg in eine Führungslaufbahn ist ein Weg, um von der »Kinderlandverschickung«, wie die Berater es ironisch getauft haben, wegzukommen. Doch die Gehälter, die im Beratungsbereich üblich sind, trösten über manche Härten hinweg: Wer frisch von der Uni kommt, der kann mit 60 000 bis 85 000 Mark Anfangsgehalt rechnen, ein Profi verdient je nach Größe der Unternehmensberatung zwischen 90 000 und 250 000 Mark.

Infos:
Bundesverband Deutscher Unternehmensberater e. V. (BDU)
Friedrich-Wilhelm-Straße 2
53113 Bonn
Telefon: (02 28) 91 61-0
Telefax: (02 28) 91 61-26
E-Mail: info@bdu.de
Internet: www.bdu.de
Hat auf seiner Homepage eine Beraterdatenbank und eine Jobbörse

Bundesverband Informations-Technologien (BVIT e. V.)
Adenauerallee 18-22
53113 Bonn
Telefon: (02 28) 2 01 36-0
Telefax: (02 28) 2 01 36-99
E-Mail: info@bvit.de
Branchenvertretung der deutschen Software- und IT-Dienstleistungsunternehmen

Stellenbörsen im Internet:
www.computerjobs.de
www.dv-jobs.de

Buchtipps:
August W. Scheer, Alexander Köppen (Hg.): *Consulting. Wissen für die Strategie-, Prozess- und IT-Beratung.* Berlin: Springer, 2000

Peter Block: *Erfolgreiches Consulting. Das Berater-Handbuch.* Frankfurt am Main: Heyne, 1999 (19,90 Mark)

Consulting in Deutschland 2000. Jahrbuch für Unternehmensberatung und Management. Frankfurt am Main: FAZ-Verlag, 2000 (72 Mark)

Ähnliche Berufe:

- *IT-Manager:* ist verantwortlich für den Betrieb der internen IT-Systeme und ihre Weiterentwicklung, leitet interne IT-Projekte sowie Support und Instandhaltung. Sehr gute DV-Kenntnisse

und Führungserfahrung in diesem Bereich werden meist gefordert.
- *Consultant:* berät Unternehmen zu strategischen Fragen, analysiert im Auftrag des Kunden dessen Schwachstellen und erstellt Konzepte, wie das Unternehmen effizienter zu führen ist, moderiert Restrukturierungsmaßnahmen

IT-Systemelektroniker

Kurzbeschreibung: plant für Kunden IT-Lösungen, installiert Geräte, Zubehör und die nötige Software und nimmt sie in Betrieb. Ist auch für Service und Fehlerbehebung zuständig

Voraussetzungen/Ausbildung: meist Realschulabschluss, Vorerfahrung mit PCs und Software, handwerkliches Geschick

Maik Schmiedels Hobby ist es, an PCs herumzubasteln. Im Gymnasium arbeitete er nach der Schule ab und zu bei jemandem, der Computer reparierte, und wollte später nichts anderes mehr machen. Inzwischen ist er im ersten Lehrjahr zum IT-Systemelektroniker bei Hees Bürowelt in Siegen. Dort durchläuft er alle Abteilungen, zuerst war er im Bereich Netzwerk, jetzt arbeitet er in der Druckertechnik. Immer hat er irgendeine graue Kiste auf dem Tisch und arbeitet mit dem Schraubenzieher daran: Reparieren, Testen, Probeläufe, dann das nächste Gerät. Wenn Not am Mann ist, fährt er auch mal Auslieferungen und bringt den fit gemachten Drucker beim Kunden vorbei. Doch am meisten Spaß macht es ihm, PCs zusammenzubauen: »Bei größeren Firmen werden Rechner oft direkt vom Werk geliefert, wir bauen dann Extras ein und stellen sie beim Kunden auf«, erzählt er. »Spezialanfertigungen werden oft aus Einzelteilen zusammengebaut, wir setzen dann Prozessor, Hauptplatine, Speicher und so weiter von Hand zusammen.«

Der »IT-Systemelektroniker« ist einer von vier neuen IT-Berufen, die im August 1997 eingeführt worden sind. Während Fachinformatiker sich mehr mit Software und Anwendungsentwicklung beschäftigen, IT-Systemkaufleute und Informatikkaufleute die Software für den Kunden individuell anpassen, geht es beim IT-Systemelektroniker mehr um Hardware. Er plant kundenspezifische IT-Lösungen, installiert Geräte, Zubehör sowie die nötigen Programme und nimmt sie in Betrieb. Er versteht etwas von der Planung und dem Aufbau von Computernetzen und kann genauso gut Kabel verlegen wie Betriebssysteme und Anwendersoftware installieren. Oft arbeitet er im Service und kümmert sich vor Ort beim Kunden um die Behebung von Fehlern. »Die Ausbildung ist sehr breit und besteht sowohl aus Grundlagen der Elektrotechnik als auch aus (zu) kurzen Einblicken in Programmierung«, berichtet der frisch gebackene IT-Systemelektroniker Frank Parzefall. »Netzwerktechnik, Windows NT, Novell, Linux, aktuelle Hardwarekenntnisse, ISDN, Webdesign, HTML ... es hätte alles etwas mehr in die Tiefe gehen können, finde ich.«

Obwohl es nicht so klingt, haben IT-Systemelektroniker nicht nur mit Schaltungen und Computerplatinen zu tun. Die neuen Berufe sind so konzipiert, dass sie über den Tellerrand schauen müssen: »Kaufmännische/betriebswirtschaftliche Basiskenntnisse bekommt man in allen diesen Berufen vermittelt«, erklärt Elke Raddatz, Geschäftsführerin des Instituts für technische Weiterbildung (itw) in Berlin, das in diesen neuen Berufen Umschulungen und Ausbildungen durchführt. IT-Systemelektroniker kann man durch eine dreijährige Erstausbildung oder zweijährige Umschulung werden. »Ohne Vorkenntnisse geht es jedoch eigentlich nicht, die Leute müssen sich schon privat mit Rechnern und Software beschäftigt haben«, meint Raddatz. »70 Prozent der Leute, die sich bei uns dafür bewerben, kommen nicht infrage, weil sie kaum Vorstellungen haben, was für ein Beruf das ist, oder weil sie nicht genug Vorerfahrung haben.«

Ein Interesse für Mathematik und Physik sowie Englischkenntnisse sollte mitbringen, wer sich für den neuen Beruf interessiert. Am besten eignen sich Computerfreaks und Elektronikbastler, doch kommunikativ und kundenorientiert sollten sie schon sein, da IT-Systemelektroniker oft in Dienstleistungsfirmen Arbeit finden. »Ich höre oft: ›Ich brauche jemanden, den ich gleich zum Kunden schicken kann‹«, erklärt Elke Raddatz. »Theoretisch genügt der Hauptschulabschluss, aber wir fordern Realschulabschluss. Das gilt aber nicht für Freaks. Die bekommen wir immer unter, egal was für einen Abschluss sie haben.«

Nach der Ausbildung sind die Chancen auf dem Arbeitsmarkt nach Erfahrung des itw sehr gut. Doch eine Stellengarantie ist auch der neue Trendjob nicht, wie es der Elektroinstallateur Frank Parzefall nach seiner Umschulung zum IT-Systemelektroniker erlebte: »Vor zwei Monaten habe ich meine Umschulung abgeschlossen und seitdem bin ich intensiv auf Jobsuche. Ohne greifbaren Erfolg, obwohl ich die Facharbeiterprüfung mit der Gesamtnote »Gut« abgeschlossen habe. Inzwischen bin ich reichlich desillusioniert und kann den Frust in Tüten packen und verkaufen, so viel habe ich davon ...«

Infos:
itw Institut für technische Weiterbildung
Luxemburger Straße 10
13353 Berlin
Telefon: (0 30) 45 48 26 33
Telefax: (0 30) 4 53 90 39
E-Mail: gs@itw-berlin.de
Internet: www.itw-berlin.de

Buchtipps:
Die neuen IT-Berufe, Informationen für Auszubildende und Betriebe
Kostenlose Broschüre, die man beim Bundesministerium für Wirtschaft und Technologie und für Wirtschaft und Forschung anfordern kann.
Telefon: (0 30) 20 14-76 74 oder 61 37

Heinrich Hübscher, Carsten Rathgeber u. a.: *IT-Handbuch. IT-Systemelektroniker/in sowie Fachinformatiker/in.* Braunschweig: Westermann Verlag, 1999 (42,90 Mark)

Ähnliche Berufe:

- *Kommunikationselektroniker, Fachrichtung Informationstechnik:* kümmert sich um Anlagen und Systeme der Informations- und Datentechnik, von der Herstellung über das Prüfen, Inbetriebnehmen und Reparieren. Arbeitet meist in der Fertigung, der Qualitätssicherung, in Entwicklungswerkstätten, im Kundendienst und der Montage. Dreieinhalbjährige Ausbildung, die die Berufe Nachrichtengerätemechaniker/Feingeräteelektroniker und Informationselektroniker (alter Ausbildungsberuf, nicht der ab 1999 geltende) ersetzt

Mechatroniker

Kurzbeschreibung: entwickeln, montieren und warten Maschinen mit elektronischen Komponenten

Voraussetzungen/Ausbildung: Studium: Abitur; Ausbildung: nicht vorgeschrieben, in der Praxis Realschulabschluss oder sehr guter Hauptschulabschluss

Früher einmal waren Autos rein mechanische Systeme, heute sind sie vollgestopft mit Elektronik. Beispielsweise muss ein Sensor feststellen, ob ein Unfall passiert ist, die Mechanik ist dann dafür zuständig, den Airbag aufzublasen. Auch viele andere »intelligente Maschinen« bevölkern die Industrieländer, vom Kopierer über den Fahrscheinautomaten oder den CD-Player bis zur Fertigungsanlage für Handys. Um sie kümmern sich in Zukunft »Mechatroniker«, die vor allem im Anlagen- und Maschinenbau zu finden sein werden: Ingenieure, die Mechatronik studiert haben, entwerfen und konstruieren die elektronisch gesteuerten Anlagen, während sich die Mechatronik-Facharbeiter darum kümmern, dass diese Systeme überall auf der Welt montiert, in Betrieb genommen oder repariert werden. Facharbeiter werden in diesem Beruf seit 1998 ausgebildet, Mechatronik-Studiengänge gibt es schon etwas länger. »In dem Beruf kommen Maschinenbau, Elektrotechnik und Informatik zusammen. Das wird von der Industrie sehr stark nachgefragt, weil sie keine Spezialisten braucht, sondern Allrounder«, meint Klaus Schilling, Professor an der FH Ravensburg-Weingarten. In seinem internationalen Studiengang »Master of Science in Mechatronics« liegt der Schwerpunkt auf der Robotik. »Das ist ein Musterbeispiel für ein mechatronisches System: Sensoren, Motoren und Software, die auf engstem Raum zusammenarbeiten. Es kann autonom eine Entscheidung treffen und umsetzen«, schwärmt Schilling. Er selbst war schon an der Saturnsonde »Cassini« beteiligt und arbeitet jetzt am Marsprojekt. Seine Mechatronik-Studenten pauken nicht nur Theorie, sondern setzen ihre Fähigkeiten gleich in Projekte um. Schilling trainiert sie im Robotiklabor der Fachhochschule, wo sie für eine bestimmte Aufgabe ihren eigenen Roboter bauen müssen.

Für die Firmen hat es handfeste Vorteile, dass das Zusammenwachsen von Mechanik und Elektronik sich nun auch in den Berufen widerspiegelt. »Man will bewirken, dass man für bestimmte Reparaturen nur einen Mann losschicken muss statt zwei. Auch für uns ist das sehr praktisch, denn Mechatroniker können überall in unseren Betrieben eingesetzt werden: Sie arbeiten an Montageplätzen, bedienen oder überwachen Fertigungsstraßen, Roboter und Automaten,« erklärt Friedrich Failer, Leiter Instandhaltung der Firma AL-KO Kober, den Beruf. Besonders im Bereich Fahrzeugtechnik will der Lüftungsanlagen- und Achshersteller seine Mechatroniker einsetzen; zurzeit sind die Azubis im zweiten Lehrjahr.

Es gibt den Beruf schon in verschiedenen Ländern, weit fortgeschritten ist diese Entwicklung besonders in den USA und Großbritannien. Doch so jung die Mechatronik in Deutschland ist, der interdisziplinäre neue Beruf entwickelt sich bereits zum Renner. Fachleute sind sich einig, dass Absolventen und ausgebildete Mechatroniker eine ausgezeichnete Perspektive haben werden. Das haben auch die Auszubildenden gewittert: »Mit dem Mechatroniker haben wir zum ersten Mal wieder eine starke Nachfrage nach einem Metallberuf«, freut sich Manfred Daniel, der bei Siemens München den Bereich technische Bildung leitet. Er schätzt den Anteil von Mechanik und Elektronik in der Ausbildung auf 50:50.

Im ersten Ausbildungsjahr bekommen die Mechatronik-Azubis unter anderem beigebracht, wie man Werkstücke vermisst und prüft, wie man sie manuell und maschinell bearbeitet und wie elektrische Baugruppen und Komponenten installiert werden. Später geht es um das Installieren und Testen von Hard- und Softwarekomponenten, die Programmierung mechanotronischer Systeme, die Konfiguration von Netzwerken und Bussystemen und das Überwachen des Programmablaufs. In der Praxis planen und steuern die Mechatroniker durchzuführende Arbeiten und realisieren Projekte, die auf die Anforderungen des Kunden zugeschnitten sind. Sie bedienen komplexe Geräte und Anlagen und führen Service- und Wartungsarbeiten durch. Wichtig sind für einen angehenden Mechatroniker Teamfähigkeit und Interesse für technische Systeme und Programmierung, aber auch Englischkenntnisse. Er sollte gern unterwegs sein, da zu erwarten ist, dass er zu den Produktionsanlagen vor Ort reisen muss. Außerdem sollte er Talent für Reparaturen haben, denn nicht selten muss er in streikenden Produktionsanlagen auf Fehlersuche gehen. Für zukünftige Mechatronik-Ingenieure findet Klaus Schilling vor allem Spaß an komplexen Problemen wichtig. »Außerdem muss er fächerübergreifend denken können, um die beste Lösung zu finden.«

Zwar ist für die dreieinhalbjährige Ausbildung eigentlich keine bestimmte Schulbildung vorgeschrieben, aber wie viele Firmen stellt auch AL-KO Kober nur Realschüler als Mechatronik-Azubis ein: »Wir sind vorsichtig mit Hauptschülern, weil wir nicht wissen, wie die Prüfung sein wird«, begründet das Failer. Studieren kann man Mechatronik mittlerweile an einer Reihe von Unis und Fachhochschulen, zum Beispiel in Bochum oder an den FHs Lippe und Esslingen. Oft ist die Mechatronik dabei mit Feinwerktechnik oder Mikrosystemtechnik kombiniert.

Das Gehalt für die Mechatronik-Facharbeiter lässt sich noch schwer abschätzen, dürfte aber etwa bei 3 500 bis 4 000 Mark netto pro Monat liegen. Bei Mechatronik-Ingenieuren wird sich der Verdienst voraussichtlich auf dem normalen Ingenieursniveau bewegen – sollte die Nachfrage nach solchen Fachingenieuren oder Facharbeitern jedoch sehr stark sein, könnten die Angebote natürlich noch deutlich in die Höhe schießen.

Infos:
Industrie- und Handelskammern
(www.diht.de)

Verband Deutscher Maschinen-
und Anlagenbau
Lyoner Straße 18
60528 Frankfurt am Main
Telefon: (0 69) 66 03-0
Telefax: (0 69) 66 03-15 11
E-Mail: puoe@vdma.org
Internet: http://www.vdma.de

Studiengang Science of Mechatronics
Fachhochschule Ravensburg-Weingarten
Postfach 12 61
88250 Weingarten
Telefon: (07 51) 5 01-5 91
E-Mail: info@fh-weingarten.de
Internet: www.fh-weingarten.de

Bfz Essen e. V.
Altenessener Straße 80/84
45326 Essen
Telefon: (02 01) 32 04-0
Telefax: (02 01) 32 04-2 70
E-Mail: inof@bfz-essen.de
Internet: www.bfz-essen.de
Bieten 24-monatige Umschulung zum Mechatroniker an.

Mediator

Andere Namen und verwandte Berufe: Vermittler, Konfliktmanager

Kurzbeschreibung: vermittelt zwischen zwei Konfliktparteien und hilft ihnen, eine für beide Seiten zufriedenstellende Lösung zu finden

Voraussetzungen/Ausbildung: meist psychosoziale Berufsausbildung oder Jurastudium und Lebenserfahrung

Chinesische Vasen fliegen durch die Luft, ehemals Verliebte kämpfen mit Klauen und Zähnen um das gemeinsame Haus, Kinder werden gegen den Expartner aufgehetzt – wie unerfreulich eine Ehe enden kann, ist auch Romantikern spätestens nach dem Film »Der Rosenkrieg« bekannt. Doch auch bei »normalen« Scheidungen wird über Anwälte um gemeinsamen Besitz, Sorgerecht und Unterhalt gestritten, was bei allen Beteiligten einen hässlichen Nachgeschmack hinterlässt und vor allem die Kinder verstört. Seit einigen Jahren gibt es in Deutschland Menschen, die den Konfliktparteien helfen, solche Streitigkeiten weit schonender zu regeln: Mediatoren. Als neutrale Vermittler helfen sie beiden Seiten, wieder ins Gespräch zu kommen, sich darüber klar zu werden, was sie eigentlich wollen, Lösungen zu erarbeiten und im Idealfall zu einer schriftlichen Vereinbarung zu kommen. »Man wendet den Blick von der Vergangenheit in die Zukunft und fragt die Partner, ›Was sind denn deine Interessen‹?«, beschreibt das der Münchener Anwalt und Mediator Hans-Georg Mähler. In den USA hat dieses Verfahren eine lange Tradition – nicht zuletzt, weil es dort sehr teuer ist, vor Gericht zu ziehen. Ende der achtziger Jahre, als »Der Rosenkrieg« in den Kinos anlief, flogen Hans-Georg Mähler und seine Frau in die USA, um sich über Mediation, einen für sie interessanten Ansatz zur Schlichtung von Streitigkeiten, zu informieren. Später initiierten sie zusammen mit anderen in München erste Pilotprojekte auf diesem Sektor. 1992 wurde der amerikanische Begriff *mediation* (Vermittlung) auf einer Konferenz zum ersten Mal eingedeutscht.

Heute weiß jeder Anwalt, was Mediation ist. Vielen ging es wie dem Rechtsanwalt Jürgen Ebbing, der sich auf Baurecht spezialisiert hat. Von Anbeginn seiner Arbeit hatte er ein Unbehagen bei der Konfliktlösung durch Gerichte, sah aber keine Alternative. Er verlegte sich auf gütliche Einigungen, beschäftigte sich mit dem Thema Verhandeln und ließ sich dann an der Fern-Uni Hagen zum Mediator ausbilden.

Nicht nur Scheidungen, sondern Konflikte jeder Art können durch Mediation beigelegt werden. Einer von Hans-Georg Mählers Fällen betraf ein Familienunternehmen im norddeutschen Raum, bei dem es um die Nachfolge ging. Von mehreren Kindern arbeiteten zwei in der Firma. Die Frage war, wie die Übergabe organisiert werden könnte. »Wir haben uns zweimal in München und einmal im Norden getroffen, haben uns dann drei Tage auf ein Haus in den Bergen zurückgezogen und das ausgepuzzelt«, erzählt Mähler. Die emotionale Atmosphäre gehört bei solchen Gesprächen immer dazu, auch wenn Mediation normalerweise erst nach der »heißen Phase« des Streits oder der Trennung stattfindet. Doch was ist, wenn einem als Mediator eine der beiden Parteien sympathischer ist? »Die schwierigste Fähigkeit, die man lernen muss, ist sicherlich, beide Seiten zu sehen, ohne innerlich Partei zu ergreifen. Das ist die Voraussetzung für eine erfolgreiche Mediation«, meint der Psychologe, Familientherapeut und Mediator Hans Dusolt. »Wenn ich merke, ich gebe einer Seite mehr Recht, dann ist Supervision durch Kollegen wichtig, um wieder neutral zu werden.«

Im Bereich Familie gibt es in Deutschland mittlerweile eine Vielzahl von gut ausgebildeten Mediatoren und von Institutionen. Doch auch Umweltkonflikte, Auseinandersetzungen zwischen Unternehmen und sogar Arbeitskämpfe sind schon mit der neuen Methode beigelegt worden. »Wir haben mit der Mediation eine Alternative zum Streik gefunden, um in bisher nicht tarifgebundenen Betrieben zu Rechtssicherheit bei Einkommens- und Arbeitsbedingungen zu finden«, erklärte Lutz Tillack, Geschäftsführer der Gewerkschaft Nahrung-Genuss-Gaststätten. Kurz, das Interesse an der Mediation steigt in allen Bereichen rapide.

Infrage kommen als Mediator vor allem Anwälte und Angehörige psychosozialer Berufe, zum Beispiel Psychologen und Sozialpädagogen, mit mindestens zwei Jahren Berufserfahrung. Da die Mediation genau zwischen diesen beiden Berufsfeldern liegt, müssen sich Psychologen Rechtskenntnisse aneignen, Anwälte sich über Trennungsdynamik informieren und sich in Gesprächsführung fit machen. Aber die persönlichen Eigenschaften sind nicht weniger wichtig: »Lebenserfahrung, Glaubwürdigkeit, Unerschrockenheit, Weisheit« sind für Jürgen Ebbing die Eigenschaften, die ein Mediator haben sollte.

Im Bereich Umwelt sind es vor allem Mitarbeiter von Institutionen oder Universitäten, die als Mediatoren auftreten, im Bereich Wirtschaft wird das Feld von Wirtschaftsjuristen und Psychologen dominiert. Die Weiterbildung zum Mediator dauert etwa 200 Stunden und sollte nach den Richtlinien der Bundesarbeitsgemeinschaft für Familienmediation durchgeführt werden. Studiengänge bietet zum Beispiel die Fern-Universität Hagen und die Universität Oldenburg an. An der Universität Klagenfurt können Interessierte, die mindestens 26 Jahre alt sind, eine abgeschlossene Ausbildung und mehrjährige Berufserfahrung nachweisen können, einen Universitätslehrgang zum »European-General-Mediator« (Familie, Wirtschaft, Verwaltung und Umwelt) belegen.

Ausschließlich von der Mediation leben können in Deutschland bisher nur wenige, dazu ist die Nachfrage noch zu verhalten. Meist wird es als Zusatzleistung angeboten. Abgerechnet wird nach Stunden, in Beratungsstellen meist in Form von Spenden. 120 bis 200 Mark berechnen Psychologen gewöhnlich für Mediation, Anwälte nehmen 200 bis 500 Mark die Stunde. Drei bis zehn Sitzungen sind etwa nötig, bis eine Regelung gefunden ist. In der Wirtschaftsmediation – die teurer ist – sind es meist zwei bis drei Sitzungen mit Open-End. Obwohl es sich finanziell bisher kaum lohnt, bereut Hans Dusolt nicht, dass er sich zum Mediator ausbilden ließ: »Es ist etwas Befriedigendes, wenn man Menschen helfen kann, Konflikte zu lösen, speziell bei der Familienmediationen. Ich habe das Gefühl, dass ich den Kindern dadurch bessere Voraussetzungen geben kann, als wenn die Sache streitig ausgetragen wird.«

Infos:

Bundesverband Mediation e. V.
Kirchweg 80
34119 Kassel
Telefon: (05 61) 7 39 64 13
Telefax: (05 61) 7 39 64 12
E-Mail: info@bmer.de
Internet: www.bmer.de

Bundesarbeitsgemeinschaft für Familienmediation (BAFM)
Geschäftsstelle
Eisenacher Straße 1
10777 Berlin
Telefon: (0 30) 23 62 82 66
Telefax: (0 30) 2 14 17 57

Grundig Akademie – Akademie für Wirtschaft und Technik e. V.
Beuthener Straße 45
90471 Nürnberg
Telefon: (09 11) 4 09 05 01
Telefax: (09 11) 4 09 05 33
E-Mail: info@grundig-akademie.de
Internet: www.grundig-akademie.de
Bilden Wirtschaftsmediatoren aus.

Deutsche Psychologen Akademie
Fortbildungs-GmbH
Niederlassung Berlin
Marga Henkel-Gessat
Glinkastraße 5-7
10117 Berlin
Telefon: (0 30) 3 93 08 06
Telefax: (0 30) 22 48 99 01
E-Mail: Henkel-gessat@t-online.de
Internet: www.bdp-verband.org

Österreichischer Bundesverband der MediatorInnen
Hauptstraße 44
4040 Linz, Österreich
Telefon: (07 32) 7 12 22 23

Arbeitsgemeinschaft für Lösungsorientiertes Konfliktmanagement
Othmargasse 23/6
1200 Wien, Österreich
Telefon: (06 76) 5 72 53 77
Telefax: (01) 3 32 29 26
Internet: members.magnet.at/arge-konfliktmanag/
Bieten zahlreiche Seminare zur Mediatorenausbildung an.

Fern-Universität
Konkordiastraße 5
Postfach 940
58084 Hagen
Telefon: (02331) 987-2444
E-Mail: Studentensekretariat@fernuni-hagen.de
Internet: www.fernuni-hagen.de

Buchtipp:
Newsletter *mediations-report*
Herausgegeben von der Centrale für Mediation (www.centrale-fuer-mediation.de)
Bestellungen:
Tel. (0221) 93738-801
Fax: (0221) 93738-926

Merchandiser

Andere Namen und verwandte Berufe: Visual-Merchandiser

Kurzbeschreibung: arrangieren und promoten Markenartikel ihrer Firma oder ganze Warenbereiche in Geschäften und Kaufhäusern, analysieren den Markt und geben dem Hersteller darüber Rückmeldung

Voraussetzungen/Ausbildung: Einzelhandelsausbildung, Marketingerfahrung oder Ausbildung zum Schauwerbegestalter

»Als ich in den achtziger Jahren als eine der ersten in diesem Beruf in Deutschland anfing, haben die Leute mich noch angeschaut, als wäre ich von einem anderen Stern, wenn ich gesagt habe, ich bin Merchandiserin«, erzählt Angelika Fernrohr. Damals arbeitete die gelernte Schauwerbegestalterin für Esprit und brachte den neuen Trend zum Lifestyle-Shopkonzept aus den USA mit. »Früher gab es den Beruf nicht, weil man sich in den Läden um die Präsentation der Waren im Innenraum praktisch keine Gedanken gemacht hat.«

Das hat sich so gründlich geändert, dass ihr Beruf heute boomt. Mittlerweile leitet Fernrohr bei der Modefirma Gerry Weber ein Team von sechs Merchandisern. Sie sind dafür verantwortlich, dass in allen Stores und den Shops ihrer Marke innerhalb von Kaufhäusern die Firmenphilosophie in Dekoration, Beschilderung und Warenpräsentation umgesetzt wird. Sie analysieren den Markt, schulen und beraten das Verkaufspersonal, lassen sich Promotion-Aktivitäten einfallen und geben dem Hersteller Rückmeldung, was sich verkauft und was nicht. So kann die Kollektion ständig weiterentwickelt werden.

Entstanden ist der Beruf aus dem »Verkaufsförderer«, der jedoch keine bedeutende Rolle gespielt hat und im Einkauf nichts zu sagen hatte. »Früher war das so, dass der Einkäufer dem Verkäufer gesagt hat, ›Ich trete dir ins Kreuz, wenn du nicht verkaufst, was ich einkaufe.‹ Heute geht man den umgekehrten Weg – man hat sich gedacht, wir müssen an der Basis im Verkauf jemanden haben, der weiß, was der Kunde will«, erklärt Personalberater Jürgen Panke. Die Nachfahren des Verkaufsförderers, meist »Merchandiser« oder »Visual-Merchandiser« genannt, sind exzellent bezahlte, ranghohe Gestalten, die als Bindeglied zwischen Einkauf und Verkauf fungieren. Meist sind sie für alle Geschäfte eines Unternehmens in einer Region verantwortlich oder in einer Kaufhauskette für eine bestimmte Produktgruppe – ob Herrenbekleidung, Kosmetik oder Möbel.

Die Arbeit des Merchandisers beginnt, noch bevor die neue Ware im Kaufhaus eingetroffen ist. Er setzt sich mit dem Zentraleinkäufer zusammen und bespricht mit ihm das Sortiment für die nächste Saison. Ist die Ware im Lager angekommen, berät der Merchandiser den Verkauf, wie die Ware präsentiert werden muss. Er muss die Gegebenheiten vor Ort genau kennen: Wie viel Platz gibt es, wie sind die Regale angeordnet, wie viele Flaschen gehen in ein Regal? Herumreisen gehört zu seinem Geschäft, er ist oft unterwegs zu den verschiedenen Shops oder nimmt an Schulungen teil. Bei der Kette Hennes & Mauritz werden die Merchandiser sogar zu jedem Saisonstart in die Zentrale in Schweden eingeladen und bekommen dort die neuen Trends präsentiert.

Eine Marke zu inszenieren bedeutet auch, sich verkaufsfördernde Events auszudenken. »Im Bereich Haushaltswaren und Geschirr könnte der Merchandiser zum Beispiel eine Manege aufbauen und einen Elefanten reinstellen – der hat die Schau schon im Kasten, der hat Kundenzulauf ohne Ende«, überlegt Jürgen Panke verschmitzt. Geht die Rechnung nicht auf (die Waren liegen wie Backsteine in den Regalen und der Elefant hat leider einen großen Teil des Porzellans zerschlagen), dann ist wieder der Merchandiser gefordert. Jetzt muss er als Trouble-Shooter ran und den Dickhäuter aus dem Haus schaffen, die Präsentation umbauen, die Ware anders platzieren, sich eine neue Aktion ausdenken – so lange, bis der Umsatz wieder stimmt.

Erfahrung in der Warenpräsentation und ein Gespür für Trends, Formen und Farben sind das Rüstzeug eines angehenden Merchandisers. »Analysefähigkeit und Kreativität, aber auch eine gesunde Portion Pragmatismus«, wünscht sich der Kosmetikriese L'Oréal von seinen Merchandisern. Die Ausbildung ist nicht so wichtig: »Er kann ein gestandener Praktiker sein, der zum Beispiel im Verkauf groß geworden ist und sich innerbetrieblich weiterqualifiziert hat. Wenn er Quereinsteiger ist, sollte er schon mal mit Verkauf zu tun gehabt haben«, meint Jürgen Panke, der im Laufe der Jahre 30 Merchandiser vermittelt hat. Beste Chancen haben seiner Erfahrung nach leitende Mitarbeiter aus dem Einzelhandel. Wer zusätzlich zur Lehre ein BWL-Studium vorweisen kann, zum Beispiel im Fachbereich Marketing, hat als Kandidat noch einige Pluspunkte mehr. Schauwerbegestalter sind ebenfalls gefragt.

Einsteiger können etwa mit 100 000 Mark im Jahr rechnen, mit etwas mehr Erfahrung sind bis zu 200 000 Mark drin. Gerade im Moment sind die Chancen, in diesen Beruf einzusteigen, bestens: »Es ist ein Trend, dass die Unternehmen denken, sie brauchen jetzt unbedingt einen Merchandiser, nach dem Motto: ›Alle haben einen, also wollen wir auch einen‹«, kommentiert Angelika Fernrohr. »Leider wissen sie oft gar nicht, was sie mit diesem Menschen anfangen und wie sie ihn einbinden sollen.«

Infos:
Akademie Dorfen
Ruprechtsberg 11
88405 Dorfen
Telefon: (0 80 81) 85 16
Telefax: (0 80 81) 86 18
Weiterbildung und Beratung für Visual-Merchandiser. Die Akademie arbeitet eng mit dem Bund Deutscher Schauwerbegestalter zusammen.

Berufsverband Deutscher Verkaufsförderer und Trainer (BDVT)
Elisenstraße 12-14
50667 Köln
Telefon: (02 21) 9 20 76-0
Telefax: (02 21) 9 20 76-10
E-Mail: bdvt.koeln@t-online.de
Internet: www.bdvt.com

Mikrotechnologe

Andere Namen und verwandte Berufe: Halbleiterfertiger, Mikromechaniker

Kurzbeschreibung: stellen Halbleiter (Computerchips) oder Mikrosysteme her und werden im ganzen Produktionsprozess eingesetzt

Voraussetzungen/Ausbildung: naturwissenschaftliches Interesse, Ausgeglichenheit, Geduld

Susanne Becks Arbeitstag beginnt um sieben Uhr. Sie legt den weißen Anzug, Mundschutz und spezielle Schuhe an und betritt den Reinraum, einen klimatisierten Bereich, in dem die Luft so sauber ist, dass ein ungeschützter Mensch als wahre Partikelschleuder wirken würde. Staub wäre für die empfindlichen Bauteile tödlich. Dann macht sich Susanne Beck an ihre Tagesarbeit: Zum Beispiel Siliziumscheiben beschichten und strukturieren. Die hauchdünnen, grauen »Wafer«, die etwa so groß wie ein Kaffetassenuntersetzer sind, dürfen nicht mit der Hand angefasst werden, man hebt sie mithilfe einer Vakuumpipette, die die Scheibe ansaugt, an. »Man braucht eine ruhige Hand für so was«, meint die 21-Jährige, die in ihrem zweiten Lehrjahr zur Mikrotechnologin ist. »Natürlich hat man ein bisschen Angst, dass man mal einen Wafer versehentlich kaputtmacht, die Dinger kosten ein paar tausend Mark pro Stück. Mir ist es noch nicht passiert, aber einem Arbeitskollegen von mir.«

Seit 1998 gibt es die anerkannte Ausbildung zum Mikrotechnologen. Je nach dem gewählten Schwerpunkt werden die Jugendlichen zu Facharbeitern in der Halbleiterproduktion oder für die Herstellung von Mikrosystemen, zum Beispiel winzigen Sensoren, ausgebildet. Arbeit finden sie in Industriebetrieben, in denen die Mikrochips hergestellt werden, aber auch dort, wo Forschung und Entwicklung stattfinden. Ganz so neu, wie es auf den ersten Blick erscheint, ist der Beruf nicht: »Früher in der DDR gab es eine analoge Ausbildung, Halbleiterfertiger hieß sie«, erzählt Gunther Wagner, Fachbereichsleiter bei der Firma CIS Centrum für intelligente Sensorik. »Nach der Wende ist sie jedoch eingeschlafen, und die Leute sind aus verschiedenen Berufen angelernt worden. Oder Laboranten haben die Arbeit gemacht. Man hat aber festgestellt, dass das nicht so gut funktioniert hat, und sich gesagt, dass man wieder ausbilden muss. Das neue Berufsbild unterscheidet sich wenig vom Halbleiterfertiger.«

In der Firma CIS werden Feuchtesensoren hergestellt, die in Museumsklimaanlagen zum Einsatz kommen, aber auch optische Sensoren, die in Mikroskopen eingebaut winzig kleine Wegstrecken messen können. Die Auszubildenden lernen alle Fertigungsschritte: Zuerst werden die dünnen Siliziumwafer fotolitografisch bearbeitet und abgeätzt. Anschließend wird gemessen, ob die Struktur funktioniert, dann werden die Bauteile herausgeschnitten und in ein Gehäuse verpackt. Gelegentlich ist es Susanne Becks Aufgabe, die neuen Sensoren in Klimaschränken abwechselnd Hitze und Kälte auszusetzen und nachher zu messen, ob sie diese Belastung ausgehalten haben. Die Daten werden mithilfe von Computern ausgewertet.

»Es ist kein Beruf, der so flächendeckend gebraucht wird wie die IT-Berufe, er findet sich mehr in Zentren der Halbleiterindustrie wie Dresden, Regensburg und Reutlingen«, erklärt Bernhard Diegner vom Zentralverband Elektrotechnik und Elektronikindustrie e. V. (ZVEI). Frankfurt/Oder, Dresden und Erfurt gehörten in der DDR zum Kombinat Mikroelektronik und setzen noch heute ihre Tradition in der Halbleiterfertigung fort. »Bei der Mikrosystemtechnik verteilt es sich eher, da gibt es keine regionalen Schwerpunkte.«

Wer den Schwerpunkt Mikrosystemtechnik wählt, der hat meist davon gehört, dass dieser Technologie eine goldene Zukunft und immense Absatzmärkte vorhergesagt werden. Doch bislang ist es noch nicht gelungen, eine kostengünstige industrielle Produktion auf die Beine zu stellen. »Leute, die sich auf die Richtung Mikrosystemtechnik spezialisieren, werden eher in Forschungslabors zu tun haben. Es ist sehr viel mehr Bastelarbeit, man hat mit einer größeren Vielfalt von Stoffen und Teilen zu tun«, meint Diegner. Im Schwerpunkt Halbleiter geht es stärker darum, große Produktionsanlagen zu bedienen, zu beschicken und zu überwachen. Nicht nur in den Reinräumen, in denen die eigentliche Produktion stattfindet, werden die Mikrotechnologen eingesetzt, sie kümmern sich auch um alles, was sonst noch notwendig ist, um die Produktion am Laufen zu halten. Zum Beispiel sorgen sie für Nachschub an Ätzmittel und Gasen und warten die Anlagen, in denen die Prozessstoffe wieder aufbereitet werden.

Der ZVEi schätzt, dass für Mikrotechnologen etwa 1 000 Ausbildungsplätze zur Verfügung stehen. Nicht nur Jungen interessieren sich für diesen Beruf: »Zwei von unseren fünf Azubis sind Mädchen«, sagt Gunther Wagner. »Es ist ein Beruf, der für Frauen sehr gut geeignet ist, weil man keine schwere körperliche Arbeit verrichten muss, sondern eine ruhige Hand, gute Augen, Geduld und Köpfchen braucht.« Brillenträger können sich bewerben, aber man muss trotzdem ein Mikroskop benutzen können und darf nicht farbenblind sein. Weiterhin sind Sorgfalt und Disziplin als persönliche Eigenschaften gefragt. »Man sollte mit Computern umgehen können und sich für Elektronik interessieren«, fügt der 20-jährige Mario Bach, Mikrotechnologie-Azubi bei der Erfurter Firma X-Fab, hinzu. »Außerdem sollte man bedenken, dass man eventuell im Schichtdienst arbeiten muss.« Er ist gerade in der Abteilung Messtechnik und lernt dort, Chips auf ihre Funktionsfähigkeit und auf ihre Qualität zu prüfen.

Die Ausbildung dauert drei Jahre und eignet sich, da sie recht anspruchsvoll ist, vor allem für Realschüler und Abiturienten, die sich für die Naturwissenschaften interessieren. Gute Noten in Mathematik, Physik und Chemie sollte man vorweisen können. In Zukunft soll eventuell eine zweijährige Umschulungsmaßnahme für Leute aus der Metall- oder Elektrobranche angeboten werden, über die man in den Beruf quereinsteigen kann.

Infos:
Zentralverband Elektrotechnik
und Elektronikindustrie e. V.
(ZVEI)
Stresemannallee 19
60596 Frankfurt am Main
Telefon: (0 69) 63 02-0
Telefax: (0 69) 63 02-2 86
Internet: www.zvei.de

Transferzentrum
Mikroelektronik e. V.
In den Weiden 7
99099 Erfurt
Telefon: (03 61) 44 20-6 60
Telefax: (03 61) 44 20-6 66
Internet: tzm.erfurt@t-online.de

Ähnliche Berufe

- *Biologielaborant:* voraussichtlich zum 1. August 2000 neugeordneter Beruf, der vor allem in der biologischen Forschung und in der Pharmakologie vorkommt. Biologielaboranten züchten Zellen, führen nach Anweisung Versuchsreihen mit Mikroorganismen, Tieren und Pflanzen durch und protokollieren die Ergebnisse mit dem Computer. Voraussetzung ist mindestens Realschulabschluss
- *IC-Designer:* Ingenieur, der integrierte Schaltungen (ICs = Computerchips) entwirft. Meist ist dafür ein Elektrotechnikstudium notwendig. Ist der Chip anwenderspezifisch, also für einen bestimmten Kunden beziehungsweise Kundenkreis vorgesehen, nennt man ihn ASIC und seinen Schöpfer ASIC-Designer.

Mobilitätsberater

Andere Namen und verwandte Berufe: Mobilitätsmanager, Mobilitätskoordinator

Kurzbeschreibung: berät Privatleute, Verwaltungen und Unternehmen zum Thema Mobilität. Oft etabliert er auch neue Angebote und Mobilitätskonzepte in einer Stadt

Voraussetzungen/Ausbildung: abgeschlossene Berufsausbildung

Wie man am besten von A nach B kommt, das zu wissen ist der Job eines Mobilitätsberaters. Doch er gibt keineswegs nur simple Fahrplanauskünfte, sondern erstellt großen Firmen einen Mobilitätsplan, berät Privatkunden telefonisch und bietet Mobilitätspädagogik an. »Das Berufsbild entwickelt sich erst, vor zehn Jahren gab es das gar nicht, vor fünf Jahren höchstens ein paar Projekte. Inzwischen setzt es sich in den Köpfen fest«, erläutert Christian Holzer, einer der Geschäftsführer der auf Mobilitätsprojekte spezialisierten Unternehmens- und Kommunalberatung mobilité. »Das liegt auch daran, dass der Ausbau der Infrastruktur furchtbar teuer ist und Ärger mit der Bevölkerung macht, deshalb versucht man nun andere Wege zu gehen. ›Weiche Maßnahmen‹ gewinnen an Ansehen.«

In mehreren Städten gibt es schon Mobilitätszentralen und -büros, unter anderem in Wuppertal. Das dortige MobiCenter wird von den Stadtwerken getragen, denn der Initiator des Projekts, Peter Hoffmann, sieht die Zukunft der Stadtwerke als »Mobilitätsprovider« oder »Travel-Manager«, der seinen Kunden den jeweils optimalen Verkehrsmittelmix verkauft. Das siebenköpfige Team informiert Kunden über Busse und Bahnen in allen größeren Städten Deutschlands, stellt Tickets aus und plant die konkrete Fahrtroute des Kunden. So weit, so traditionell. »Doch der Clou ist, dass sie auch darüber beraten, wie man öffentliche und individuelle Verkehrsmitteln am besten kombiniert, und dass sie mit Mobilitätsorganisationen wie dem Verkehrsclub Deutschland (VDC) und dem Allgemeinen Deutschen Fahrrad Club (ADFC) vernetzt sind«, erklärt Leiter Ralph Birkenstock. Der Kunde erhält also neben den Fahrplanauskünften von den Beratern auch Informationen über Car-Sharing, Park & Ride, Bike & Ride, Fahrradtouren und Wanderstrecken, Werkstattdienste und verschiedene Taxiservices. Außerdem vermitteln sie Mietwagen und Mitfahrgelegenheiten, kümmern sich um das Parkhausmanagement und geben Auskünfte über »Points of Interest« wie Kulturstätten und Hotels. Um überhaupt zu so vielen Dingen kompetent informieren zu können, ist jeder der Berater für einen bestimmten Bezirk zuständig, in dem er sich bestens auskennt. »Hinter den Kulissen« gehört zu ihrem Job, dass sie Lösungsvorschläge für Angebots- und Infrastrukturplanung mit erarbeiten, neue Angebote und Verkehrskonzepte umsetzen helfen, Marktanalysen durchführen und an der Öffentlichkeitsarbeit mitwirken.

Zum größten Teil beraten die Mitarbeiter per Telefon: 300 bis 500 Anfragen kommen täglich im MobiCenter (das von 7 bis 20 Uhr besetzt ist) an. Doch zum Job gehört auch Außendienst. Auf Wunsch kommen die Mobilitätsberater nämlich in den Haushalt, in den Verein oder in die Firma, beraten dort, bauen Infostände auf oder führen Informationsveranstaltungen durch. Oder sie geben in Volkshochschulen, Schulen und Kindergärten Seminare und Unterrichtsstunden zum Thema Mobilität.

Die meisten Mobilitätsberater kommen aus Stadtwerken und Verkehrsbetrieben oder sind komplette Quereinsteiger, wie zum Beispiel Gerhard Kutziewski. Nach seiner Ausbildung als Maschinenbautechniker machte er das Abitur nach, studierte Biologie und Geschichte auf Lehramt und arbeitete bei einem freien Bildungsträger. Sein ehrenamtliches Engagement im Kreisverband des Verkehrsclub Deutschland – er half, ein Mobilitätsbüro aufzubauen – erregte die Aufmerksamkeit der Bielefelder Stadtwerke, die eine Mobilitätsberatung planten und dafür Leute suchten. Nun ist Kutziewski seit 1997 hauptberuflich Mobilitätsberater und hat mittlerweile zwei Kollegen dazubekommen, die ihm die eigentliche Beratung von Unternehmen, Verwaltungen und Privatleuten zum großen Teil abnehmen. So kann er sich ganz der konzeptionellen Arbeit widmen: Er entwickelt Angebotsbausteine wie Komplettpakete zu touristischen Zielen oder richtete in Bielefeld einen »Car-Pool« ein, der zurzeit aus 34 Fahrzeugen an einer zentralen Stelle in der Innenstadt besteht. Wer ein Job-Ticket hat, kann sich ohne Anmeldung eines der Autos leihen. »Wir möchten Stammkunden Mobilität rund um die Uhr von Haustür zu Haustür bieten, und es gibt Zeiten, wo das mit dem öffentlichen Nahverkehr einfach nicht geht, zum Beispiel abends oder nachts«, begründet Kutziewski die Car-Pool-Initiative, die er mit einem Aktionstag in Bielefeld bekannt gemacht hat. Zu seinem Beruf gehört auch, mit Unternehmen zu verhandeln und ihnen aus einer Mobilitätspalette Angebote zu machen, zum Beispiel Job-Ticket-Verträge zu verhandeln.

Trotz erster guter Erfahrungen ist die Mobilitätsberatung noch am Anfang, und die Hindernisse sind beträchtlich. Wer zum Beispiel soll so einen Service finanzieren? Außerdem ist die Zielgruppe noch zögerlich: »Es gibt noch eine Zurückhaltung bei den Leuten, sich zum Thema Mobilität beraten zu lassen, weil viele Leute denken, darin wären sie selbst Experten«, ist die Erfahrung von Christian Holzer. »Bei der Steuerberatung beispielsweise ist das etwas anderes, da erkennt man das Fachwissen des anderen eher an.« Dabei, so rechnet er vor, könnte man mit einer Optimierung bares Geld sparen: 828 Mark im Monat geben Haushalte im Bundesdurchschnitt für Mobilität aus, 10 bis 20 Prozent Einsparung wären bei guter Beratung drin. Auch wer die künftigen Hauptarbeitgeber der Mobilitätsberater sein werden, steht noch nicht fest. Die besten Erfahrungen hat man laut MOSAIC, einem 1998 abgeschlossenen, dreijährigen Forschungs-und Entwickungsprojekt zum Mobilitätsmanagement, damit gemacht, dass die Stadtverwaltung oder eine andere Verwaltung die Trägerschaft für Mobilitätszentralen übernimmt. Denn bei einem öffentlichen Verkehrsunternehmen könnte der Vorwurf aufkommen, dass die Bielefeld-Beratung nicht neutral ist. Auch darüber, die Mobilitätsberater bei Industrie- und Handelskammern oder Verbraucherzentralen anzusiedeln, wird nachgedacht. Einige große Unternehmen haben mittlerweile interne Mobilitätsberater, doch nur zu oft bleiben diese Aufgaben am Betriebsrat hängen. Ein Beispiel, dass es auch anders laufen kann, sind jedoch die Bodelschwinghschen Anstalten in Bielefeld-Bethel mit ihren mehreren Tausend Mitarbeitern. Ein eigens vom Unternehmen eingestellter Mobilitätsberater kümmert sich um die Job-Ticket-Verwaltung und die Parkraumbewirtschaftung. Nachdem ein eigener Bus eingesetzt wurde, konnte das Unternehmen enorme Summen sparen, weil nun die Hälfte des Personals mit öffentlichen Verkehrsmitteln kommt und auf teure Parkplätze verzichtet werden kann.

Die Anforderungen an Mobilitätsberater sind, so MOSAIC, hoch: Überzeugungs- und Kommunikationsfähigkeiten kommen ihm beim Verhandeln mit Firmen zugute, pädagogisch-didaktische Begabung bei Beratungen in Schulen und privaten Haushalten. »Ein hohes Maß an Servicebereitschaft« sollte er mitbringen und auf die Leute zugehen können, findet Gerhard Kutziewski. Hinzu kommt noch das Know-how, wie Mobilität abgewickelt werden kann: Ab welcher Größenordnung lohnt sich Carsharing, wo kann man Mobilität günstig kaufen (zum Beispiel in Form von Flügen oder Mietwagen übers Internet), aus welchen elektronischen Auskunftssystemen bekommt man die nötigen Fahrplandaten? Geeignet sind zwar grundsätzlich Bewerber mit der anerkannten Ausbildung »Kaufmann für Verkehrsservice«, doch auch für sie geht es nicht ohne zusätzliche Schulungen ab, und bisher kommen die Mobilitätsberater meist aus anderen Berufen. Eine Ausbildung für Mobilitätsberater bietet zum Beispiel die ARGE Mobilitätsmanagement bei den Wuppertaler Stadtwerken an. Teilnehmen können

Leute mit abgeschlossener Berufsausbildung, außerdem wünscht sich die ARGE möglichst umfassende Kenntnisse in der Nahverkehrsbranche und Spaß an Beratungstätigkeit. Auch PC-Grundkenntnisse sollte man mitbringen, da der Computer ein Hauptarbeitsmittel ist. Der Lehrgang besteht aus mehreren Blöcken: der Standardausbildung (zum Beispiel Mobilitätssysteme im Personenverkehr, Mobilitätsverhalten, Rhetorik und Kommunikation), Wahlpflichtfächern (zum Beispiel Verkehrsplanung, Güterverkehrssysteme oder Marketing) und Zusatzangeboten (betriebliche beziehungsweise schulische Mobilitätsberatung, Beratung von Einzelpersonen). In der Kombination von der Standardausbildung mit einem Weiterbildungsfach dauern die Kurse 22 Tage, etwa die Hälfte davon ist praktische Arbeit.

Infos:
ARGE Mobilitätsmanagement
Ingrid Peiker
c/o Wuppertaler Stadtwerke
Bromberger Straße 39-41
42281 Wuppertal
Telefon: (02 02) 5 69-40 86
Telefax: (02 02) 5 69-41 56
Internet: www.wsw-online.de

mobilité Unternehmens- und
Kommunalberatung GmbH
Bismarckstraße 27-29
50672 Köln
Telefon: (02 21) 92 18 27-0
Telefax: (02 21) 92 18 27 29
E-Mail: mobilite@netcologne.de
Internet: www.mobilite.de

Ökopartner
Eggerstedtstraße 11
24103 Kiel
Telefon: (04 31) 97 94 02-0
Telefax: (04 31) 97 94 02-77
E-Mail: oekopartner.kiel@t-online.de

Ähnliche Berufe:

- *Mobilitätsmanager/-koordinator:* plant Mobilitätskonzepte in einer Stadt oder einer Region und baut eine Mobilitätszentrale/-büro auf, managt die dazugehörigen Projekte und stimmt sich mit den verschiedenen Akteuren ab. Überschneidet sich mit dem Beruf des Mobilitätsberaters

Multimedia-/Internet-Producer

Andere Namen und verwandte Berufe: Online-Producer, Multimedia-Projektmanager beziehungsweise -Projektleiter, Multimedia-Konzeptioner, Multimedia-Publisher

Kurzbeschreibung: erstellt Websites oder Multimedia-Produkte wie CD-ROMs, meist in Zusammenarbeit mit Designern und Programmierern

Voraussetzungen/Ausbildung: Multimedia-Erfahrung

Ein »Amiga« war seine Einstiegsdroge. Während der Ausbildung als Druckvorlagenhersteller und seiner Jobs in Werbeagenturen blieb Arné Michels dem Design am Computer treu, und als Multimedia und Internet am Horizont auftauchten, war er dabei. Seit 1996 führt er als Multimedia-Producer seine eigene kleine Agentur in Köln und kann auf Projekte wie eine CD-ROM zur Comedy-Show »RTL Samstag Nacht«, einen virtuellem Studiorundgang durch eine Produktionsfirma und rund ein Dutzend Internetauftritte für Firmen zurückblicken.

Ein Multimedia-Producer setzt solche Projekte, die aus Audio-, Video- und Grafikanteilen bestehen, gemeinsam mit einem Team aus Programmierern und Designern um. Das Trägermedium ist dabei egal und kann in Zukunft auch eine DVD sein. Meist betreut er das Vorhaben von der ersten Idee bis zum fertigen Produkt. »Wir haben unsere Ideen abgesprochen, dann habe ich mich an meinen Schreibtisch gesetzt und überlegt, was soll auf den Seiten draufsein, wie sollen die Buttons aussehen«, beschreibt Michels seinen neuesten Auftrag, den Internet-Auftritt einer Galerie. Auf dem Papier zeichnet er auf, wie die einzelnen Seiten verknüpft sein sollen, dann erstellt er in Zusammenarbeit mit einem Grafiker einige Testseiten auf dem Laptop und präsentiert sie dem Kunden. Stehen Design und Inhalte, kommen die Programmierer ins Spiel und optimieren das Projekt.

Beim neuen Internet-Buchhändler Booxtra verbringt ein Multimedia-Producer etwa die Hälfte des Tages in Meetings, die andere Hälfte vor dem Bildschirm. »Öfter mal zu surfen, um neue Ideen zu sammeln, gehört auch zum Job. Mit etwas Glück findet man im

Internet eine gute Lösung, die auch noch leicht umzusetzen ist«, erklärt Booxtra-Chef Klaus Driever. »Wir hatten neulich den Einfall, Hörproben zu den Büchern einzubinden. Der Producer muss dann wissen, wie das geht.« Das Schöne an dem Job ist, dass man sehr schnell Ergebnisse sieht, fertige Seiten oder Angebote stehen schon am nächsten Tag im Netz.

Man findet die Dienstleister des Internet-Zeitalters vor allem in Agenturen, aber auch bei E-Commerce-Firmen, Softwareunternehmen und Sendern. Man findet sie dort – oder auch nicht: »Es gibt kaum qualifizierte Leute dafür«, klagt Driever. Seine Stellenanzeige für einen Multimedia-Producer glänzt durch Kürze: »Handwerk gelernt, Trendscout, neugierig und mutig«. Doch dahinter verbergen sich Anforderungen in den Bereichen Grafik/Screen-Design, Programmieren und Projektmanagement. Wie das Wissen erworben worden ist, interessiert niemanden, auch Autodidakten mit Erfahrung sind gefragt.

Es gibt mittlerweile jedoch viele gute Lehr- und Studiengänge im Bereich Multimedia, beispielsweise an der FH Augsburg oder bei der Silicon Studio Academy in Berlin, einem Ableger des traditionsreichen Instituts für technische Weiterbildung (itw). Auch viele private Organisationen bieten an, hoffnungsvolle Kandidaten in einem Multimediaberuf eigener Definition fit zu machen. Ein Wildwuchs, dem der dmmv, der Deutsche Multimedia-Verband (www.dmmv.de), durch einen Katalog der Mindestausbildungsinhalte zu begegnen versucht.

»Offiziell« gibt es den Job des Producers übrigens nicht, denn laut dmmv haben sich als Berufsfelder Multimedia-Programmierer, -Projektmanager, -Konzeptioner und -Designer herauskristallisiert. Was nichts daran ändert, dass Unternehmen in ihren Stellenanzeigen vorerst unbekümmert weiter nach Multimedia- oder Internet-Producern verlangen. Die Grenzen zwischen den einzelnen Tätigkeiten sind ohnehin fließend, denn in vielen kleineren Firmen werden die verschiedenen Aufgabenbereiche – von Programmierung über Konzeption bis Design – von einer Person abgedeckt. Natürlich kann man sich, je nach Vorbildung, auch spezialisieren: »Die Konzeption von Multimedia beispielsweise hat auch eine didaktische Schiene, daher sind zum Beispiel Pädagogen in diesem Bereich gut aufgehoben«, meint Thomas Koch, der die Silicon Studio Academy leitet. Dort wird unter anderem der Diplomstudiengang Digital-Media-Designer angeboten. »Auch Leute, die gut mit Texten umgehen können – zum Beispiel Journalisten –, werden dort gebraucht.«

Das Einstiegsgehalt liegt je nach Erfahrung bei 60 000 bis 90 000 Mark im Jahr, überdurchschnittliches Engagement gilt als selbstverständlich. Obwohl Telearbeit im Bereich Multimedia theoretisch möglich wäre, kommt sie bei Producern in der Praxis kaum vor: »Früher dachte ich, klasse, mit ISDN kann ich mich in Portugal an den Strand setzen und von dort aus arbeiten, aber das funktioniert noch nicht so«, sind die Erfahrungen von Arné Michels. »Man braucht die Infrastruktur, und man muss in der Nähe der Kunden sein.«

Infos:
Deutscher Multimedia-Verband (dmmv)
Kaistraße 14
40221 Düsseldorf
Telefon: (02 11) 85 28 60
Telefax: (02 21) 8 52 86 15
E-Mail: info@dmmv.de
Internet: www.dmmv.de
Auf der Homepage findet sich auch eine Jobbörse.

itw Institut für technische Weiterbildung
Luxemburger Straße 10
13353 Berlin
Telefon: (0 30) 45 48 26 33
Telefax: (0 30) 4 53 90 39
E-Mail: gs@itw-berlin.de
Internet: www.itw-berlin.de

KoordonationsCentrum für Ausbildung in den Medienberufen (AIM)
Kaiser-Wilhlem-Ring 20
50672 Köln
Telefon: (02 21) 91 26 33-0
Telefax: (02 21) 91 26 33-20

Buchtipps:
dmmv-Guide Aus- und Weiterbildung für die Multimedia-Branche. München: HighText, 1999 (30,00 Mark)
Gibt einen Überblick über Tätigkeitsfelder, Ausbildungsberufe, Studiengänge und Weiterbildungen.

Alternativen zu meinem Wunschberuf: Neue Medien und Multimedia. Nürnberg: Verlag Bildung und Wissen, 1999 (39,80 Mark)

Andreas Kösters, Marc Renner, Christiane Rudolph: *Job Guide Multimedia,* Frankfurt/New York: Campus, 1999 (29,80 Mark)

Ähnliche Berufe:

- *Multimedia-Konzeptioner:* entwickelt inhaltliche Konzepte für Multimedia-Produkte wie CD-ROMs oder Websites und setzt sie in Zusammenarbeit mit Programmierern und Screen-Designern um. Manchmal schreibt er die dazugehörigen Texte selbst.
- *Online-Redakteur:* siehe Beitrag in diesem Buch
- *Screen-Designer*: siehe Beitrag in diesem Buch

Netzwerk-Administrator

Andere Namen und verwandte Berufe: Network-Administrator, Network-(System)-Engineer, Netzwerkspezialist, Netzwerkmanager, Network-Consultant

Kurzbeschreibung: kümmert sich um das Netzwerk einer Firma, behebt Fehler und kümmert sich um Sicherheitsfragen

Voraussetzungen/Ausbildung: abgeschlossene Berufsausbildung, gute PC- und Netzwerkkenntnisse

So gut wie jede Firma hat ein internes Netz, durch das ihre Computer untereinander verbunden sind. Erster Ansprechpartner bei Problemen, die damit zusammenhängen, ist der Netzwerk-Administrator – bei ihm klingelt das Telefon, wenn ein User nicht mehr genug Speicherplatz hat, sich versehentlich alle Daten gelöscht hat und die Sicherheitskopie braucht oder sein Passwort vergessen hat.

Wolfgang Fischer hat schon vielen Leuten aus der Patsche geholfen. Seit vielen Jahren ist er für das Netzwerk der Zürich Agrippina Versicherung in Frankfurt zuständig, in seiner Verantwortung liegt das Zusammenspiel von 3 500 Terminals in 120 Niederlassungen. Wachsam überblickt er die Betriebsdaten der Server, die ihm das Netzwerkmanagementsystem zu bunten Grafiken aufbereitet liefert. »Ohne diese Systeme kann man ein Netzwerk kaum noch verwalten, sonst müsste man nacheinander auf alle einzelnen Server draufschalten und schauen, ob alles in Ordnung ist«, meint er. Wenn Fehlermeldungen auftreten oder Speicherplatten voll laufen, greift er ein und behebt das Problem. Der Netzwerk-Administrator einer Großforschungseinrichtung, der lieber ungenannt bleiben möchte, rauft sich noch im Nachhinein die Haare über einen solchen Zwischenfall: »Neulich hat ein zentral abgespeicherter Bildschirmschoner mit hoher Wiederholfrequenz und Auflösung für 80 Prozent Auslastung des Netzes gesorgt und damit für ganze Abteilungen den Netzzugang unmöglich gemacht ...«

Neben der Überwachung der Infrastruktur ist eine der wichtigsten Aufgaben der Administratoren, jedem Mitarbeiter Zugriff auf die Daten zu geben, die er braucht. Die Netzverwalter – bei der Zürich Agrippina sind es 15 Leute – vergeben und entziehen Zugriffsberechtigungen auf das interne Netz, aktualisieren E-Mail-Verteiler und kümmern sich um regelmäßige Backups, Sicherheitskopien aller Daten. Ihre Verantwortung ist, die Firma vor Sabotage durch unzufriedene Mitarbeiter zu schützen, durch Firewalls gegen Hacker von außen abzuschotten und mit den neusten Infos und Programmen gegen Viren zu immunisieren. Auch Internet und E-Mail sind ihre Domäne: Alle Mails kommen durch eine einzige Leitung von außen und werden dann intern verteilt. An dieser Schnittstelle hockt der Netzwerk-Administrator, überwacht die Funktion des Mail-Servers und korrigiert Fehler. Dieses Tagesgeschäft überlässt Fischer längst seinen Mitarbeitern, er kümmert sich hauptsächlich um die Planung und macht sich Gedanken darüber, wie er das ständig wachsende Netz erweitern kann. Alle zwei bis drei Jahre wird es nötig, die Netzwerkinfrastruktur komplett umzubauen und auf eine andere Basis zu stellen.

In kleineren Firmen, bis etwa 100 Mitarbeiter, kümmert sich in der Regel eine Person allein um all diese Dinge: Sie muss das System administrieren, sich mit Problemen der User herumschlagen und bei Bedarf auch mal selbst ein Kabel ziehen. »Wahrscheinlich deshalb wird der Beruf unterschätzt«, findet Thomas Witter. Er hat das Netzwerk in der Zentrale von Burger King installiert und ist heute der EDV-Leiter des Unternehmens mit inzwischen über 200 angeschlossenen und vernetzten Restaurants. »Der Netzwerk-Administrator hat noch das Image des Schraubers und Benutzerservice, aber das ist er seit einigen Jahren bereits nicht mehr, es geht ja um wichtige betriebsinterne Daten. Das wäre so, als würden Sie einen Generalschlüssel aller Aktenschränkte dem geben, der die Tische repariert.«

Was passieren könnte, wenn diese Schlüsselfigur ihre Macht missbraucht, kursiert in Form der Satire »The Bastard Operator from Hell« (www.warlock.web.za/bofh/), in der ein schwer gestörter Administrator denen, die ihm widersprechen, nach seinem Gusto Zugänge sperrt, Daten löscht und E-Mails manipuliert. Ein Albtraum, der nur selten Wirklichkeit wird, denn viel häufiger werden Netzwerk-Administratoren zu Rettern in der Not. Bei Unternehmen, die für ihr Geschäft stark auf ihre IT-Infrastruktur angewiesen sind, kann ein Ausfall Millionen kosten. »Das Netzwerk ist ein neuralgischer Punkt für die Firma. Wenn es ausfällt, sind fast alle betroffen«, beschreibt das Wolfgang Peller von der RODIS GmbH, einer Tochter der Optikerfirma Rodenstock. Einmal riss ein Bagger auf dem Gelände die Standleitung zum Internet heraus und das Backup-System gleich dazu – ein paar Stunden lang konnte bei Rodenstock niemand E-Mails verschicken oder empfangen. Aber der Gedanke an einen anderen möglichen Zusammenbruch bereitet Peller noch häufiger schlaflose Nächte: »Wenn unsere Niederlassungen und Tochterunternehmen in ganz Europa nicht auf unseren Server in München zugreifen könnten, können die Optiker nicht bestellen, sodass der Auftragseingang stockt, und auch die Produktion hängt da drin und steht still.« Damit beim Ausfall eines Servers der Fehler möglichst schnell behoben werden kann, benachrichtigt das Netzwerkmanagementsystem Peller oder einen Mitarbeiter, der gerade Bereitschaft hat, rund um die Uhr direkt übers Handy. Oft ist das Problem sozusagen »in Fernsteuerung« zu beheben: »Man kann sich von daheim in den Rechner einwählen und versuchen, es wieder hinzukriegen«, erzählt Wolfgang Fischer, der für solche Fälle seit Jahren einen Firmen-PC im Wohnzimmer stehen hat.

Um Netzwerk-Administrator zu werden, sollte man gute Soft- und Hardwarekenntnisse mitbringen und sich mindestens mit einem der gängigsten Systeme wie UNIX, Novell oder Windows NT auskennen. Gewünscht wird oft auch, dass man mit den Netzwerkprotokollen TCP/IP sowie LAN/WAN vertraut ist. Außerdem sollte man gut organisieren und Probleme lösen können. »Man muss sich richtig reinknien können«, betont Wolfgang Fischer. »Es reicht nicht, zu sagen ›Den Fehler sehe ich nicht, da kann ich nichts machen.‹ Man muss sich so lange reingraben, bis man die Ursache hat.«

Das fachliche Wissen kann man sich in einem der vielen Lehrgänge und Weiterbildungen aneignen, die von Fachschulen angeboten werden. Die Dauer ist sehr unterschiedlich: Beim Bildungszentrum für informationsverarbeitende Berufe dauert er neun Monate, bei der Gesellschaft für wissenschaftliche Datenverarbeitung in Göttingen nur zwei Wochen. Ein Informatikstudium wird eher selten verlangt, meist reicht es, wenn man eine abgeschlossene Berufsausbildung in einem kaufmännischen oder technischen Beruf als Ausgangsbasis nutzt. Die Einstiegsgehälter liegen um die 70 000 bis 80 000 Mark, ein Administrator mit Erfahrung kann ohne weiteres 80 000 bis 100 000 Mark verdienen.

Infos:

Bildungszentrum für informationsverarbeitende Berufe (b. i. b.)
5 Standorte in Deutschland
Ausbildung zum Netzwerk-Administrator zum Beispiel am Standort Bergisch Gladbach
Hauptstraße 2
51465 Bergisch Gladbach
Telefon: (0 22 02) 95 27-01
Telefax: (0 22 02) 95 27-1 00
E-Mail: info@bg.bib.de

F + U Gemeinnützige Bildungseinrichtung für Fortbildung und Umschulung GmbH
Hauptverwaltung
Hauptstraße 1
69117 Heidelberg
Telefon: (0 62 21) 91 20 13
Telefax: (0 62 21) 2 34 52

Berufliche Fortbildungszentren der Bayerischen Wirtschaft (bfz) gGmbH
Landshuter Allee 174
80637 München
Telefon: (0 89) 1 59 26-1 63
Telefax: (0 89) 15 51 28
E-Mail: info@zentrale.bfz.de
Internet: www.bfz.de
Bieten Ausbildung zum Netzwerkfachmann an.

Stellenbörsen im Internet:

www.computerjobs.de
www.dv-jobs.de

Ähnliche Berufe:

- *Netzwerkspezialist/-techniker:* baut (je nach Arbeitgeber) Computer- oder Telekommunikationsnetze auf, betreibt und überwacht sie. Wenn es Fehler zu beheben gibt, wird er vor Ort geschickt. Eine abgeschlossene technische Ausbildung und Kenntnisse im Netzbetrieb werden erwartet, bei höher angesiedelten Jobs ein Studium der Informatik oder Nachrichtentechnik.
- *Netzwerkmanager:* arbeitet an Konzeption, Einführung und Support eines Computernetzes und des Netzmanagementsystems mit. Berufserfahrung im Netzwerkumfeld sind dafür entscheidend. Auch Netzwerkarchitekt genannt

Öko-Auditor

Andere Namen und verwandte Berufe: Umwelt-Auditor, Umweltbetriebsprüfer, Umweltgutachter, Umweltmanager/-berater

Kurzbeschreibung: prüft in Unternehmen, ob das Umweltmanagementsystem funktioniert und gesetzliche Anforderungen beachtet werden. Oft auch beratend tätig

Voraussetzungen/Ausbildung: bei Meistern und Technikern Berufserfahrung im Umweltbereich, am besten technisches/naturwissenschaftliches Studium

Öko-Auditoren sind Betriebsprüfer im Dienste der Umwelt – sie forschen nach, ob in Firmen Verordnungen eingehalten werden und die Umweltpolitik eines Unternehmens in der Praxis auch umgesetzt wird. Entstanden ist der Beruf 1993 mit der EU-weiten Einführung der Öko-Audit-Verordnung. Als 1996 auch noch die weltweit gültige DIN/ISO 14001 hinzukam, die Leitlinien für die Anwendung von Umweltmanagementsystemen festlegt, zog der Bedarf nach Öko-Auditoren noch einmal an. Meist versuchen Unternehmen, gleich beide Normen zu erfüllen und sich zertifizieren zu lassen – das ist zwar freiwillig, aber durchaus sinnvoll. Denn die

Umweltbetriebsprüfungen helfen, Risiken und Schwachstellen zu erkennen, Optimierungs- und damit auch Einsparungspotenziale aufzudecken, und erhöhen die Glaubwürdigkeit des Unternehmens in Umweltfragen. Noch wichtiger ist jedoch die Rechtssicherheit, die ein Audit schafft. »Manchmal werden wir angefordert, um Daten für eine bunte Broschüre zu sammeln, und im Laufe des Projekts realisieren die Vorstände plötzlich, wie viel Haftung sie bei Verstößen gegen Vorschriften oder bei Umweltschäden haben, sie stehen quasi mit einem Bein im Knast«, erzählt Umweltberater und -gutachter Rolf Moßig, der bei der großen Umweltschutz-Beratungsgesellschaft HPC Harress Pickel Consult GmbH arbeitet. Augenzwinkernd fügt er hinzu: »Dann gewinnt das Projekt eine ganz andere Dynamik ...« Beliebt sind Öko-Audits beispielsweise bei Firmenübernahmen, da der Käufer natürlich nicht daran interessiert ist, sich ein riesiges Bündel Altlasten einzuhandeln. Also werden Gutachter ausgeschickt, um bei der zukünftigen Tochter eventuell vorhandene Leichen im Keller ausfindig zu machen. Bei diesen auch Due-Diligence-Assessments genannten Überprüfungen werden alle relevanten Umweltbelange gecheckt, zum Beispiel die Genehmigungssituation, Rechtsunsicherheiten, technische Defizite, ob früher einmal Abfall ungesetzlich entsorgt wurde und so weiter. Immer häufiger fordern auch Unternehmen von ihren Zulieferern, dass sie ihre Standorte zertifizieren lassen.

»Wenn das Unternehmen ein Zertifikat will, dauert es vom Startschuss bis es an der Wand hängt ein- bis eineinhalb Jahre«, erklärt Martin Myska. Der Agraringenieur beschäftigte sich schon in der Diplomarbeit mit Umweltverträglichkeitsprüfungen und stieg dann in ein beratendes Ingenieurbüro ein. Später half er, beim TÜV Rheinland den Arbeitsbereich Umweltmanagementsysteme aufzubauen. Mittlerweile ist er als Umweltgutachter und -berater selbstständig. Seine Projekte laufen meist ähnlich ab: Als ersten Schritt führt er eine Ist-Analyse des Unternehmens durch, die mehrere Monate in Anspruch nehmen kann. In dieser Zeit heißt es auch Überzeugungsarbeit leisten: »Die Leute haben erst immer eine gewisse Grundskepsis, nach dem Motto: ›Was ist das? Werden wir kontrolliert?‹ Für machen ist es einfach lästig, weil es zusätzliche Arbeit macht.« Anschließend beginnt er das Umweltmanagementsystem aufzubauen, wie es von der ISO 14001 gefordert wird, inklusive Schulung der Mitarbeiter und der Erstellung von Handbüchern. Ist das nach etwa einem Jahr geschafft, führt er ein internes Audit durch, um zu prüfen, ob das System funktioniert, ob es gelebt und umgesetzt wird. Ist das der Fall, wird ein anderer Umweltgutachter ausgesucht, der diese Tatsache auch offiziell bestätigt.

Bis es so weit ist, ist Martin Myska viele Checklisten – die wichtigsten Werkzeuge des Auditors – durchgegangen, hat Interviews mit Mitarbeitern und Verantwortlichen geführt und Dokumente gesichtet. Er hat mehrere Begehungen durchgeführt und sich vor Ort die Bereiche Energie, Lager und Produktion angeschaut. Dieses In-Augenschein-Nehmen gehört zu jedem Auftrag, daher sind Umweltberater und -gutachter häufig unterwegs. »Bei mir sind es 60 bis 80 Prozent Außendienst – das nervt manchmal ganz schön«, meint Claudia Käsehagen, Auditorin beim TÜV Nord. Doch sie schätzt an ihrem Job auch, dass sie sehr viele Unternehmen kennen lernt. Kein Auftrag ist wie der andere, es tauchen ständig neue Firmen und Fragestellungen auf. »Letzte Woche ein Papierwerk in der Schweiz, das nächste Mal vielleicht das Outsourcen eines Bereichs von Hoechst, dann wieder geht es um die Begutachtung von Tankstellenschäden oder den Aufbau eines Umweltmanagementsystems – kein Auftrag ist wie der andere«, sagt Moßig, für den es ganz selbstverständlich ist, auch mal nach französischem Umweltrecht zu auditieren und seine Berichte in Englisch zu schreiben.

Externe Auditoren sind oft selbstständig, viele arbeiten in Ingenieurbüros oder Consulting-Gesellschaften. Meist bieten sie vor allem Umweltberatung an und helfen Unternehmen, Umweltmanagementsysteme aufzubauen. »Nur Zertifizierung zu machen ist schwierig, damit lässt sich nicht so viel Geld verdienen«, erklärt Rolf Moßig. Um über die Beratung hinaus ein Unternehmen auch zertifizieren zu können, muss man ein zugelassener Umweltgutachter sein. Während die Bezeichnung »Auditor« nicht geschützt ist, darf sich Umweltgutachter nur nennen, wer gewisse Voraussetzungen erfüllt und in einer Prüfung Fachkenntnisse nachgewiesen hat. Eine der Voraussetzungen ist die Unabhängigkeit: Wenn ein

Gutachter ein Unternehmen schon im Vorfeld beraten hat, darf er es nicht mehr zertifizieren.

Eine Schlüsselrolle spielen bei Öko-Audits die Umweltbeauftragten einer Firma, die durch ihre Fachkunde im betrieblichen Umweltschutz für diese Aufgabe geradezu prädestiniert sind und ihr Unternehmen auf den Herz-und-Nieren-Check durch einen unabhängigen Umweltgutachter vorbereiten. Sie sind als Projektleiter für den Aufbau und die Umsetzung des Umweltmanagementsystems nach ISO 14001 ebenso mitverantwortlich wie für interne Öko-Audits. Auch für die Berichte an die Öffentlichkeit wie zum Beispiel die Umwelterklärung und Schulungen der Mitarbeiter in Umweltfragen sind sie zuständig. Die Arbeit des Umweltbeauftragten »entscheidet mit über die Wettbewerbsfähigkeit des Unternehmens. Anlageinvestitionen können zum Beispiel ohne Beachtung der Umweltaskepte schnell aus der Rentabilitätszone rutschen«, gibt die Firma Mannesmann in ihrem Umweltbericht 1998 zu bedenken. Sie ging mit gutem Beispiel voran und hat inzwischen alle ihre Umweltbeauftragten zu internen Auditoren weitergebildet. Mit einem ganzen Audit-Team führen die so geschulten Leute bei den umweltrelevanten Anlagen Prüfungen durch, um Schwachstellen und Verbesserungspotenziale ausfindig zu machen: Sie selbst fungieren als Auditleiter, außerdem sind noch weitere Betriebsprüfer, Mitarbeiter aus den zu prüfenden Funktionsbereichen, ein Protokollführer und manchmal auch ein Mitglied der Geschäftsführung dabei. Mittlerweile haben bei Mannesmann 43 von 80 Produktionsstandorten ein Umweltgütesiegel erhalten.

Wer Umweltauditor werden will, sollte am besten einen technischen Hintergrund haben – schließlich sind oft Produktionsanlagen zu begutachten. Rolf Moßig ist Diplom-Ingenieur Maschinenbau, doch unter seinen Kollegen sind auch Geografen, Chemiker und Umweltschutzingenieure. Auch der eine oder andere Jurist oder Betriebswirt findet in der Umweltberatung sein Auskommen. »Meine Berufskollegen sind ein ganz buntes Völkchen, und das ist interessant, weil jeder andere Ansätze und Ideen mitbringt. Wichtig sind Kompetenzen wie Kommunikation, Informationsrecherche – das sind Dinge, die man kaum lernen kann«, ist Martin Myska überzeugt. »Das A und O ist Berufspraxis. Man sollte schon während des Studiums Praktika in dem Bereich machen oder in einer Beratungsfirma jobben.« Jenseits der Fachkenntnisse bringt ein guter Auditor Diplomatie und Takt mit und kann gut zuhören – nicht zuletzt heißt »Auditor« im Lateinischen »Zuhörer«. Außerdem braucht er eine effektive Arbeitsorganisation und die Fähigkeit zur schriftlichen und mündlichen Darstellung von Konzepten. Weiterbildungen und Auditoren-Lehrgänge werden zum Beispiel von der TÜV-Akademie Rheinland angeboten.

Wer die – schwierige und nicht ganz billige – Prüfung zum Umweltgutachter ablegen will, der sollte ein Studium (Wirtschaft- oder Verwaltungswissenschaften, Naturwissenschaften oder Technik, Biowissenschaften oder Jura) und mindestens drei Jahre Berufserfahrung im Bereich betrieblicher Umweltschutz vorweisen können. Ersatzweise genügt auch eine Technikerausbildung oder die Qualifikation als Meister und acht Jahre Berufserfahrung. Natürlich muss ein Gutachter auch ausreichende Fachkenntnisse zum Thema Umweltbetriebsprüfungen nachweisen können. Die Qualitätskriterien für interne oder externe Umweltauditoren sind ebenfalls genau geregelt (in der DIN/ISO 14012): Abitur oder eine gleichwertige Ausbildung, eine einschlägige praktische Erfahrung von vier beziehungsweise fünf Jahre für Auditoren mit beziehungsweise ohne Studium. Darüber hinaus ist eine theoretische und praktische Zusatzausbildung gefordert. Für den Praxisteil muss man vier Audits unter Aufsicht eines erfahrenen Auditors durchführen (circa 20 Arbeitstage).

Gezahlt wird bei einer Beratungsgesellschaft zwischen 60 000 und 80 000 Mark, wenn der Bewerber frisch von der Uni kommt, später sind 120 000 bis 150 000 Mark keine Seltenheit. Mit Umweltgutachterprüfung verdient man generell mehr als ohne, da sie eine Art Qualitätssiegel darstellt.

Infos:
DAU GmbH
Adenauerallee 148
53113 Bonn
Telefon: (02 28) 1 04-22 20
Telefax: (02 28) 1 04-22 26
Internet: www.ihk.de/dau
Deutsche Stelle für die Zulassung und Beaufsichtigung von Umweltgutachtern

Nachlesen kann man die Voraussetzungen auf der Website:
www.oekoaudit.uni-osnabrueck.de/gesetze

Berufliche Fortbildungszentren der Bayerischen Wirtschaft (bfz) gGmbH
Landshuter Allee 174
80637 München
Telefon: (0 89) 1 59 26-1 63
Telefax: (0 89) 15 51 28
E-Mail: info@zentrale.bfz.de
Internet: www.bfz.de

Bieten Lehrgang »Umweltmanagement« an, der mit der Prüfung zum Umweltbetriebsprüfer (bfz) abschließt.

Buchtipp:
Martin Myska (Hrsg.): *Der TÜV-Umweltmanagementberater.* Köln: TÜV-Verlag (298,00 Mark)
Zweibändiges, mehrmals jährlich aktualisiertes Loseblattwerk mit CD-ROM.

Ähnliche Berufe:

- *Energieberater:* siehe Beitrag in diesem Buch

Online-Redakteur

Andere Namen und verwandte Berufe: Content-Manager, Web-Editor, Multimedia-Publisher

Kurzbeschreibung: bereitet Inhalte fürs Internet auf, meist für Online-Zeitschriften

Voraussetzungen/Ausbildung: Studium und eine journalistische Ausbildung

820 000 Zugriffe im Monat verzeichnet die Online-Ausgabe der Fachzeitschrift *werben und verkaufen.* Auf der Website finden Surfer die wichtigsten Nachrichten vom Tage, Branchenneuigkeiten, Stellenanzeigen und Studientipps. Um ihre Internet-Leser immer mit neuem »Futter« zu versorgen, kümmern sich zwei fest angestellte Online-Redakteure und mehrere Freie um den Inhalt der Website. »40 bis 50 News am Tag werden hier verarbeitet, das ist schon eine Menge Holz«, erzählt Klaus Eck, bis vor kurzem leiten-

der Online-Redakteur von *w&v* und von Haus aus eigentlich Politologe und Lektor. »Es kommen von allen Nachrichtenagenturen Meldungen rein, aber auch viel aus der eigenen Printredaktion. Zum Teil nehmen wir die Inhalte aus dem Heft – noch bevor es erscheint –, aber wir recherchieren auch selbst und bieten zum Thema des Tages Hintergrundgeschichten.« Sobald die Texte fertig sind, werden sie sofort ins Netz gestellt.

So wie bei Printzeitschriften spätestens die verkaufte Auflage untrügliches Anzeichen für den Erfolg bei der Leserschaft ist, gilt es bei Internet-Zeitschriften, die Zahl der »Hits«, der Zugriffe auf die Seite, zu steigern. Bevor er sich mit einem Start-up selbstständig machte, gehörten zu Klaus Ecks Arbeit viele Gespräche, um Kooperationen zu vereinbaren und das eigene Angebot mithilfe von Partnern zu ergänzen und attraktiver zu machen. »Bartering« nennt man dieses Geschäft – so bekommt *w&v* beispielsweise die Börsenkurse oder Sportangebote von außen geliefert. »Eigentlich würde ich das, was ich als leitender Redakteur gemacht habe, mehr als Content-Management oder Information-Management bezeichnen, weil es journalistische Aufgaben, aber auch Marketing beinhaltet hat«, überlegt Klaus Eck. »Mein Vorgänger hat mehr geschrieben, aber der kam nicht mehr zu anderen Dingen.«

Der Internet-Journalismus ist bereits der Phase entwachsen, in der ausschließlich »Learning by Doing« betrieben wurde. Einer, der sozusagen mit der Online-Redaktion einer Zeitung groß wurde, ist Ralf Schloßmacher von der *Rheinischen Post.* Nach seinem Politik- und Medienwissenschaftsstudium lernte er sein journalistisches Handwerk in einem Kombi-Volontariat, das bei der *RP* gewissermaßen für ihn erfunden wurde: Ein Jahr Arbeit bei der Online-Ausgabe und ein Jahr bei der Papier-Edition. »Wir waren im Januar 1996 die erste Zeitung in Nordrhein-Westfalen, die online gegangen ist. Vorbilder in Deutschland gab es eigentlich nicht«, erzählt Schloßmacher. »Wir haben vieles ausprobiert. Herausforderung war vor allem, dass es kein Platzproblem und keinen Redaktionsschluss im Internet gibt. Die Folge: Themen können in den unterschiedlichsten Facetten abgehandelt werden, mit Hintergrund, Interviews, Chroniken und Archivtexten, und zwar jederzeit. Man muss also immer sehr aktuell sein.« Nach und nach hat die Redaktion immer mehr auf Multimedia gesetzt, und heute bestehen die Nachrichten aus Texten, Bildern, Videos, Audios und Animationen. Schloßmachers tägliche Arbeit besteht darin, fortlaufend den Agentur-Ticker und die Konkurrenz zu beobachten und interessante Neuigkeiten aus dieser Informationsflut herauszufischen. Er entscheidet, ob eine Meldung publiziert wird, textet eine Überschrift und ordnet die Nachrichten nach Wichtigkeit. Zeitdruck gehört immer dazu, denn die Meldungen sollen möglichst kurz nachdem sie über den Ticker gelaufen sind veröffentlicht werden. »Wir arbeiten im Schichtbetrieb«, berichtet Schloßmacher. »Die Redaktion ist sieben Tage die Woche von 7 bis 23 Uhr besetzt. Unsere Arbeit ähnelt ein bisschen der der Kollegen von Hörfunk und TV. In gewisser Weise sind wir immer auf Sendung ...« Gelegentlich schreiben die Redakteure auch selbst, vorzugsweise zu Internet- und Computerthemen: Sie testen Spiele oder berichten in der Rubrik »Netzreporter« über das Geschehen im Internet.

Manche Zeitungen haben ihre Online-Redaktionen komplett von der Print-Ausgabe abgekoppelt. Bei der *Rheinischen Post* liefern die Internet-Journalisten Texte für die Computerseite und nutzen dafür Berichte aus der Print-Lokalredaktion. Die Zukunft könnte in einer anderen Lösung liegen, wie sie schon jetzt immer öfter praktiziert wird: Es gibt keine verschiedenen Redaktionen für Print und Online, sondern einfach eine News-Abteilung und eine Redaktion für Hintergrund, die beide verschiedene Formate bedienen.

Gesucht werden zurzeit viele Online-Redakteure, denn jedes Medium, das etwas auf sich hält, hat mittlerweile einen Online-Ableger – auch wenn praktisch keiner damit schwarze Zahlen schreibt. Immer mehr reine Internet-Zeitschriften werden gestartet. Fachleute gehen davon aus, dass der Bereich Online-Journalismus noch expandieren wird und neue Stellen entstehen werden. Obwohl sich nur wenige Zeitschriften eine so gut besetzte Online-Redaktion leisten werden wie die *Financial Times* (115 Leute), bauen viele Zeitungen und Zeitschriften in Deutschland ihre Online-Crew aus: Die *FAZ* will für ihren neuen Auftritt (www.faz.de) immerhin 20 bis 30 Redakteure aufbieten, bei der *Süddeutschen*

Zeitung (www.sueddeutsche.de) basteln 15 Leute am Internet-Angebot. »Es bewerben sich nicht viele als Online-Redakteure, obwohl dieser Bereich beste Chancen durch eigenes Engagement bietet. Viele Journalisten gehen lieber in den Print-Bereich, weil Online noch nicht so ernst genommen wird«, schätzt Klaus Eck. Donatella Hertlein, die nach einem Volontariat bei einer Tageszeitung Online-Redakteurin bei *Cityweb* war und jetzt einen Job im PR-Bereich hat, überrascht das nicht: »Online-Redakteur klingt besser, als es ist. Die Anforderungen sind hoch, aber es darf alles nicht viel kosten, weil im Internet niemand für Content bezahlen will«, ist ihr Fazit. »All die klassischen Journalistentugenden braucht man nicht mehr, weil Recherche kaum stattfindet. Man muss vor allem schnell Texte von Presseagenturen umschreiben können.« Auch das Deutsche Institut für publizistische Bildungsarbeit (Haus Busch) sieht den Beruf des Online-Redakteurs kritisch: »Ihr journalistischer Beitrag besteht hauptsächlich darin, Texte auszuwählen und dann so zu kürzen, dass sie auf den Bildschirm passen.«

Dennoch wird eine journalistische Ausbildung meist verlangt. Je nach Interesse spezialiert man sich in der Praxis auf den News-Bereich oder auf das Projektmanagement. Denn schließlich muss auch jemand Videos aussuchen, die Rechte dafür anfordern und die Filme online stellen. Da die Uhren in Online-Redaktionen meist deutlich schneller gehen als in Print-Redaktionen, sollte man schnell schreiben und recherchieren können. Natürlich muss man mit Internet und Computer vertraut sein. Obwohl Grundkenntnisse in HTML gern gesehen werden und Online-Redakteure bei kleineren Zeitschriften zum Teil selbst Seiten layouten, sind Kenntnisse in Web-Design heute seltener gefragt. Meist wird die Programmierung und das Screen Design von externen Dienstleistern übernommen, größere Redaktionen haben manchmal eigene Spezialisten dafür.

Einsteiger können etwa mit 50 000 bis 60 000 Mark im Jahr rechnen, in leitenden Funktionen sind bis zu 100 000 Mark drin. Gewöhnlich gilt, dass Fachdienste mehr bezahlen als unspezialisierte Redaktionen und dass im Online-Bereich weniger gezahlt wird als im Print-Bereich. »Viele Medien haben ihre journalistischen Redakteure an die Luft gesetzt und billigere Leute eingestellt«, berichtet Donatella Hertlein. »Wenn keine Tarifverträge da sind, kann man davon ausgehen, dass die Arbeit schlechter bezahlt wird als die eines Lokalredakteur bei einer Kleinstadtzeitung.« Immerhin wird das Gehalt bei manchen Online-Zeitschriften durch Provisionen gepolstert: Berechnet wird das Erfolgshonorar aus der Anzahl der »Hits«.

Infos:
Deutscher Journalisten Verband e. V. (DJV)
Bennauer Straße 60
53115 Bonn
Telefon: (02 28) 22 29 71-80
Telefax: (02 28) 21 49 17
E-Mail: djv@djv.de
Internet: www.djv.de

Deutsches Institut für publizistische Bildungsarbeit
Haus Busch
58099 Hagen
Telefon: (0 23 31) 3 65-6 00
Telefax: (0 23 31) 3 65-6 99
E-Mail: Hausbusch@hausbusch.de
Internet: www.hausbusch.de
Aus- und Weiterbildung für Journalisten, bieten zum Beispiel Ausbildung zum Multimedia-Publisher an.

Akademie für Publizistik
Warburgstraße 8-10
20354 Hamburg
Telefon: (0 40) 41 47 96-0
Telefax: (0 40) 41 47 96 90
E-Mail: info@akademie-fuer-publizistik.de
Bietet Kurse und Seminare für Journalisten und Leute aus der Öffentlichkeitsarbeit an.

KoordonationsCentrum für Ausbildung in den Medienberufen (AIM)
Kaiser-Wilhelm-Ring 20
50672 Köln
Telefon: (02 21) 91 26 33-0
Telefax: (02 21) 91 26 33-20

Buchtipp:
Klaus Meier (Hg.): *Internet-Journalismus. Ein Leitfaden für ein neues Medium.* Konstanz: UVK, 1998 (42 Mark)

Ähnliche Berufe:

Multimedia-Konzeptioner: entwickelt inhaltliche Konzepte für Multimedia-Produkte wie CD-ROMs oder Websites und setzt sie in Zusammenarbeit mit Programmierern und Screen-Designern um. Manchmal schreibt er die dazugehörigen Texte selbst.

Outsourcing-Berater

Andere Namen und verwandte Berufe: Outsourcing-Consultant/-Spezialist

Kurzbeschreibung: berät Unternehmen, die Aufgaben outsourcen wollen, und achtet darauf, dass der Kunde dabei nicht über den Tisch gezogen wird

Voraussetzungen/Ausbildung: Erfahrung mit Outsourcing-Projekten, meist IT-Erfahrung, gut im Umgang mit Menschen

Es begann, wie so oft, in den USA: Große Unternehmen fingen an, ihre IT-Abteilungen an Dienstleister auszulagern und konnten sich in Zukunft auf ihr Kerngeschäft konzentrieren. »Outside-Resource-Using« nannte sich das, bevor der Begriff in zusammengezoger Form zum Schlagwort wurde. Doch es ist natürlich auch ein Risiko, solche wichtigen Dinge wie die Computer-Infrastruktur außer Haus betreuen zu lassen, und nicht selten waren die Firmen mit dem Ergebnis nicht ganz zufrieden. Also betraten Anfang der neunziger Jahren Outsourcing-Consultants die Bühne. Sie beraten das Unternehmen neutral darüber, wie man diesen Schritt am besten unternimmt, begleiten den Outsourcing-Prozess und stehen der Firma mit Rat und Tat zur Seite. Seit kurzer Zeit gibt es diese Dienstleistung auch in Deutschland, eine Tochtergesellschaft der amerikanischen Everest Outsourcing Consultants hat sich 1999 in Frankfurt niedergelassen und betätigt sich nun als Pionier. »Wir wollen das Bewusstsein dafür schärfen, dass Outsourcing eine Sache mit einer Menge Pferdefüßen ist. Wenn man es von Anfang an richtig macht, kann man viel daran optimieren«, erklärt Frank Dzierzon. Seiner Erfahrung nach gehen die meisten Kunden, die ohne Unterstützung outsourcen wollen, ihren Plan ganz locker an und formulieren eher in groben Zügen, wofür der Outsourcer zuständig sein soll. Doch das kann seine Tücken haben: Wenn der Fall auftaucht, dass eine Leistung benötigt wird und sich keiner ganz darüber klar ist, ob sie jetzt vereinbart wurde oder nicht, fängt die Diskussion an. »Das kann teuer werden, wenn Sachen nicht im Agreement drin waren und plötzlich extra kosten«, weiß

Dzierzon. »Es gab Fälle, wo der Vertrag 30 bis 50 Prozent teurer wurde als geplant, weil man versäumt hat zu fragen, welche Leistungen denn genau enthalten sind. Wenn man nicht aufpasst, kommt also unter Umständen ein dickes Ende.«

Die Arbeit an einem Projekt beginnt für die Consultants von Everest mit einer Ist-Analyse, bei der zunächst einmal geprüft wird, was das Unternehmen für Kosten hat und ob Outsourcing überhaupt sinnvoll ist. In dieser Zeit ist der Berater meist ein bis zwei Wochen beim Kunden, lässt sich die IT-Architektur erklären und versucht sie mit den üblichen Strukturen abzugleichen, um daraus ein Pflichtenheft erstellen zu können. Dann beginnt die Schreibtischarbeit, bei der eine Menge Papier erzeugt wird: Service-Level-Agreement, Rahmenverträge und so weiter. Nun definiert der Berater die Leistungen genau, die der Outsourcer erbringen soll, die Zuständigkeiten und was im Fall X passieren soll. Wie viele Details darin stecken, zeigt allein schon der Umfang dieser Vereinbarungen: 100 bis 200 Seiten. Nun führt der Consultant die Ausschreibung aus und hilft dem Kunden bei der Auswahl des für ihn richtigen Angebots. Auch bei den Vertragsverhandlungen sind die Outsourcing-Berater dabei. Auf Wunsch begleiten sie die Übernahme durch den Outsourcer und betreuen den Kunden während der gesamten Vertragslaufzeit. Wenn der Berater ein Projekt von Anfang bis Ende durchführt, kostet das den Kunden zwischen ein und drei Prozent des Outsourcing-Volumens. Die Einsparungen machen das, so Dzieron, mühelos wieder wett: »Wir machen häufig den Unterschied aus zwischen ›funktioniert‹ und ›funktioniert nicht‹.«

Doch trotz der Vorteile, die eine unabhängige Beratung bietet, stellten die Outsourcing-Berater fest, dass es nicht leicht ist, mit dieser Dienstleistung in Deutschland Fuß zu fassen. »Der Markt ist in starkem Maße da, auch Beratungsbedarf besteht eindeutig, aber sich den Bedarf zu erschließen und als möglicher Partner betrachtet zu werden ist nicht so einfach wie in den USA«, musste Frank Dzierzon erkennen. Im ersten Jahr war das Geschäft mühsam. Doch nach den ersten Referenzprojekten sprach sich herum, dass die neuen Consultants eine sinnvolle Leistung anbieten, und seither stehen die Zeichen auf Expansion. Schwierig ist der Bereich nach Dzierzons Erfahrung aber weiterhin: »Outsourcing ist ein sehr sensibles Thema, man spricht nicht so offen darüber.«

Sechs fest angestellte Berater arbeiten bei Everest, weitere könnte die Firma gut gebrauchen. Wunschkandidat wäre jemand, der schon einmal mit Outsourcing zu tun hatte und das Wechselspiel zwischen Kunde und Leistungserbringer aus der Praxis kennt. Optimal wäre beispielsweise der Account-Manager eines Outsourcers oder jemand, der auf der Kundenseite mit dem Thema zu tun hatte. Einer der Berater ist beispielsweise der ehemalige IT-Leiter eines Unternehmens, das outgesourced hat. Ansonsten sind die üblichen Eigenschaften eines Beraters gefragt, vor allem analytisches Denken, Team- und Kommunikationsfähigkeit. Auch betriebswirtschaftliche Kenntnisse sind ein Plus.

Outsourcing-Beratung ist heute vor allem im Bereich IT ein wichtiges Thema, deshalb muss man meist ein solides Wissen in diesem Bereich mitbringen. Doch auch in anderen Bereichen, zum Beispiel Logistik, Gebäudemanagement, Sicherheitsdienste, Catering, Reinigung und Buchhaltung wird eifrig outgesourced – theoretisch ein weites Feld für Consultants. Einer, der hier den Einstieg gewagt hat, ist Stefan Tossenberger. Der gelernte Koch und Kaufmann hat sich die Outsourcing-Beratung im sozialen Bereich zur Aufgabe gemacht – mit einer Portion Idealismus: »Im sozialen Bereich sind die Strukturen sehr verkrustet. Viele Altenheime werden geschlossen, obwohl sie voll belegt sind, weil die Mitarbeiterin in der Spülküche nach BAT bezahlt wird und mehr bekommt als die Pflegerin«, klagt er. Doch auch er ist noch nicht zufrieden damit, wie sich sein Beratungsgeschäft entwickelt: »Ich habe mir mehr davon versprochen. Jeder redet von Outsourcing, aber keiner tut etwas.« Etwas problematisch ist dabei, dass ihm auch eine Firma gehört, die Vollverpflegungs- und Reinigungsdienstleistungen in Seniorenheimen, Krankenhäusern und Reha-Kliniken anbietet. Darin sieht Tossenberger jedoch keinen Konflikt, er trenne strikt zwischen Beratung und Verkauf.

Auch der Bund Deutscher Unternehmensberater ist skeptisch, was die Zukunft der Outsourcing-Consultants angeht: »Wer als Berater nur Outsourcing macht, ist stark festgelegt«, gibt Klaus Reiners, Pressesprecher des BDU zu bedenken. »Zwar ist die Nachfrage in diesem Bereich in den letzten Jahren gestiegen, aber es ist eher ein Randbereich der Beratung.« Möglicherweise wird die Outsourcing-Beratung in Zukunft eine Domäne der IT-Consultants sein, die solche Projekte bei Bedarf auch heute schon aufgreifen.

Infos:

Everest Outsourcing Consultants
Eschborner Landstraße 55
60489 Frankfurt am Main
Telefon: (0 69) 97 85 91 60
Telefax: (0 69) 97 85 91 70
Internet: www.outsourcing-management.de

Bundesverband Deutscher Unternehmensberater e. V. (BDU)
Friedrich-Wilhelm-Straße 2
53113 Bonn
Telefon: (02 28) 91 61-0
Telefax: (02 28) 91 61-26
E-Mail: info@bdu.de
Internet: www.bdu.de

Tauber Consult
Burgstraße 1
95199 Thierstein
Telefon: (0 92 35) 9 65 40
Telefax: (0 92 35) 9 65 41
E-Mail: info@tauberconsult.de
Internet: www.tauberconsult.de
Bietet zum Beispiel ein Seminar mit dem Titel »Outsourcing – Entscheidung und Durchführung« an.

Buchtipp:

Marcus Hodel: *Outsourcing Management kompakt und verständlich*. Wiesbaden: Vieweg Verlag, 1999 (48 Mark)

Ähnliche Berufe:

- *IT-Consultant:* siehe Beitrag in diesem Buch
- *Business-Process-Analyst:* analysiert und optimiert Geschäftsprozesse und definiert in Zusammenarbeit mit den Anwendern, welche Spezifikationen neue Systeme haben müssen. Führt Kosten-Nutzen-Analysen durch. Ähnliche Aufgabe wie die des Systems-Analyst. Sehr gute Analysefähigkeiten und ein sicheres Auftreten werden meist gefordert.

Recruiter

Andere Namen und verwandte Berufe: Recruitment-Assistant

Kurzbeschreibung: Mitarbeiter in einer Firma, der vor allem für das Anwerben interessanter neuer Mitarbeiter zuständig ist

Voraussetzungen/Ausbildung: Erfahrung im Personalmarketing beziehungsweise Personalwesen

Wenn jemand Marion Heimerl nach ihrem Beruf fragt, sagt sie »Recruiter« oder »HR« und zuckt mit keiner Wimper: »Das ist ein geläufiger Begriff. Jeder, der aus dem Bereich kommt, kennt ihn.« Für all jene, die bei HR noch an den Hessischen Rundfunk denken: Das Kürzel steht für Human-Resources, die Personalabteilung. Marion Heimerl leitet das Recruitment bei Amazon.de, dem weltweit größten Buch- und Musikshop im Internet, und sucht für die deutsche Niederlassung neue Arbeitskräfte. In der Regel verpflichtet sie allerdings nicht die großen Tiere im Management, die immer noch von den Headhuntern herausgefischt werden, sondern eher die kleinen Arbeitsbienen unter den Dienstleistern: Assistenten und Sachbearbeiter. »In zehn Monaten hat sich unser Personal von 40 auf 200 Mitarbeiter verfünffacht«, kommentiert sie den Bedarf. Deshalb suche man derzeit noch einen Recruiter. Beim IT-Unternehmen Oracle hingegen ist die Abteilung mit drei Recruitern für die Besetzung bis in höchste Managementebenen zuständig, nur für sehr spezielle Positionen werden externe »Kopfjäger« beauftragt. Immerhin 500 Arbeitsplätze werden dort jährlich besetzt. Oracle ist keine Ausnahme: Wer sich die Firmen mit Recruitingbedarf näher betrachtet, stößt überwiegend auf strahlende Aufsteiger aus dem Feld neuer Informations- und Kommunikationstechnologien. Fast immer sind es international tätige Unternehmen. Da es in der IT-Branche bekanntlich schwierig ist, qualifizierte Leute zu finden, muss der Recruiter (übersetzt »Anwerber«) sehr aktiv an seine Aufgabe herangehen und mehr tun als nur Stellenanzeigen zu schalten. Er knüpft Kontakte zu potenziellen Mitarbeitern, noch während sie auf der Uni oder in der Ausbildung sind, organisiert Recruiting-Veranstaltungen, ist auf Messen und Börsen präsent, bei denen sich Bewerber vorstellen. Im Gegensatz zum Headhunter ist der Recruiter Teil der Personalabteilung eines Unternehmens. Er leitet eine Art Informationsbüro, in der die Jobbedürfnisse aus dem Innern des Unternehmens ebenso eingehen wie die hierfür infrage kommenden Angebote der Bewerberschar. Den Überblick innen und außen zu wahren ist daher ein wesentlicher Erfolgsfaktor für den Job. Seine Aufgabe ist es oft, Bewerberdatenbänke anzulegen und Statistiken zu führen, um auch knapp unterlegene Kandidaten beim nächsten Mal wieder berücksichtigen zu können.

Der Arbeitsalltag eines Recruiters beginnt mit dem Öffnen der Post – die eingehenden Bewerbungsunterlagen müssen zunächst vorselektiert werden. »Screening« nennt Oracle-Recruiter Katrin Bader diesen Vorgang. Erfüllt der Bewerber überhaupt das Anforderungsprofil? Ein erstes Telefoninterview wird geführt. Danach werden die Unterlagen in die einzelnen Fachabteilungen weitergeleitet. Ab jetzt ist der Recruiter Koordinator und Moderator. Er berät, holt weitere Informationen aus dem Haus ein und organisiert schließlich das Vorstellungsgespräch. Recruiter und Abteilungsleiter arbeiten Hand in Hand. Bei Oracle werden die Fachvorgesetzten in Sachen Interviewtechnik sogar von den Recruitern geschult.

In letzter Zeit werden so genannte Recruitment-Workshops oder -Messen zunehmend beliebter. Unternehmen und Personalberater laden die Bewerber zum gegenseitigen Kennenlernen ein. Besonders Hochschulabsolventen und Berufseinsteiger werden dort ins Visier genommen. In der Hauptsache sind Ökonomen, Ingenieure, Juristen, Informatiker und Naturwissenschaftler anwesend. Arbeitsverträge werden hier nicht abgeschlossen, es geht nur ums »Beschnuppern«. Allerdings sollte man sich als Bewerber von seiner besten Seite zeigen, denn Auftreten und Kommunikationsfähigkeit stehen im Rampenlicht. »Wer bei diesen Veranstaltungen positiv auffällt, hat wesentlich bessere Chancen als andere Bewerber, deren Unterlagen sich in einem Stapel von Hunderten von Bewerbungen auf dem Schreibtisch eines Sachbearbeiters verlieren«, meint die Fortbildungsdozentin Anne Waltermann. Ankündigungen von Recruitment-Veranstaltungen werden regelmäßig in Tageszeitungen und Fachzeitschriften ausgeschrieben.

Fazit: Recruiter sind dort gefragte Leute, wo Arbeitskräftemangel herrscht. In Zeiten fehlender Kompatibilität zwischen Ausbildung, Berufsqualifizierung und den eigentlichen Anforderungen im Job sind sie eine Relaisstation zwischen beiden Seiten. Sie makeln mit Bewerbungen und Stellenausschreibungen. Recruitment baut im Wesentlichen auf die Erfahrungen des Personalmarketings auf. Das Berufsbild ist relativ neu und daher nicht einheitlich strukturiert. Noch schwankt es zwischen Sekretariatshilfskraft und innovativem Personalmarketing-Profi. Hat der Recruiter seine Schuldigkeit getan und sind die Arbeitsplätze besetzt, landet er bestenfalls wieder im herkömmlichen Personalwesen oder auf der Straße.

Wer kommt als Recruiter infrage? Betriebswirte und Sozialwissenschaftler mit einschlägigen Erfahrungen im Personalwesen sind am beliebtesten. Frischlinge von der Uni haben nur selten Chancen, mehrjährige Berufserfahrung ist in den meisten Fällen unabdingbar. Englisch sollte man fließend beherrschen, zumindest dort, wo die Unternehmen international ausgerichtet sind. Vielfach werden auch Assistenten, so genannte Recruitment-Assistants, nachgefragt, bei denen eine kaufmännische Ausbildung in der Regel bereits ausreicht. EDV-Erfahrung ist aber auch hier Bedingung.

Infos:
Deutsche Gesellschaft für Personalführung e. V. (DGFP)
Niederkasseler Lohweg 16
40547 Düsseldorf
Telefon: (02 11) 59 78-1 61
Telefax: (02 11) 59 78-1 69
E-Mail: info@dgfp.de
Internet: www.dgfp.de
Bieten Seminare an, auch zum Thema Recruiting.

Buchtipps:
Zeitschrift *Personalführung* zwölfmal jährlich, Einzelheft 25 Mark

DGFP e. V.
Nadine Mazur
Telefon: (02 11) 59 78-1 52
Telefax: (02 11) 59 78-1 79
E-Mail: mazur@dgfp

Angelika Fritsche, Veronika Renkes. *Campus Recruiting. Von der Uni direkt in den Top-Job. Messen – Börsen – Firmenkontakte. Die Auswahlverfahren der Wirtschaft.* Niedernhausen/Ts.: Falken, 1999 (24,90 Mark)
Eigentlich für Bewerber gedacht, ist aber auch für die »andere Seite« als Einführung nützlich.

Ähnliche Berufe:

- *Personalberater:* auch Consultant-Executive-Search oder umgangssprachlich »Headhunter« genannt. Sucht im Auftrag von Unternehmen qualifiziertes Personal, oft für Leitungsfunktionen. Macht gezielt infrage kommende Leute ausfindig, spricht sie an und versucht sie für die neue Position zu gewinnen, schaltet aber auch Anzeigen und führt Vorstellungsgespräche
- *Human-Resources-Generalist/Associate:* meist verantwortlich für alle anfallenden Personalaufgaben in einem bestimmten Land beziehungsweise Bereich der Firma, inklusive Rekrutierung und Betreuung. Gefordert wird zum Teil ein BWL-Studium mit Schwerpunkt Personalwirtschaft und Interesse im Umgang mit Menschen, manchmal einfach nur ein Studium oder eine Berufsausbildung plus Erfahrung in der Personalbetreuung.

Risk-Manager

Andere Namen und verwandte Berufe: Risikomanager, Risk-Analyst

Kurzbeschreibung: kalkuliert das Risiko, das eine Firma in einem Geschäftsfeld oder bei einer bestimmten Transaktion eingeht, und bestimmt damit die Geschäftspolitik mit

Voraussetzungen/Ausbildung: Wirtschafts- oder naturwissenschaftliches Studium, mathematisches Talent

Welche potenziell gefährlichen Schwachstellen lauern im eigenen Unternehmen? Was könnte bei diesem oder jenem Geschäft schief gehen? Was kommt in Zukunft an Risiken auf uns zu? Einer, der sich immer mit dem schlimmsten Fall beschäftigen und ihn gleichzeitig möglichst verhindern muss, ist der Risk-Manager. »Manchmal nennen sich in der Industrie schon Leute so, die im Endeffekt nur Versicherungseinkäufer sind. Dabei sollte ein Risk-Manager dafür verantwortlich sein, die eigenen Risiken eines Unternehmens transparent zu machen und nach innen und außen abzusichern«, erklärt Klaus Martin, Geschäftsführer der Firma Assekuranz und Technik Risk Management.

In den letzten Jahren ist der Beruf des Risk-Managers besonders im Bereich Banken und Versicherungen im Aufwind – seit Nick Leeson und der Asienkrise ist die Finanzbranche noch vorsichtiger und der Gesetzgeber strenger. Auch die Industrie hat begonnen, sich eigene Risk-Manager und -Controller zuzulegen. Sie beobachten die Entwicklung des Unternehmens, entscheiden, in welcher Branche es sich engagieren sollte, von welchen Geschäften oder Derivaten es besser die Finger lassen sollte, welche finanziellen Limits in den einzelnen Bereichen gelten sollten. Wenn man ihnen die Frage stellt, was riskanter ist, Geschäfte in Ungarn oder das Immobilienbusiness in Süddeutschland, bekommt man eine Antwort mit reichlich Zahlen. Ihre Berichte und Auswertungen gehen meist direkt an den Vorstand eines Unternehmens. »Ich erwarte, dass es in Zukunft auch einen Chief-Risk-Officer in den Vorständen geben wird, so wie es dort jetzt schon Chief-Financial-Officers gibt«, sagt André Horovitz, der als Bereichsleiter Risiko-Controlling in der HypoVereinsbank allein in München 120 Leute über Worst-Case-Szenarien nachdenken lässt. »So wie früher ein Bericht über die finanzielle Lage abgegeben wurde, wird man in Zukunft Risikoberichte haben. Wirtschaftsprüfungsgesellschaften werden in diesen Bereich einsteigen und nicht nur finanzielle Audits anbieten, sondern auch Risk-Audits.«

Risk-Manager sind intime Kenner ihres Unternehmens und neben den Leuten aus dem Bereich Strategie meist die Einzigen, die den Überblick über alle Abteilungen und Aktivitäten haben. Das macht für viele von ihnen die Faszination ihres Jobs aus. Auch dass ihr Urteil gefragt ist und ernst genommen wird, ist natürlich sehr angenehm: »In den letzten Jahren ist der Stellenwert der Risk-Manager deutlich gestiegen«, meint Volker Neumann von der HypoVereinsbank. »Nach zehn Jahren Hochkonjunktur vergessen die Leute die Risiken. Aber wenn Krisen eingetreten sind, atmen die Vorstände durch und hören mehr auf die warnenden Stimmen.« Neumann weiß, wovon er spricht, denn er ist in der Abteilung, die die Kreditwürdigkeit ganzer Länder beurteilt, für Asien und Indien zuständig. Wenn er zu einem Geschäft »Nein« sagt, dann gilt das erst einmal, und nur selten versucht jemand, sich darüber hinwegzusetzen. Alle Einwände und Argumente werden dokumentiert, damit man später nachvollziehen kann, warum die Kassandrarufe der Risk-Manager ausgeblieben sind oder nicht beachtet wurden. »Wenn eine Entscheidung guten Gewissens getroffen worden ist, dann steht nicht der Job infrage. Jeder greift mal daneben.«

Im Finanzwesen tummeln sich im Risk-Management und Controlling vor allem Betriebs- und Volkswirte mit analytischem Gespür und einem Faible für Wahrscheinlichkeitsrechnung, aber auch Mathematiker und Physiker, die das Geschäftsumfeld verstehen. »Der Bedarf an guten Leuten ist riesengroß«, meint Horovitz. »Weil der Beruf sich gerade erst entwickelt, ist bei Methoden und Systemen noch viel Aufbauarbeit zu leisten.«

Doch auch Menschen mit Berufserfahrung aus ganz anderen Bereichen können sich zum Risk-Manager umorientierten. Die Firma AssTec Risk Management, eine Tochter der Bayerischen Rück, hilft Versicherungen, ihre Risiken besser abzuschätzen. Dafür beschäftigt sie einen Expertenpool aus Natur- und Geisteswissenschaftlern jeder Fachrichtung. So durchforscht zum Beispiel ein Risk-Manager, der in einer Klinik gearbeitet hat und die Abläufe dort kennt, mit einem mobilen Audit-Team Krankenhäuser nach möglichen haftungsrechtlichen Schwachpunkten. Hat man wunde Punkte aufgestöbert, bekommen die Kliniken Empfehlungen, wie sie Abhilfe schaffen können. Andere Risk-Manager haben sich auf Betriebsunterbrechungsrisiken spezialisiert, die besonders schwer auszukundschaften sind. Oder auf Haftungsrisiken: Denn das beliebte Lifestyle-Produkt von heute kann schon morgen ein Fall für die Gerichte sein.

Buchtipp:
Robin Kendall: *Risk Management. Unternehmensrisiken erkennen und bewältigen.* Wiesbaden: Gabler, 1998 (78 Mark)

Ähnliche Berufe:

- *Business-Process-Analyst:* analysiert und optimiert Geschäftsprozesse und definiert in Zusammenarbeit mit den Anwendern, welche Spezifikationen neue Systeme haben müssen. Führt Kosten-Nutzen-Analysen durch. Sehr gute Analysefähigkeiten und ein sicheres Auftreten werden meist gefordert.

- *Cost-Engineer:* auch »Estimator« und seltener »Kalkulant« genannt. Oft Wirtschaftsingenieur, der Kalkulation und Kostenkontrolle bei Leistungen, Lieferungen oder dem Bau kompletter Anlagen übernimmt. Analytische und organisatorische Fähigkeiten sind ein Muss.
- *Data-Mining-Specialist:* Spezialist, der mit Data-Mining-Verfahren den Unternehmen hilft, aus riesigen Datenbeständen wichtige Informationen und Zusammenhänge herauszufiltern. Diese Verfahren werden im Moment besonders bei der Risikoanalyse eingesetzt, zum Beispiel bei Versicherungen, die das Risiko bei einem Neukunden einschätzen wollen. Data-Mining-Spezialisten sind oft Mathematiker, Physiker und Statistiker. Siehe auch Beitrag Data-Warehouse-Manager in diesem Band

Screen-Designer

Andere Namen und verwandte Berufe: Web-Designer, Web-Page-Designer, Web-Producer

Kurzbeschreibung: entwirft die Optik von Websites und Multimedia-Produkten

Voraussetzungen/Ausbildung: Gefühl für Gestaltung, Kenntnis der wichtigsten Layout-Programme

Werbebannern begegnet man im Internet fast auf jeder Website, sie bestehen meist aus einem schmalen Balken an der Seite und buhlen mit allen optischen Tricks darum, dass Surfer sie anklicken. Oliver Kasparik weiß, wie viel Arbeit in einem dieser Banner steckt: Der 29-jährige Screen-Designer hat schon etliche von ihnen entworfen. »Das sollte man nicht unterschätzen, man muss auf engstem Raum das Wichtigste unterbringen. Zwei bis drei Tage dauert das Design von so einem Ding, und dabei ist das Konzept noch nicht einmal eingerechnet«, erzählt Kasparik. »Man macht mehrere Entwürfe und präsentiert sie. Manchmal steht der Kunde sogar hinter mir und sagt, ›Meine Frau hätte lieber grün als gelb‹, das hatte ich auch schon.«

Screen-Designer arbeiten in Agenturen, im Medienbereich, bei Software- und Internetfirmen, aber auch als Freiberufler auf Honorarbasis. Ihr Job ist es, Inhalte, die sie angeliefert bekommen, grafisch fürs Internet oder eine Multimedia-CD-ROM umzusetzen. Das ist nicht so einfach, wie es klingt: »Ich achte beim Seitenaufbau darauf, dass die Inhalte gut aufgeteilt sind, dass die Bilder und Typo zum Lesen einladen und der Besucher durch Links geführt wird und sich schnell zurechtfinden kann«, erklärt Simone Schaefer. »Es gibt auch im Internet allgemeingültige Gestaltungsregeln, die sich vom Print-Bereich schon ziemlich unterscheiden.« Sie ist für das Screen-Design der Online-Ausgabe der Zeitschrift *Allegra* zuständig und überträgt die Inhalte des Hefts aufs Internet, vom Report »Bei Geld fängt die Freundschaft an« bis zum Special über Singles. Ein Teil der Seiten hat ein festes Gestaltungsraster, der andere Teil wird individuell gestaltet. Es kommt jedoch selten vor, dass Reportagen ein Einzellayout bekommen – in der Print-Ausgabe ist das selbstverständlich. Nebenbei hat Simone Schaefer die Aufgabe, das Angebot optisch und konzeptionell ständig weiterzuentwickeln, denn wer im Netz den Anschluss verliert, der merkt das schon sehr bald an der sinkenden Zahl von »Hits«, Zugriffen von Besuchern. »Die Anregungen kommen von selbst durch die tägliche Arbeit an der Site. In der Regel ist es so, dass es nicht an Ideen mangelt, sondern an der Zeit und dem Personal, diese umzusetzen. Anregungen nehme ich überall auf, im Netz, im Print, auf der Straße ...«

Im Netz hält sich auch Oliver Kasparik oft auf, Surfen gehört zu seinem Job. Seit drei Jahren ist er nun bei XPLAIN, einem Studio für interaktive Medien in Hamburg, das schon 1991 gegründet wurde und damit zu den Multimedia-Agenturen der ersten Stunde gehört. Nach einer Lehre als Druckvorlagenhersteller studierte er Grafik/Design – über Screen-Design bekam man damals noch nichts beigebracht. Während des Studiums fragte ihn ein Kommilitone, der in einer Multimedia-Agentur jobbte, ob er nicht mal aushelfen könne. »Klar«, sagte Kasparik, und die Arbeit mit den interaktiven Grafiken machte ihm so viel Spaß, dass er dabei blieb. »Für mich ist der Reiz, mit bewegten Bildern und interaktiven Pages zu tun zu haben. Das ist nicht so statisch wie in den Printmedien.«

Heute ist er Junior-Art-Director und kann schon auf eine Vielzahl von Offline- und Online-Projekte zurückblicken, unter Ersteren die Animationen für eine Kinderlehrgeschichte auf CD-ROM, unter letzteren Homepages für die *Computerwoche*, die Volksfürsorge und BMW sowie dreidimensionale Möbelwelten für den Otto Versand. Kommt ein Auftrag rein, wird dafür ein Team gebildet, das mindestens aus einem Konzeptioner, einem Screen-Designer und einem Programmierer besteht. Nach einem Briefing, in dem abgesprochen wird, wie das Team den Auftrag angeht, zieht sich jeder vor seinen Monitor zurück. Das bedeutet jedoch nicht, dass das Team nun nicht mehr kommuniziert – da alle im Büro vernetzt sind, chatten sie sich an und spielen in einer ruhigen Minute auch mal ein Game zusammen. Während sie an ihrer Website-Baustelle arbeiten, kann sich der Kunde jederzeit Online anschauen, wie das Projekt gedeiht.

Zwar überlassen Screen-Designer die Programmierung anderen, doch sie brauchen trotzdem mehr technisches Know-how als Printmedien-Layouter. »Man sollte etwas über die Umsetzung wissen, was möglich ist und was nicht. Auch die Ladezeiten der Seite sollte man im Blick behalten«, meint Kasparik und grinst: »Manchmal beschweren sich die Programmierer, wenn unsere Layouts zu wild sind ...« Viele Firmen wünschen sich von ihren Screen-Designern Grundkenntnisse in HTML-Programmierung, noch wichtiger ist jedoch ein Gespür für Grafik und Layout und souveräne Beherrschung der Standard-Programme wie Illustrator, Photoshop oder Fireworks. Zwar bringen das auch manche Quereinsteiger mit, doch bisher kommen die meisten Screen-Designer aus dem Bereich Grafik/Design. Vor kurzem ist außerdem ein neuer Lehrberuf in dieser Fachrichtung geschaffen worden, der »Mediengestalter für Digital- und Printmedien«. Die Ausbildung dauert drei Jahre und ist vor allem für Abiturienten oder Umsteiger gedacht. Auch in einer der anderen vielfältigen Aus- und Weiterbildungen kann man sich die nötigen Kenntnisse aneignen. Angeboten werden sie zum Beispiel von den Niederlassungen der mediadesign akademie (www.mediadesign.de). Einen Überblick über Ausbildungsmöglichkeiten gibt auch der Deutsche Multimedia-Verband (www.dmmv.de). Je nach Vorbildung liegt das Einstiegsgehalt für Web-Designer bei 60 000 oder 70 000 Mark.

Infos:
mediadesign akademie
(vertreten in Augsburg, Berlin, Dessau, Erfurt, Leipzig, Magdeburg, München und Würzburg)
Niederlassung Berlin:
Alt Moabit 59-61
10555 Berlin
Telefon: (0 30) 39 92 66-0
Telefax: (0 30) 39 92 66-15
Internet: www.mediadesign.de

Deutscher Multimedia-Verband (dmmv)
Kaistraße 14
40221 Düsseldorf
Telefon: (02 11) 85 28 60
Telefax: (02 11) 8 52 86 15
E-Mail: info@dmmv.de
Internet: www.dmmv.de

Buchtipps:
Christ, Gisela: *Screen Design. Gestaltung von interaktiven Anwendungen und Web-Seiten.* München: Addison-Wesley, 1999 (99,90 Mark)

dmmv-Guide Aus- und Weiterbildung für die Multimedia-Branche. München: HighText, 1999 (30 Mark)

Ähnliche Berufe:

- *3-D-Animator:* entwirft in Agenturen oder Produktionsfirmen computeranimierte Grafiken/Special-Effects für Film, Fernsehen und Internet. Vor allem ein Job für Grafiker und Quereinsteiger, die sich gut mit den entsprechenden Grafikprogrammen auskennen; möglich sind auch Kurse in privaten Ausbildungsinstituten. Meist schafft man den Einstieg über Praktika in Filmproduktions-/Filmbearbeitungsfirmen und Special-Effects-Studios.

Solar-/Energieberater

Andere Namen und verwandte Berufe: Solarfachberater

Kurzbeschreibung: berät Privatkunden, Firmen und Institutionen zum Thema Solaranlagen beziehungsweise Energiesparen

Voraussetzungen/Ausbildung: abgeschlossene Berufsausbildung, Freude am Umgang mit Menschen, Interesse für regenerative Energien

»Ich bin kein Ökotyp«, sagt Solarfachberater Klaus Rehrmann von sich. »Auf die Baustelle gehe ich natürlich in Jeans, aber sonst bin ich immer in Krawatte und Jackett.« Eigentlich ist Rehrmann Maschinenbauingenieur mit eigenem Ingenieurbüro. Doch dann begann er beim Bund der Energieverbraucher mitzumischen, Überzeugungsarbeit für regenerative Energien zu leisten und Solaranlagen zu vermitteln. »Das hat Spaß gemacht, weil es auf Vereinsebene lief, es gab keinen Verkaufszwang. Irgendwann habe ich gemerkt, es sind schon 30 Anlagen im Jahr, jetzt kannst du das nicht mehr nebenberuflich machen.« Inzwischen haben er und seine solaren Mitstreiter aus ihrer Vereinsarbeit eine Aktiengesellschaft gemacht, die Geld abwirft und auf die sie sehr stolz sind. Aus den einstigen Ehrenamtlichen sind selbstständige Berater geworden, von denen sich viele in regionalen Solarzentralen zusammengeschlossen haben.

Solarberater sind Koordinatoren und Multiplikatoren, sie bringen das richtige Wissen an die richtigen Leute und vermitteln ihnen das richtige Anlagenbaumaterial. Enthusiasmus für ihre Arbeit müssen sie mitbringen, denn noch ist das Interesse der Kunden an alternativen Energien trotz der Vorteile und Förderungen verhalten. Von selbst melden sich nur wenige Kunden, die eine Einzelberatung möchten, deshalb müssen Solarberater eifrig in eigener Sache trommeln: Informationsstände bei Volkshochschulen, Ausstellungen, Gruppenberatung beispielsweise bei Vereinen, Rundbriefe, in denen sie ihre Dienste anbieten, und Vorträge gehören dazu. Nicht selten muss man dafür Abende oder Wochenenden opfern. Bei drei Terminen ist der Solarberater präsent: Bei der Beratung, der Einweisung und der Abnahme. Zwar baut der Kunde seine Anlage gewöhnlich selbst zusammen, aber der Solarberater betreut ihn dabei und hilft, wenn mal etwas nicht klappt. »Zuerst erfolgt eine telefonische Kontaktaufnahme, dann fahre ich zu dem Kunden und sehe mir die Örtlichkeiten an. Ich schaue mir den Heizungskeller und das Dach an, kläre den Rohrverlauf und die Kollektormontage. Da ich selber keine Anlagen montieren darf, kann ich dem Kunden zwar sagen, wie er was montieren soll, aber nicht selbst Hand anlegen«, beschreibt der Elektrotechniker Harald Meyer seinen Solarberater-Nebenberuf. In anderen Fällen übernehmen Berater auf Wunsch auch die Installation.

Das Geschäft ist saisonabhängig. »Sowie die Sonne scheint und man auf dem Dach arbeiten kann, so ab Mitte Februar, sind die Leute auf das Thema ansprechbar. Dann muss man schauen, dass man ab Ende März die Anlagen liefert«, berichtet Rehrmann. »Wenn sich jemand eine Solaranlage anschafft, möchte er auch die Sommersonne mitnehmen.« Noch bis zum ersten Frost im Herbst vermittelt er Anlagen. Dann wird es kritisch, denn da die Anlagen mit Wasser auf Dichtigkeit geprüft werden, können sie bei der Installation durch eine einzige Frostnacht ruiniert werden. Vor Weihnachten ist Flaute im Geschäft, und im Februar gehts dann wieder los.

Wer Solarberater werden will, sollte Interesse für regenerative Energien und eine abgeschlossene Ausbildung mitbringen. »Redeprofis tun sich leichter, weil die Leute zum Teil wirklich schwer zu überzeugen sind. Auch handwerkliches Geschick braucht man«, ist Rehrmann überzeugt. »Wichtig ist, dass man nichts verspricht, was man nicht halten kann, denn das Geschäft funktioniert über Mundpropaganda.« Hauptausbilder für Solarberater ist der Bund der Energieverbraucher (BDE). An den neun Solarschulen in ganz Deutschland kann man die firmenunabhängigen, viertägigen Seminare besuchen. Möglich sind ohne Vorbildung der Abschluss »Solarberater« Thermie oder Photovoltaik, mit Gesellenprüfung der »Solarfachberater«. »Die Leute machen das aus Begeisterung, aber gleichzeitig wollen sie ihre Brötchen verdienen«, erklärt Aribert Peters, Vorsitzender des BDE. »Wir geben ihnen die Voraussetzungen, in der Solarbranche einen Job zu finden oder sich selbstständig zu machen, zum Beispiel im Rahmen des Phönix-Projekts.« Die Idee hinter »Phönix« ist, Interessierten günstige, komplette Solaranlagen zum Selbstzusammenbauen zur Verfügung zu stellen.

In der ersten Zeit ist Solarberatung als Nebenberuf am sinnvollsten: »Dazu eignet sich die Solarberatung meiner Meinung nach gut, da die meisten Interessenten sowieso nur abends und am Wochenende Zeit haben«, sagt Harald Meyer. Jede neue Anlage ist ein Demonstrationsobjekt, das wieder neue Kunden lockt. Besonders, wenn sie den Solarberater persönlich kennen, weil er beispielsweise in der Umgebung bekannt ist.

Energieberater haben einen wesentlich leichteren Job, denn sie müssen die Leute nicht von der Sinnhaftigkeit großer Anlagen auf dem Dach überzeugen, sondern sie nur auf Möglichkeiten aufmerksam machen, ihre Strom- und Heizungsrechnung zu senken: Sie empfehlen den Hausbesitzern Energiesparlampen oder machen sie auf Ritzen unter den Türen oder auf schlechte Isolierung aufmerksam, durch die Wärme nach draußen entweichen kann. Sie erklären, wie ein Lüftungssystem mit Wärmerückgewinnung funktioniert oder wie viel Strom eine eigene kleine Windanlage bringen würde. Häufig finden sich Energieberater als Selbstständige zum Beispiel in Ingenieurbüros, die auch große Firmen über Stromsparpotenziale beraten oder von Anfang an bei der Planung von Häusern dabei sind. Aber auch in Verbänden oder Energieversorgungsunternehmen arbeiten Energieberater. Häufig sind sie vor Ort beim Kunden, schauen sich Gebäude und Anlagen an, organisieren Ausstellungen oder Messestände, informieren Einzelne und Gruppen und führen Fortbildungen durch. Obwohl ihr Beruf zweifellos zukunftsfähig ist, sind die Berater immer davon abhängig, ob bei Bund und Land der Topf für Subventionen und bei den Kommunen die Kassen gefüllt sind. Auch ob die Energiepreise steigen oder sinken wirkt sich direkt auf ihr Geschäft aus.

Einer, der die Energieberatung schon vor zehn Jahren zu seinem Beruf gemacht hat, ist Ulrich Fröhner vom Energiebüro Fröhner in Stuttgart. Er studierte Theologie und übte diesen Beruf zehn Jahre lang aus, sattelte dann auf Landschaftsgartenbau um und saß unter anderem für die Grünen im Gemeinderat in Stuttgart. Dort war er auch mit Energiefragen befasst – ein Thema, das ihm gefiel. Also entschloss er sich, den Fernstudiengang in Energieberatung/Energiemanagement an der TU Berlin zu belegen und sich selbstständig zu machen. Heute arbeitet er mit einem Ingenieur zusammen, damit er komplette Planungen anbieten kann – das Geschäft läuft gut. »Es war finanziell ein sehr schwieriger Anfang, weil man mit Energiesparen keine großen Beträge einsparen kann und das Honorar entsprechend nicht sehr groß war«, blickt er zurück. Der richtige Einstieg kam über den Energiebeauftragten der Landeskirche. Fröhner übernahm das Energiemanagement für Kirchengemeinden, erstellte Energiekonzepte und legte fest, wann welche Schritte zur Sanierung oder zum Ausbau getan werden sollten. In den Kirchengebäuden wird der Verbrauch erfasst und ausgewertet, außerdem begeht Fröhner die Gebäude regelmäßig. Neben dieser Arbeit führt er vor allem Vor-Ort-Beratungen für Privatleute mit Ein- oder Mehrfamilienhäusern durch, für die er zwischen 850 und 1 200 Mark plus Mehrwertsteuer berechnet. Etwa zwei dieser Beratungen hat er im Monat, dazu kommen zwei Solarberatungen. »Der Kundenkontakt ist etwas, was ich sehr liebe, da schlägt der alte Beruf durch«, schmunzelt Fröhner. »Außerdem gefällt mir die Vielfältigkeit meiner Arbeit, es geht um ganz verschiedene Themen wie Strom, Wärmedämmung und erneuerbare Energie.« Entscheidet sich ein Kunde für Solarkollektoren, ein Blockheizkraftwerk oder etwas Ähnliches, lässt Fröhner die Anlagen von einem Unternehmen in Stuttgart einbauen. Neben dem Kundenkontakt verbringt er die Hälfte seiner Zeit am Schreibtisch, um Gutachten und Energiekonzepte zu verfassen.

Die Berufsbezeichnung »Energieberater« ist nicht gesetzlich geschützt und die Ausbildung nicht staatlich geregelt. Daher können Lehrgänge sehr unterschiedliche Schwerpunkte haben. Geeignet sind für den Beruf vor allem Ingenieure oder Handwerker. Zum »Staatlich anerkannten Energieberater« bildet zum Beispiel die Solarschule Oberland Meister und Gesellen aus dem Bereich Elektrotechnik, Santitär, Heizung- und Klimatechnik aus. Der berufsbegleitende Kurs, der 200 Unterrichtseinheiten umfasst, wird mit einer Prüfung vor der Handwerkskammer abgeschlossen. Wer ihn absolviert hat, soll in der Lage sein, »eine energetische Gesamtbetrachtung für private Wohngebäude durchzuführen«. Auch die Verbände der Energiewirtschaft bieten Kurse an. Wer lieber gleich ein Fernstudium absolvieren möchte, der kann sich beim Weiterbildungsprogramm »Energieberatung/Energiemanagement« der TU Berlin bewerben. Es dauert neun Monate, davon zweimal zwei Wochen Präsenzphase in Berlin. Es richtet sich an Ingenieure und qualifizierte Praktiker.

Infos:

Deutscher Solarserver: www.solarserver.de
Bietet eine große Adresssammlung von Solarzentren, Hochschulen mit Schwerpunkt Solartechnik und Bildungszentren an.

Nützliche Linksammlung zum Thema Solarenergie:
www.solarteur.net/sdlink/sdlink.cgi

Bund der Energieverbraucher e. V.
Grabenstraße 17
53619 Rheinbreitbach
Telefon: (0 22 24) 92 27-02
Telefax: (0 22 24) 92 27-47
E-Mail: BDE.EV@t-online.de
Internet: www.phoenixsolar.de

Technische Universität Berlin
Weiterbildungsprogramm Energieberatung/Energiemanagement
Sekretariat MB 2
Müller-Breslau-Straße 12
10623 Berlin
Telefon: (0 30) 3 14-2 34 97
Telefax: (0 30) 3 14-2 55 82
E-Mail: energieberater@tu-berlin.de
Internet: www.energieberater.tu-berlin.de

Umweltbundesamt
Bismarckplatz 1
14193 Berlin
Telefon: (0 30) 89 03-0
Telefax: (0 30) 89 03-22 85
Internet: www.umweltbundesamt.de

Buchtipp:

Arbeitgeber Umweltschutz – Moderner Umweltschutz – Zukunftssichere Arbeit.
Kostenlose Broschüre des Umweltbundesamts

Ähnliche Berufe:

- *Solarteur:* siehe Beitrag in diesem Buch
- *Umweltberater/-gutachter:* siehe Beitrag in diesem Buch

Solarteur

Andere Namen und verwandte Berufe: Solarfachkraft, Solarinstallateur, Solarbauer

Kurzbeschreibung: plant, installiert und repariert Solaranlagen

Voraussetzungen/Ausbildung: handwerkliche Ausbildung

Die Geburtsstunde des Berufs Solarteur lässt sich ganz genau benennen: 1994 wurde der Begriff geschützt, 1997 die Ausbildung zeitgleich in den Solarschulen gestartet. Noch ist der »Solarteur« kein staatlich anerkannter Beruf, aber (im Gegensatz zur einfachen Bezeichnung »Fachkraft für Solartechnik«) ein europaweit geschützter Titel und eine Weiterbildung nach einheitlichem Konzept, die von den am Programm beteiligten Bildungszentren in Deutschland und im Ausland angeboten wird. Die Ausbildung soll umfassend und gewerkeübergreifend sein und Handwerkern ermöglichen, sich mithilfe der Sonne ein zweites berufliches Standbein zu schaffen. Denn auf immer mehr Dächern finden sich die schwarzen Module, die ihren Besitzern warmes Wasser oder Strom von der Sonne liefern, und nicht zuletzt wegen der Förderungen denken immer mehr Hausbesitzer oder Bauherren über eine ökologische Aufrüstung ihrer Häuser nach. Da fehlt nur noch ein kompetenter Handwerker, der die Anlagen anbringt. »Viele Heizungs-/Sanitär-Installateure haben früher gemeint, es gehe ohne Ausbildung. Es hat sich in der Praxis leider gezeigt, dass dadurch viele fehlerhafte Anlagen entstanden sind. Solaranlagen zu installieren erfordert viel elektrotechnisches Fachwissen, es liegt im Feld zwischen Elektro und Heizung/Sanitär«, berichtet Willi Kirchensteiner. Er bildet schon seit vielen Jahren Installateure aus und lehrt in Berufsschulen Energie- und Solartechnik. Am Bildungszentrum Solartechnik leitet er die Solarteur-Kurse.

Solarteure beziehungsweise Fachkräfte für Solartechnik haben als klassische Handwerker vor allem mit der Montage der Anlagen zu tun. Sie beraten Kunden, planen und bauen die Anlagen. Dabei müssen sie natürlich auch raus aufs Dach, doch ein großer Teil der Anlagentechnik befindet sich im Keller. So wird es möglich, den Aufbau auf dem Dach wetterabhängig zu schieben. Auch für die Reparatur und für die Wartung sind die Solarteure zuständig. Solaranlagen sollten alle zwei Jahre überprüft werden, um unerkannte Fehler aufzuspüren.

Unter den Menschen, die sich für die Weiterbildung interessieren, sind viele Gesellen aus größeren Firmen, da die Unternehmen immer mehr Aufträge im Solarbereich annehmen. Aber auch Meister mit eigenem Betrieb sind dabei, die mit ihrem Beruf den Hauptumsatz machen, für die Solar aber immer wichtiger wird. »Einzelne Betriebe gibt es schon, die komplett vom Solarbereich leben. Es läuft immer besser, durch neue Gesetze ist ein großer Schub an Nachfrage entstanden«, meint Kirchensteiner. »Ich gehe davon aus, dass in Zukunft immer mehr Solarteure hauptberuflich von der Solartechnik leben können.« Auch der Deutsche Fachverband Solarenergie e. V. gibt sich vorsichtig optimistisch: »Wir glauben, dass der Bereich Solar ins konventionelle Heizungs-/Klimahandwerk beziehungsweise Elektrohandwerk hineinwächst und dort durch Weiterbildungen abgedeckt wird, sodass alle Haustechnik aus einer Hand angeboten wird«, meint Geschäftsführer Gerhard Stryi-Hipp. »Aber Spezialisten braucht man immer, zum Beispiel bei größeren Planungsbüros und Handwerksbetrieben. Das macht Sinn, sich hier eine fundierte Ausbildung zu erwerben.«

Ein solcher Solarteur-Spezialist ist die Bünder Firma E-tec von Guido Altmann. Altmann nahm in das Angebot seines Elektro-Handwerksbetriebs neben den Solaranlagen auch Mini-Blockheizkraftwerke, Kontrollierte Belüftungsanlagen, Regenwasserverwertung, Windkraft und Energiemanagement auf. So kann er umweltbewussten Bauherren ein Rundumpaket bieten. »Die Elektrotechnik war und ist die tragenden Säule des Unternehmens. Aber die Solartechnik ist besonders in diesem Jahr ganz stark im Kommen«, meint Altmann. Typischer ist zurzeit jedoch der Elektroinstallateur und Solarteur Simon Wieser. Aus Neugier begann er sich über Photovoltaik zu informieren und baute schließlich eine Anlage auf sein Dach. Damit speiste er unter anderem eine Autoradio-Vorführwand in dem Elektrogeschäft, das er von seinen Eltern übernommen hatte. »Im Ladengeschäft habe ich eine Anzeige angebracht, wie viel Energie die Anlage gerade gewinnt«, erklärt er.

»Das ist ein sehr wirksames Instrument, weil man damit Kunden demonstrieren kann, dass selbst bei bedecktem Himmel noch Strom rauskommt.« Der Solarteur-Kurs gab ihm den Anstoß, auch selbst Photovoltaik-Anlagen zu vertreiben und zu vermarkten. Noch kann er die verkauften Anlagen an einer Hand abzählen, der Beratungsaufwand ist hoch, doch Wieser ist optimistisch. Er plant Vorträge zum Thema Solartechnik, auch einen Tag der offenen Tür soll es geben, bei dem er Photovoltaik-Anlagen »zum Anfassen« vorstellt. Sein Solarteur-Zertifikat hat er im Laden aufgehängt, aber er wirbt nicht damit: »Dafür ist der Titel bisher nicht bekannt genug.«

Ein Viertel der Solarteure und Solarfachkräfte kommt in ganz anderen Bereichen unter, beispielsweise bei Versicherungen als Gutachter, als Berater von Firmen, die große Solaranlagen haben, oder als Fachverkäufer im Großhandel.

Voraussetzung für die Weiterbildung ist ein Handwerksberuf, zum Beispiel Heizungs- oder Elektroinstallateur. Die Ausbildung zum Solarteur beziehungsweise zur Solarfachkraft dauert circa 215 Stunden, besteht zur Hälfte aus Theorie und zur Hälfte aus Praxis und findet berufsbegleitend am Abend statt. Sie kostet circa 3 300 Mark. Auf dem Stundenplan stehen Photovoltaik, Solarthermie und Wärmepumpe, aber auch Ökologisches Marketing. Heizungs- und Sanitärfachleute bekommen Wissen zu E-Technik und Wämetechnik vermittelt, Elektroinstallateure die heizungstechnischen Grundlagen. Absolventen bekommen ein Zertifikat, aber um sich als Solarteur selbstständig zu machen, braucht man eine Meisterprüfung im Basisberuf. Wer die vorweisen kann, muss nur noch eine Gewerkerweiterung eintragen lassen.

Infos:

Zentralverband Sanitär, Heizung, Klima
Rathausallee 6
53757 Sankt Augustin
Telefon: (0 22 41) 2 90 56
Telefax: (0 22 41) 2 13 51
E-Mail: info@zentralverband-shk.de
Internet: www.zentralverband-shk.de

Deutscher Solarserver: www.solarserver.de
Bietet eine große Adresssammlung von Solarzentren, Hochschulen mit Schwerpunkt Solartechnik und Bildungszentren an.
www.solarteur.net

Solarenergiezentrum ezt
Krefelder Straße 12
70376 Stuttgart
Telefon: (07 11) 95 59 16-31
Telefax: (07 11) 95 59 16 55
E-Mail: info@sez-stuttgart.de
Internet: www.sez-stuttgart.de

Bildungszentrum für Solartechnik
der Landeshauptstadt München
Bergsonstraße 109
81245 München
Telefon: (0 89) 2 33-3 44 00
Telefax: (0 89) 2 33-3 44 81
Internet: www.bzs-solar.musin.de

Solarschule Berlin
Seestraße 64
13347 Berlin
Telefon: (0 30) 75 70 23 10
oder -11
Internet: www.solarserver.de

Deutsche Gesellschaft für Sonnenenergie e. V. (DGS)
Augustenstraße 79
80333 München
Telefon: (0 89) 52 40 71
Telefax: (0 89) 52 16 68
Internet: www.dgs-solar.org

Ähnliche Berufe:

- *Solar-/Energieberater:* siehe Beitrag in diesem Buch

Supply-Chain-Manager

Andere Namen und verwandte Berufe: Logistiker, Logistics Coordinator, E-Commerce Logistik-Spezialist, Spezialist für Beschaffungslogistik

Kurzbeschreibung: koordiniert in einem Unternehmen mit zahlreichen Zulieferern und Distributoren eine Wertschöpfungskette

Voraussetzungen/Ausbildung: meist BWL- oder Fachstudium

In den 60er Jahren wurde der größte Teil eines neuen Autos innerhalb ein- und desselben Unternehmens hergestellt. Heute werden gerade etwa 5 Prozent aller Teile im Haus selbst produziert, der Rest fließt von außen zu. »Damit das funktioniert, muss es einen Dirigenten geben. Der Supply-Chain-Manager ist ein solcher Dirigent, er hat eine sehr wichtige Position im Unternehmen. Wenn er danebengreift, spielt das ganze Orchester falsch«, erklärt Hermann Radinger von der Bundesvereinigung Logistik Österreich.

Den Beruf gibt es erst seit wenigen Jahren; bisher üben ihn nur wenige aus, doch er wird rapide wichtiger. Denn in vielen Bereich geht der Trend dahin, Prozesse ganzheitlich zu betrachten. Der Logistik hat das einen beeindruckenden Wachstumsschub und neue Methoden beschert: Supply-Chain-Management ist ihre bisher höchste Stufe, die Erweiterung der bisherigen Logistik, und für die Wirtschaft seit ein bis zwei Jahren ein neues Zauberwort.

Das Prinzip klingt schon im der Bezeichnung an: »Es ist die überbetriebliche Planung und Steuerung der Informations- und Materialflüsse über die gesamte Wertschöpfungskette – vom Basislieferanten bis zum Endkunden«, erklärt Petra Käshammer von der Beratungsgesellschaft ERBEE. »Die Ziele dabei sind: Lieferzeiten zu verkürzen, schnell auf Bedarfsschwankungen reagieren zu können, Lagerbestände abzubauen und Abläufe zu beschleunigen.« Kurz, ein Supply-Chain-Manager hat beispielsweise in der Automobilindustrie von der Stahlgießerei über die Herstellung der einzelnen Teile und die Montage bis zur Auslieferung des Autos an den Kunden alle Stufen im Blick.

»Das ist ein komplexes Beziehungsgeflecht, das nur dann funktioniert, wenn der Informationsfluss perfekt abgestimmt ist«, erklärt Hans-Peter Voß, Supply-Chain-Manager bei Philips Semiconductors in Hamburg. Seine Aufgabe ist es, die Zusammenarbeit und Anbindung der beteiligten Unternehmen zu koordinieren und zu optimieren. Zuvor gab es eine solche Funktion höchstens unternehmensintern, doch jetzt weitet sie sich stark aus und wird noch mehr als bisher mit Computer und Internet verknüpft. »Musste sich der Logistiker vor allem mit Waren auseinander setzen, so geht es heute um den gewaltigen Strom der Daten und Waren, der in beide Richtungen fließt. Der SCM muß beide Schienen koordinieren«, meint Radinger. Bei vielen Unternehmen werden zurzeit die Informationsssysteme von Zulieferern, Distributoren und Hauptunternehmen miteinander vernetzt.

Die Aussichten in diesem neuen Berufsfeld sind rosig: Der Markt für Supply-Chain-Management könnte, so die Analysten von AMR Research, in den nächsten fünf Jahren um 48 Prozent *pro Jahr* wachsen. »Die Mehrheit der Unternehmen hat das Ziel, die Logistik zu einer unternehmensübergreifenden Führungsfunktion (Supply-Chain-Management) weiterzuentwickeln«, berichtet die Zeitschrift *Logistik Heute* in ihrer Ausgabe 12/1999. Bisher setzen einer Studie nach nur 7 Prozent der Unternehmen das neue Konzept ein. Vorreiter der neuen Entwicklung ist die Automobilbranche, die ja schon lange an ihren Just-in-time-Prozessen herumfeilt, Chemie, Maschinenbau und Elektrik sind ebenfalls bereits einen gutes Stück auf dem Weg vorangekommen. Schlusslicht ist die Nahrungsmittelbranche.

Eng verbunden mit dem Aufstieg des Supply-Chain-Management ist der Boom des E-Commerce und damit der Bestellungen vom heimischen Computer aus. Das verändert den Informationsfluss und macht es möglich, noch schneller zu liefern als bisher. In manchen Fällen ist es sogar möglich, die Ware erst dann zu produzieren, wenn ein Kunde sie bestellt. Sowohl Produktion als auch Beschaffung verändern sich, neue Strukturen entstehen in den Unternehmen.

Supply-Chain-Manager finden sich branchenübergreifend in Firmen, die mit Zulieferern eng zusammenarbeiten. Das geht von der Automobilindustrie bis hin zu Dienstleistern wie Krankenhäusern. Für diesen Beruf ist eine gute Organisationsfähigkeit und vor allem Sozialkompetenz gefragt, denn die tägliche Arbeit besteht zu einem großen Teil aus Verhandlungen mit internen und externen Ansprechpartnern.

»Im Moment sind die meisten Supply-Chain-Manager Leute, die in der Logistik und im Beschaffungsmanagement gearbeitet haben und sich eine Zusatzqualifikation erworben haben oder die an der Universität einzelne Vorlesungen darüber gehört haben«, erklärt Petra Käshammer von der Wirtschaftsseminar- und Beratungsgesellschaft ERBEE. Zu ihrem Angebot zählt eine der raren Ausbildungsmöglichkeiten für Supply-Chain-Manager. Voraussetzung, um an dem einjährigen Lehrgang teilnehmen zu können, ist ein abgeschlossenes Studium – welche Richtung, ist ziemlich egal: Unter den Teilnehmern sind beispielsweise Bauingenieure, Betriebswirte, Chemiker und Elektroingenieure. Auch Berufstätige aus einem »gehobenen Ausbildungsberuf, die bereits verantwortungsvolle Aufgaben innehatten« haben eine Chance. »Am meisten achten wir darauf, dass die Bewerber wirklich motiviert sind, denn es kommt ja im Lehrgang einiges an neuem Stoff auf sie zu«, erklärt Käshammer. Im Theorieteil stehen Kommunikation sowie wirtschaftswissenschaftliche und juristische Grundlagen ebenso auf dem Stundenplan wie Wirtschaftsenglisch und Arbeiten mit moderner Standardsoftware. Sind die Teilnehmer in diesen Dingen firm, geht es um Prozessanalyse, Beschaffung und die Anwendung der SAP-Software für die Materialwirtschaft. Drei Monate der Ausbildung bestehen aus Training-on-the-Job, nämlich Projektarbeit in einem Unternehmen der Region.

Infos:

ERBEE Wirtschaftsseminar- und Beratungsgesellschaft
Postfach 13 23
69181 Leimen/Heidelberg
Telefon: (0 62 24) 8 18 58
Telefax: (0 62 24) 8 18 68
E-Mail: mail@erbee.de
Internet: www.erbee.de
Bieten einjährigen Lehrgang zum Supply Chain Manager an.

Institut für Industrie und Fertigungswirtschaft (ifw) der Universität Linz
Altenberger Straße 69
A-4040 Linz
Telefon: (07 32) 24 68-94 65
Telefax:Fax. (07 32) 24 68-94 22
Internet: www.ifw.uni-linz.ac.at
»Studienlehrgang Produktions- und Logistikmanagement«

Bundesvereinigung Logistik
Schlachte 31
28195 Bremen
Telefon: (04 21) 17 38 40
Telefax: (04 21) 16 78 00
E-Mail: bvl@bvl.de
Internet: www.bvl.de

Deutsche Logistik Akademie (DLA)
Marktstraße 2
Börsenhof B
28063 Bremen
Telefon: (04 21) 36 08 46-0
Telefax: (04 21) 36 08 46-6
E-Mail: dla@dla.de
Internet: www.dla.de

Bundesvereinigung Logistik Österreich
Biostraße 12
A-1230 Wien
Telefon: (01) 6 15 70 55
Telefax: (01) 6 15 70 50-33
E-Mail: bvl@bvl.at
Internet www.bvl.at

Ruppert + Partner AG
Postfach
CH-8027 Zürich
Telefon: (01) 2 01 66 06
Telefax: (01) 2 02 61 75
E-Mail: ruppert@spectraweb.ch
Internet: www.ruppert.ch
Auf Beschaffungsmanagement und Supply Chain Management spezialisierte Unternehmens- und Personalberatung

Buchtipp:
Zeitschrift *Logistik Heute*. Erscheint zehnmal jährlich, Abo 180 Mark
Huss Verlag GmbH
Joseph-Dollinger-Bogen 5
80912 München
Telefon (0 89) 3 23 91-3 12
Internet: www.logistik-heute.de

Ähnliche Berufe:

- *Travel Manager:* siehe Beitrag in diesem Buch

Teletutor

Andere Namen und verwandte Berufe: Telecoach, Trainer

Kurzbeschreibung: unterstützt Studenten/Teilnehmer beim Internet-Fernlernen als Hauptansprechpartner

Voraussetzungen/Ausbildung: fachliche Qualifikation für den jeweiligen Kurs, pädagogisches Interesse

»Information muss zur rechten Zeit am rechten Ort zur Verfügung gestellt werden. Wissen muss dann erworben werden, wenn es benötigt wird. Das Schlagwort heißt Bildung on Demand«, erklärt die Projektgruppe Fernlernen des Bundesministeriums für Bildung und Forschung. Der mit dem Internet verbundene Computer ist für diese neue Art der Bildung das ideale Medium. Man kann einen Kurs oder eine Fortbildung in freier Zeiteinteilung neben dem Beruf absolvieren, spart sich die An- und Abreise und braucht sich nicht nach einem festen Stundenplan zu richten. Im Gegensatz zum bisherigen Fernstudium können die Teilnehmer ihrem Teletutor schnell mal eine E-Mail schicken oder sich per Diskussionsforum, Chat oder Videoconferencing mit ihm und den anderen Studierenden austauschen. Für Unternehmen ist die Methode Gold wert, da besonders Mitarbeiter im DV-Bereich nicht mehr ständig wegen Schulungen außer Haus müssen, sondern sich während der Arbeitszeit weiterbilden können.

Bei der imc information multimedia communication GmbH, einem Spin-off des Instituts für Wirtschaftsinformatik der Universität des Saarlandes, ist das Telelearning schon nichts Neues mehr. An der »ersten privaten Internet-Uni« können Interessenten per Online-Kurs einen von der Industrie- und Handelskammer anerkannten Abschluss zum Business-Engineer/Wirtschaftsinformatik absolvieren. Eineinhalb Jahre lang haben die Teilnehmer Zugriff auf die multimedial aufbereiteten Inhalte im Internet im Umfang von 70 Online-Stunden und können in interaktiven Selbsttests ihren aktuellen Lernstand überprüfen. Zum Kurs gehören auch 24 Einsendeübungen, die die Teilnehmer lösen und per Mail zur Korrektur an Teletutorin Kirsten Redecker schicken. Die damit erzielten Punkte trägt sie in ein »persönliches Lernkonto« des Teilnehmers ein. Je Trimester findet ein zweitägiges Präsenzseminar statt, bei dem praktische Anwendungsbeispiele den Stoff vertiefen.

Sobald sich ein neuer Teilnehmer angemeldet hat, schickt Kirsten Redecker ihm erst einmal ein Starterpaket mit den Zugangsdaten zur Lernumgebung, Skripten zu den Lerninhalten und einer CD-ROM zum Offline-Lernen. Etwa zwei Wochen später ruft sie den Neuen an, um ihm eine Einführung in die Benutzeroberfläche des Lernsystems zu geben. Dann steigt ihr Online-Student voll in den Lehrgang ein und meldet sich in unregelmäßigen Abständen, ganz nach Bedarf, per E-Mail oder Telefon bei ihr. 130 Schützlinge betreut sie zurzeit – ein Full-Time-Job. »An den normalen Arbeitstagen sehe ich zuerst nach, ob Einsendeübungen oder inhaltliche und organisatorische Fragen per E-Mail eingegangen sind und beantworte sie. Sind es technische Fragen, leite ich sie zum Teil an unseren Support weiter. Außerdem organisiere ich gemeinsam mit einem Kollegen die Präsenzseminare und motivierende Events wie den Best-Learner-Award«, beschreibt Redecker. »Zu meinen Aufgaben gehört es auch, in Kooperation mit der IHK die Abschlusstests zu stellen und zu korrigieren.« Zurzeit versucht sie außerdem, die Teilnehmer an »Net-Meetings« zu gewöhnen, bei denen über das Internet gemeinsam Dateien bearbeitet werden.

Seit einem Jahr arbeitet Kirsten Redecker nun schon als Teletutorin. Da sie BWL mit Schwerpunkt Wirtschaftsinformatik an der Universität des Saarlandes studiert hatte, lag es nahe, beim Spin-off-Unternehmen einzusteigen. Fachlich fit war sie bereits, und den Rest lernte sie, indem sie ihrem Vorgänger bei der Arbeit über die Schulter schaute und dabei Dinge wie das Organisieren der Aufgaben und die didaktisch sinnvolle Aufbereitung von Antworten lernte. Nach und nach übernahm sie diese Arbeiten selbst und wuchs in ihren Job hinein. Negative Erfahrungen hat sie dabei noch nicht gemacht, auch mit den Teilnehmern kommt sie gut klar: »Sie sind zum größten Teil sehr motiviert und kommen trotz des hohen Arbeitsaufwands gut voran. Wenn jemand längere Zeit nicht aktiv war, sprechen wir ihn gezielt an, um den Grund zu erfragen – vielleicht hat er ein inhaltliches Problem, oder er ist beruflich gerade besonders eingespannt.«

Obwohl bei den meisten Teletutoring-Kursen Diskussionsforen, Newsgroups und Chats angeboten werden, gehören Präsenzseminare bei allen seriösen Angeboten dazu. »Zwar lernt man die Teilnehmer durch E-Mail und Telefon schon ganz gut kennen, aber durch die Präsenzseminare wird der Kontakt herzlicher«, meint Redecker. Gewöhnungsbedürftiger fand Gisela Goebels, Lehrerin für Englisch und Geografie, die neue Lernmethode. Goebels unterrichtet seit acht Jahren nebenbei an der Wirtschafts- und Sozialakademie der Angestelltenkammer Bremen (Wisoak) in Abendkursen Erwachsene in Englisch, seit April 1999 als freiberufliche Teletutorin. »Meine Möglichkeiten der Motivation sind sehr eingeschränkt. Der Kontakt ist eher unpersönlich und auf den Austausch von Aufgaben und kurzen Mitteilungen beschränkt«, berichtet sie. »Die persönlichen Treffen werden oft nicht wahrgenommen, da die Leute ja aufgrund mangelnder Zeit diese Form des Lernens wählen.« An dem Job gefällt ihr neben dem Kontakt mit den neuen Medien die freie Zeiteinteilung – tagsüber arbeitet sie als Reiseverkehrsfachkraft, abends beantwortet sie die E-Mail-Anfragen ihrer Kursteilnehmer. Nur zu den monatlichen Treffen der Gruppe fährt sie zur Wisoak.

Auch Firmen haben die Möglichkeit entdeckt, Schulungen übers Netz durchzuführen und die Teilnehmer durch Trainer betreuen zu lassen. Siemens setzt Telelearning beispielsweise bei der Vertriebsschulung ein; gearbeitet wird vor allem über Videoconferencing. »Der visuelle Kontakt ist schon wichtig. Da sieht der Trainer, ob ein Teilnehmer Probleme hat und sich die Haare rauft. Die Arbeit ohne Bildleitung läuft längst nicht so konzentriert«, zitiert das Online-Magazin *First Surf* Jürgen Voss, bei Siemens Nixdorf für das Online-Training im IT-Bereich zuständig. Noch ohne Bildkontakt zu seiner Gruppe kommt Teletutor Christoph Quill aus. Der Diplom-Biologe stieg nach dem Studium bei einem Dienstleistungsunternehmen der IT-Branche als Software-Trainer ein und betreut nun unter anderem einen halbjährigen Online-Lehrgang zum *Microsoft Certified System Engineer*. Er hat ein offenes Ohr für die technischen Probleme seiner 60 bis 100 Teilnehmer aus ganz Deutschland, allerdings nur im übertragenen Sinn: »Telefonisch machen wir nichts, wir haben alles auf den Onlinebereich verlegt. Telefax gibt es zwar, aber 50 Prozent aller Anfragen kommen über E-Mail«, meint Quill. Wenn er keine Anfragen beantwortet oder bei seinen Schützlingen nachhakt, wie es vorangeht, erstellt er Lerninhalte und agiert als Web-Administrator.

Ein Teletutor sollte fachliche Fähigkeiten in dem Bereich mitbringen, den er unterrichtet, außerdem Organisationstalent und ein gutes Zeitmanagement, da viele Teilnehmerdaten verwaltet und Präsenzseminare vorbereitet werden müssen. Natürlich muss man mit dem PC, CD-ROMs und Internet vertraut sein, denn sie sind das tägliche Handwerkszeug des Teletutors. Wichtig sind auch didaktische Fähigkeiten und Freude am Umgang mit Menschen. »Man muss sich darüber klar sein, dass es ein Dienstleistungsjob ist, in dem man mit Kunden zu tun hat. Es gilt: immer freundlich!«, sagt Christoph Quill.

Im Moment bieten noch relativ wenige Seminaranbieter, Universitäten und Unternehmen Telelearning an, die Pioniere schlagen sich zum Teil noch mit technischen Problemen und schlecht aufbereitetem Material herum. Doch in den nächsten Jahren könnte sich die Methode als Standard etablieren und der Bedarf an Teletutoren deutlich steigen.

Infos:
imc information multimedia communication GmbH
Altenkesseler Straße 17/B2
66115 Saarbrücken
Telefon: (06 81) 97 62-2 27
Telefax: (06 81) 97 62-5 30
E-Mail: imc@im-c.de
Internet: www.im-c.de

Wirtschafts- und Sozialakademie der Angestelltenkammer Bremen gGmbH (Wisoak)
Teleakademie Bremen, Trainingszentrum
Eva Friedrich-Albers
Bertha-von-Suttner-Straße 17
28207 Bremen
Telefon: (04 21) 4 49 96 39
E-Mail: wisoak.Friedrich-Albers@t-online.de
Internet: www.wisoak.de

tele-akademie
Postfach 1152
78113 Furtwangen
Telefon: (0 77 23) 92 06 80
Telefax: (0 77 23) 92 06 81
Internet: tele-ak@fh-furtwangen.de
Internet: www.fh-furtwangen.de
Bieten Kurs »Tele-Tutor-Praxis« an, der sich an alle richtet, die mit Tele-Lernen zu tun haben.

Buchtipps:
Hermann Astleitner, A.Sindler: *Pädagogische Grundlagen virtueller Ausbildung. Telelernen im Fachhochschulbereich.*, Wien: WUV-Universitätsverlag, 1999 (55 Mark)

Eckart Severing, Thomas Reglin u. a.: *Betriebliche Bildung durch Telelernen.* Bern: Verlag Hans Huber, 2000 (39,80 Mark)

Ähnliche Berufe:

- *Technical Trainer:* führt Schulungen zu neuen Produkten oder Programmen durch, entweder als Angestellter des Unternehmens oder einer Schulungs-/Beratungsfirma. Gut für Quereinsteiger geeignet, pädagogisches Interesse und technisches Grundwissen sind jedoch Bedingung

Travel-Manager

Andere Namen und verwandte Berufe: Reisestellenleiter

Kurzbeschreibung: organisiert und koordiniert Reisen für sein Unternehmen

Voraussetzungen/Ausbildung: Verhandlungsgeschick, Fremdsprachenkenntnisse

Früher einmal war Horst Krüger Mathe- und Physiklehrer. Oder wollte es zumindest werden. Doch der Jahresvertrag, der ihm nach dem Studium angeboten wurde, ließ nicht gerade eine sichere Zukunft erwarten. Krüger entschloss sich daher, in die Industrie zu gehen, und hat es noch nicht bedauert. Heute arbeitet er als Travel-Manager der Firma Schlafhorst AG, die Textilmaschinen herstellt. Er koordiniert Monteurseinsätze weltweit und kümmert sich mit seinem sechsköpfigen Innendienstteam um alles, was in seinem Unternehmen mit Geschäftsreisen zu tun hat.

Früher einmal hieß der Travel-Manager schlicht Reisestellenleiter. Vor etwa vier Jahren schlich sich die englische Bezeichnung ein, da es – ein Nebeneffekt der Globalisierung – immer mehr Travel-Manager gibt, die weltweit für den Einkauf von Dienstleistungen zuständig sind. Auch die Zahl der Geschäftsreisen hat speziell im oberen Management zugenommen, da man einen Kundenbesuch und einen wichtigen Vertragsabschluss schlecht per Internet erledigen kann. Gleichzeitig schnallen die Firmen den Gürtel enger: »Die Firmen sparen extrem«, berichtet Peter Hoefler, der die Akademie des Verbands Deutsches Geschäftsreisemanagement e. V. leitet. »Dadurch hat sich in den letzten Jahren der Beruf des Travel-Managers verändert. Seither ist seine Hauptaufgabe die Kostenoptimierung und die Strategie, alle konkreten Buchungen macht ein Reisebüro.«

Jedes Jahr verhandelt der Travel-Manager neu mit Fluggesellschaften, Hotels, Mietwagenfirmen und Banken, um die günstigsten Konditionen herauszuholen. Bonusprogramme kennt er aus dem Effeff und nutzt sie bis zur letzten Meile. »Gerade im Moment muss man als Travel-Manager außerdem die Verhandlungen mit Reisebüros übernehmen, denen von Airlines und Bahn die Provisionen gekürzt werden und die nun verstärkt versuchen, sich dieses Geld von den Kunden zu holen«, berichtet Horst Krüger. Seine Aufgabe ist zudem, Reiserichtlinien zu definieren (»Wann darf ich fliegen, wann muss ich den Zug nehmen?«) und für die Firma das Dickicht der aktuellen Steuerbestimmungen für Geschäftsreisen zu lichten. Zwar bleibt es ihm erspart, wie viele seiner Kollegen bei anderen Firmen auch noch Incentives und Veranstaltungen organisieren zu müssen. Doch dafür hält er als Kummerkasten her: Probleme, die sich auf Dienstreisen ergeben, bekommt er hautnah mit. »Man muss gut zuhören können«, nennt Horst Krüger dann auch als eine der Eigenschaften, die einen guten Travel-Manager ausmachen. »Ich muss damit rechnen, Samstag früh von einem meiner Leute aus Australien angerufen zu werden, weil die Koffer verloren gegangen sind.«

International denken zu können steht ganz oben auf der Liste der Fähigkeiten, die man als Travel-Manager mitbringen sollte. Verhandlungssicherheit und Aufgeschlossenheit neuen Technologien gegenüber sind Bedingung, gute Geografiekenntnisse in der Praxis sehr nützlich. Da Englisch die Sprache der Reisebranche ist, sollte man es nicht nur radebrechen können. Beherrscht man noch Spanisch oder Französisch – umso besser. Entlohnt wird man zu Anfang, solange man noch das Wort »Junior« vor seiner Berufsbezeichnung tragen muss, mit etwa 60 000 Mark im Jahr. Das obere Ende der Skala ist frei verhandelbar und kann sich im sechsstelligen Bereich bewegen.

Viele Travel-Manager kommen aus den Bereichen Einkauf und Verwaltung/Personal, manche auch aus der Reisebranche. »In der Regel sind das Praktiker, die in den Beruf reingerutscht sind und sich eben eingearbeitet haben«, berichtet Gerd Otto-Rieke, der den Verband Deutsches Reisemanagement e. V. (VDR) berät. »Der Verband, der ja schon ziemlich lange besteht, hat irgendwann gesagt, das darf einfach nicht so weitergehen, dass es da keine geregelte Ausbildung gibt.« 1998 wurde die Akademie aus der Taufe gehoben und mit ihr das Diplom »Certified Travel-Manager«, im Hausgebrauch auch CTM genannt. Die Ausbildung besteht aus einem viertägigen Intensivseminar, kombiniert mit zwei Kursen aus einem Wahlfachkatalog. Die Resonanz war beträchtlich, in kürzester Zeit musste eine Warteliste angelegt werden. Nicht alle Kursteilnehmer sind Reisestellenmitarbeiter, manche kommen auch von den Dienstleistern.

Eine andere gute Vorbildung für den Travel-Manager-Job ist natürlich auch ein Studium der Tourismuswirtschaft oder der »Touristikfachwirt«, eine relativ neue, zweijährige Fortbildung für Reiseverkehrskaufleute, Hotelkaufleute und Leute aus kaufmännischen Berufen. Mit dieser Fortbildung kann man sich dann als Reisebüroleiter, Abteilungsleiter in einem Reiseunternehmen oder für eine leitende Position im Fremdenverkehrssektor qualifizieren. Für zukünftige Travel-Manager ebenfalls interessant könnte der neue Studiengang Betriebswirtschaft mit Schwerpunkt Tourismus an der Berufsakademie Lübeck sein.

Infos:

Verband Deutsches Reisemanagement e.V. / VDR-Akademie
Am Schnepfenweg 52
80995 München
Telefon: (0 89) 15 09 08 42
Telefax: (0 89) 15 09 08 43
E-Mail: VDRtravel@aol.com
Internet: www.vdr-service.de

Bundesverband der Deutschen Tourismuswirtschaft e. V.
Kronprinzenstraße 37
53173 Bonn
Telefon: (02 28) 9 35 86-0
Telefax: (02 28) 9 35 86-11
E-Mail: btw-bonn@t-online.de

Akademie für Touristik Freiburg
Mattenstraße 1
79100 Freiburg
Telefon: (07 61) 7 03 29-21
Telefax: (07 61) 7 03 29-40
E-Mail: akademie@angell.de
Internet: www.akademie-fuer-touristik-freiburg.de
Bieten Weiterbildungen zum Touristikfachwirt IHK an (dauert eineinhalb Jahre).

Ähnliche Berufe:

- *International-Relocation-Specialist:* unterstützt und berät Mitarbeiter des Konzerns, die sich in einem neuen Kulturkreis zurechtfinden müssen. Er hilft bei der sozialen und gesellschaftlichen Integration, informiert über arbeits- und sozialrechtliche Fragen und gibt zu diesen Bereichen Broschüren heraus. Voraussetzung ist meist ein abgeschlossenes Studium im Bereich Wirtschafts-, Kultur- oder Sozialwissenschaften und Erfahrungen im internationalen Umfeld. Interkulturelle Kompetenz und Offenheit sollte man für diesen Job ebenso mitbringen wie gute Fremdsprachenkenntnisse.
- *Location-Coordinator:* leitet ein Team inklusive Personalverantwortung und -planung, kümmert sich um Einsätze in seinem

Gebiet und liefert seinen Leuten administrative Unterstützung vor Ort. Führungserfahrung, Sozialkompetenz und eine hohe Motivation sollte man mitbringen. Besonders nützlich ist eine Ausbildung im Hotelfach oder im Bereich Tourismus.

- *Event-Manager:* siehe Beitrag in diesem Buch

Underwriter

Andere Namen und verwandte Berufe: Versicherungssachbearbeiter

Kurzbeschreibung: beurteilt unter anderem Versicherungsrisiken, erstellt und verhandelt Angebote und kümmert sich um die Rückversicherung

Voraussetzungen/Ausbildung: Ausbildung oder Studium, Erfahrung in der Versicherungsbranche

Versicherungen gibt es schon lange, doch in unserer Risikogesellschaft ist das Geschäft mit den Policen so wichtig wie noch nie. In dieser Branche ist in Deutschland ein Beruf entstanden, der sich in England schon längst etabliert hat: der Underwriter. Unter anderem schätzt und bewertet er Risiken im Auftrag seines Versicherungsunternehmens. Ein Beispiel: Ein Holzverarbeitungsunternehmen will für seine neue Fabrik eine Feuerversicherung abschließen. Der Underwriter besichtigt nun das Objekt vor Ort, zieht Brandstatistiken für die Branche zur Beurteilung heran und beauftragt weitere Sachverständige zur Risikoeinschätzung. Der Abschlussbericht ist Ausgangspunkt für die Prämienermittlung und die Policenerstellung. Wie heikel diese Profession ist, zeigt ein Blick in die jüngere Vergangenheit. Bei den Sachversicherungen erlitten die Versicherer durch die Winterstürme 1990 Einbußen in Milliardenhöhe. Ein Underwriter kann natürlich nicht die Wetterkapriolen voraussagen, aber er muss Klimaveränderungen in sein Risikomanagement ebenso einbeziehen wie schnöde Brandschutzstandards vor Ort. Er muss sich daher mit möglichst vielen Einflussgrößen für das Risiko eines Versicherers beschäftigen. Hausratversicherungen gegen Hochwasser in der Kölner Altstadt gehören in diesem Zusammenhang nicht unbedingt zu den profitablen Sachversicherungen.

Doch ein Underwriter prüft nicht nur Risiken, er ist häufig auch dafür zuständig, neue Produkte zu entwickeln und Angebote zu erstellen, Rückversicherung auf dem internationalen Markt zu platzieren, Deckungskonzepte zu entwickeln, den Markt zu beobachten und Analysen zu erstellen. Meist geht es dabei um größere Projekte in einer bestimmten Branche: Die Allianz Versicherung beispielsweise, bei der die Europarakete Ariane ebenso versichert ist wie der Eurotunnel zwischen Frankreich und England und der neue Großflughafen Hongkong, beschäftigt einen »Underwriter Aviation«, der sich nur um Kunden aus der internationalen Luftfahrt kümmert. Fürs »Property Underwriting« ist dagegen Timothy Stubbs zuständig, der in der Düsseldorfer Zentrale der Victoria-Versicherung arbeitet. Der Brite begann seine Karriere als Makler in London, bevor er nach Deutschland als Underwriter ging. In seiner Abteilung werden Sachschäden und die wirtschaftlichen Folgen bei Betriebsunterbrechungen versichert. Wenn das Fließband stockt oder gar stillsteht, wird es nämlich für das betroffene Unternehmen richtig teuer.

Da viele Underwriter international tätig sind, müssen sie Englisch natürlich perfekt beherrschen und mit allen Wässerchen des Risk-Managements gewaschen sein. Zu ihrem Job gehört insbesondere die Prüfung bestehender Verträge bei Industrieunternehmen, um den »aktuellen Risikoschutz zu bewerten«. Erst wenn die Detektivphase beendet ist, kann in Verhandlungen Prämie und Police ausgehandelt werden – auch daran ist der Underwriter meist beteiligt. Besonders sensibel ist der Verhandlungspoker, wenn ein internationales Versicherungspaket geschnürt werden muss. Hierbei gilt: andere Länder, andere Sitten. So ist etwa der Brandschutzstandard in den USA deutlich höher als hierzulande. Für die Kalkulation der Prämie ist es ein wichtiger Faktor, ob die Hütte schneller oder langsamer abbrennt. Bei multinationalen Konzernen bilden verschiedene Versicherer übrigens oft ein Konsortium, um das Risiko auf mehrere Schultern zu verteilen. Die Federführung obliegt jedoch immer einem Industrieversicherer, der das Hauptrisiko schultert.

»Man muss den Job von der Pike auf erlernen«, betont Stubbs. Ein abgeschlossenes wirtschaftswissenschaftliches oder juristisches Studium sei zwar keine schlechte Basis, aber praktische Erfahrung sei das eigentliche Rüstzeug des Underwriters. Viele Unternehmen suchen für diese Positionen Versicherungskaufleute oder Versicherungsfachwirte, oft genügt aber auch eine kaufmännische Ausbildung und Erfahrung in der Versicherungsbranche. Paul Richard Smolen von der Zürich Agrippina in Frankfurt stellt hingegen verstärkt eine Tendenz in Richtung akademische Ausbildung fest. In den Stellenangeboten werden in erster Linie so genannte Junior-Underwriter gesucht, die langsam an ihre Topposition herangeführt werden. Auslandsaufenthalte und eigene Fortbildungseinrichtungen führen Schritt für Schritt nach oben. Eine geregelte Ausbildung zum Underwriter gibt es derzeit nicht, die Juwelen werden in den Versicherungsunternehmen selbst geschliffen. Quereinsteiger werden, wenn talentiert, jedoch genauso gern genommen.

Die Qualität ist lebenswichtig, denn für ein Versicherungsunternehmen gibt es kein höheres Risiko als einen schlechten Underwriter. Wer es schließlich zum Senior-Underwriter geschafft hat, hat auch finanziell den Olymp erklommen. »Nach oben unbegrenzt, bei Berufseinsteigern etwa 70 000 Mark«, beschreibt Smolen die Bandbreite an Gehältern.

Infos:
Gesamtverband der Deutschen Versicherungswirtschaft e. V.
Friedrichstraße 191
10117 Bonn
Telefon: (0 30) 20 20-51 17
Telefax: (0 30) 20 20-66 04
E-Mail: info@gdv.de
Internet: www.gdv.de

Berufsbildungswerk der Deutschen Versicherungswirtschaft (BWV) e. V.
Arabellastraße 29
81925 München
Telefon: (0 89) 92 20 01 30
Telefax: (0 89) 92 20 01 44
Internet: www.bwv-online.de

Ähnliche Berufe:

- *Risk-Manager:* siehe Beitrag in diesem Buch

Venture-Capitalist

Andere Namen und verwandte Berufe: Beteiligungsmanager, Venture-Capital-Manager, Investment-Manager

Kurzbeschreibung: »Geburtshelfer« für neue Firmen, der vielversprechende Projekte auswählt und sie bis zum Börsengang mit Rat und Tat begleitet

Voraussetzungen/Ausbildung: Studium, am besten ein wirtschaftswissenschaftliches oder technisches. Berufserfahrung in der Industrie oder in einem Beratungsunternehmen

Die New Economy boomt: Neue, kleine, innovative Firmen, die kurze Zeit später schon nicht mehr so klein und schwindelerregende Summen wert sind, sprießen aus dem Boden. Nicht ganz ohne Hilfe: Venture-Capital-Gesellschaften finanzieren viele Gründer mit zinsfreiem »Risikokapital«, gutem Rat und einem Netzwerk von Kontakten. Ihr Lohn sind Anteile an der neuen Firma, die, wenn das Unternehmen ein Renner wird, buchstäblich Gold wert sind. Zwar gibt es Venture-Capital (auch Private Equity genannt), inspiriert durch amerikanische Vorbilder, schon seit über zehn Jahren in Deutschland. Doch sie wurden nicht recht wahrgenommen, weil sie damals im Stillen arbeiteten und keine Öffentlichkeitsarbeit betrieben. Erst in den letzten Jahren – nicht zuletzt durch die Möglichkeiten des Neuen Marktes – boomte das Geschäft mit dem Risikokapital hierzulande so richtig, und der Beruf des Venture-Capitalist tauchte in den Medien auf. Viele der deutschen Beteiligungsgesellschaften sind erst in den letzten drei oder vier Jahren gegründet worden.

Im Zentrum dieses Geschehens sitzt der Venture-Capitalist, Beteiligungsmanager oder Investment-Manager. »Jede Firma hat eine andere Bezeichnung dafür«, wie der Bundesverbands Deutscher

Kapitalbeteiligungsgesellschaften (BVK) erklärt. Dieser Mensch begleitet das junge Unternehmen durch alle Phasen seines Wachstums, vom »Seed«-Stadium, wenn gerade mal eine Idee und vielleicht ein Geschäftsplan existiert, bis zum Börsengang. »Das dauert etwa drei bis fünf Jahre«, schätzt Christian Claussen. »Deshalb haben wir auch ganz andere Aufgaben als zum Beispiel ein Fondsmanager. Der kann Aktien relativ schnell kaufen oder verkaufen. Wir aber hängen auf Gedeih und Verderb in so einer Firma drin und greifen daher auch sehr aktiv ein – nicht als Teil des Managements, sondern typischerweise im Aufsichtsrat.« Der 36-Jährige ist Partner bei der TVM Techno Venture Management in München und zuständig für den Bereich Informationstechnologie. Neben Computer- und Internetfirmen finanziert die TVM auch vielversprechende Projekte aus den Bereichen Biotechnologie.

Tagtäglich wühlt sich Claussen durch Stapel von Geschäftsplänen, mit denen sich potenzielle Gründer bewerben, und entscheidet, ob die Firma in ein Projekt investieren sollte. Sieht es nach einem Renner aus und kommt es zum Risikokapital-Geldsegen, gibt er Tipps, hilft bei der Finanzplanung und ist bei Bedarf mit juristischem Rat oder einer Warnung zur Stelle. Bei bereits existierenden Firmen geht es mehr um Strategie und um die Positionierung im Markt, da kann der Venture-Capital-Mitarbeiter wenn nötig neue Impulse geben. Sieben bis zehn Firmen betreut jeder von ihnen durchschnittlich, alle paar Jahre gehört auch das Einwerben von neuen Investoren zu ihrer Tätigkeit.

»Es ist im Wesentlichen ein Bürojob, man wird geflutet mit Informationen. In seinem Bereich muss man permanent den Überblick haben und am Ball bleiben, welche Firmen es gibt und was sie tun«, beschreibt Christian Claussen seinen Arbeitsalltag. Auch häufiges Reisen gehört dazu, er und seine Kollegen besuchen »ihre« Firmen und beteiligen sich an Aufsichtsratssitzungen. Bei Krisen sind sie natürlich vor Ort – und Krisen haben die jungen Unternehmen meist reichlich zu bieten. »Es gibt viele Situationen, wo man nachts im Bett liegt und denkt, ›Oh Scheiße‹. Zum Beispiel bei einer Firma mit 120 Mitarbeitern, die kurz vor dem Abkippen ist, weil sie kein Geld mehr hat. Wenn man selbst im Aufsichtsrat sitzt und investiert hat, ist man doch in einer sehr direkten Verantwortung«, erzählt Claussen. »Man sollte einen guten Magen haben für den Job.«

Mit einem jungen Unternehmen durch dick und dünn gegangen zu sein, schweißt natürlich zusammen. Da ist es nicht erstaunlich, wenn einem Venture-Capitalist »sein« Projekt ans Herz wächst und sich freundschaftliche Beziehungen entwickeln. Jedenfalls dann, wenn es gut gelaufen ist. Rein statistisch gesehen, so munkeln Insider, hat man unter zehn Beteiligungen immer ein bis zwei Überflieger, auch zwei bis drei Firmen, die sich unterdurchschnittlich machen, und einen Konkurs. Alles kein Problem: Gewöhnlich fangen die Überflieger die Verluste mehr als auf.

Besonders gute Chancen, in den Bereich Venture-Capital einzusteigen, hat man, wenn man Erfahrung in der Wirtschaft – besonders bei einem Großunternehmen, bei dem man einen strategischen Überblick hatte – oder in einer Beratungsgesellschaft mitbringt. Gern gesehen sind ein technisches oder wirtschaftswissenschaftliches Studium, aber auch Chemiker, Biologen oder Juristen haben Chancen, wenn sie gut mit Menschen umgehen können. Außerdem sollte man ein Gespür für die Schwierigkeiten mitbringen, die bei der Umsetzung einer Geschäftsidee auftauchen können, und am besten noch in der Lage sein, das eine oder andere Rezept dagegen anzubieten. Kapital muss man keins einbringen. Organisiert sind viele Venture-Capital-Gesellschaften als unabhängige Partnerschaften, ähnlich wir ein Rechtsanwaltsbüro, oder als AG. Eingestellt werden Newcomer als Analysten (wenn sie direkt von der Hochschule kommen) oder als Investment-Manager. Später gibt es meist die Perspektive, Partner zu werden.

Wer sich für einen Job im Venture-Capital interessiert, der sollte nicht auf eine Stellenanzeige warten: Eine Studie der Unternehmensberatung Ray & Berndtson im Auftrag des Bundesverbands Deutscher Kapitalbeteiligungsgesellschaften (BVK) hat ergeben, dass diese Boombranche ihre Mitarbeiter zu 65 Prozent aus Initiativbewerbern rekrutiert. Gesucht wird, was das Zeug hält; fast jede VC-Gesellschaft leidet unter Personalmangel. Was man unterhalb der Projektleiterebene im Venture-Capital verdient, hat die BVK-Studie ebenfalls enthüllt: 36 Prozent bekommen ein Grundgehalt von bis zu 100 000 Mark, 52 Prozent liegen zwischen

100 000 und 150 000 Mark, der Rest bekommt mehr. Natürlich sind dabei die Gewinnbeteiligungen noch nicht eingerechnet.

Infos:
Bundesverband deutscher Kapitalbeteiligungsgesellschaften
German Venture Capital Association e. V. (BVK)
Residenz am Deutschen Theater
Reinhardtstraße 27c
10117 Berlin
Telefon: (0 30) 30 69 82-0
Telefax: (0 30) 30 69 82-20
E-Mail: bvk@bvk-ev.de
Internet: www.bvk-ev.de

Business Angels
www.business-angels.de

Buchtipps:
BVK-Directory: Profile der im BVK zusammengeschlossenen Venture Capital-Firmen. Per Verrechnungsscheck über 25 Mark bei der BVK zu bestellen. Wer Internet-Zugang hat, kann das Directory auf der Website kostenlos einsehen.

BVK-Nachrichten
Sechsmal jährlich erscheinende Zeitschriften mit Nachrichten aus der deutschen und internationalen Venture-Capital-Szene.

Ähnliche Berufe:

- *Consultant/Berater:* Berater, der entweder in einer Beratungsfirma, innerhalb eines Unternehmens oder selbstständig arbeitet und häufig Managementberatung leistet und Geschäftsprozesse unter die Lupe nimmt. Abgeschlossenes, meist sehr gutes Hochschulstudium wird vorausgesetzt. Siehe Beitrag IT-Consultant in diesem Buch

Webmaster

Andere Namen und verwandte Berufe: Website-Manager, Systemadministrator

Kurzbeschreibung: entwickelt, wartet und optimiert eine Website

Voraussetzungen/Ausbildung: sehr gute Web-Kenntnisse, Web-Programmiersprachen

Jeder, der ab und zu im Web surft, kennt sie: Auch heute noch heißt die zentrale E-Mail-Adresse eines Webauftritts oft *webmaster@irgendwas.de.* Zumindest kann man hier Fragen, Bemerkungen und Kritik zur Site loswerden. Heute verbirgt sich hinter dieser Adresse immer seltener ein Einzelner, der »Meister der Netze« ist meist ein ganzes Team, das den Webauftritt technisch (und manchmal auch inhaltlich) betreut und sich um seine Weiterentwicklung kümmert. Eindeutig definiert ist der Beruf nicht, in fast jeder Firma sind die Anforderungen anders. »Ein Selfmademan, der ein Webangebot aufbaut, ist erst mal Webmaster. In Deutschland wird der Webmaster aber mancherorts zunehmend als Allround-Techniker angesehen«, erklärt Harald Stief. Er spricht aus Erfahrung – er ist Chef-Webmaster von ZDF.online. Für Computer hatte er schon immer eine Schwäche: Während er das Auslandsstudio Washington technisch leitete, baute er dort das erste auf PCs beruhende Netz des Senders auf, das ohne den zentralen Großrechner in Mainz auskam. In den USA erfuhr er immer mehr über diesen interessanten neuen Dienst, den man »World Wide Web« nannte. Nach seiner Rückkehr in die Zentrale konnte er mithilfe eines Versuchsaufbaus, der die Programmdaten des Senders ins Netz stellte, das Haus überzeugen, dass ein Webauftritt sinnvoll sein würde. Eine Arbeitsgruppe wurde gebildet, und 1996 startete ZDF.online dann ganz offiziell. »Ich definierte das Berufsbild des Webmasters damals selbst aus dem, was im Netz, und speziell in den USA, üblich war«, erinnert sich Stief, der sich gern als »Internetfreak« bezeichnet.

Heute bildet er die Schnittstelle zwischen der Online-Redaktion und dem Team, das die technische Infrastruktur bereitstellt, betreibt Chats, beantwortet E-Mails an »webmaster@zdf.de«, realisiert Kooperationen mit anderen Webanbietern und erstellt Datenbanken, Gästebücher und Foren. Auch praktische Marktforschung gehört zu seinem Job: Um herauszufinden, wie das Web-Angebot des Senders bei den Surfern ankommt, wertet er regelmäßig die Logdateien – die automatisch protokollierten Informationen darüber, welche Seiten die Besucher genutzt haben – aus und strukturiert dann, wenn nötig, etwas an der Website um. Sein Arbeitstag, der gegen 9 Uhr beginnt, ist hektisch: »Sitzungen, Besprechungen,

Beantworten von E-Mails, Unmengen von Post durchgehen, ständige Interaktion mit den Online-Redakteuren, entweder am Rechner oder über den Flur schreiend. Telefonieren ohne Ende mit Anbietern, Kooperationspartnern oder frustrierten Anwendern. Strukturfehler im Angebot selbst ausmerzen oder solche Aufgaben delegieren.« Wenn er zwischen 19 und 23 Uhr aus dem Büro kommt, ist er trotzdem nicht von »seiner« Website abgeschnitten – mit dem firmeneigenen Laptop und Handy kann er sich von überall in das Internet einwählen und ZDF.online im Notfall betreuen.

In großen Firmen gibt es neben der Webmaster-Gruppe noch einige andere, die nicht so sehr im Licht der Öffentlichkeit stehen: Der Hostmaster ist verantwortlich dafür, dass der Server läuft und Hardwareausfälle möglichst schnell behoben werden, der Netmaster befasst sich mit der technischen Infrastruktur des Netzes und der Postmaster ist für alles zuständig, was E-Mails betrifft – er verwaltet den Mailserver und die Benutzerkonten. Natürlich muss der Webmaster all diese Aufgaben in einer kleinen Firma gleich mit übernehmen. Bei manchen Unternehmen ist er außerdem noch als Screen-Designer tätig, mit der Aufgabe, das Angebot auch optisch zu gestalten oder an der Auswahl und Aufbereitung der Inhalte mitzuwirken. »Als Webmaster sind Sie für Look and Feel der Internetauftritte verantwortlich«, kündigt zum Beispiel Sony DADC Austria Bewerbern an und verspricht, dass man seine Kreativität einbringen kann.

Nicht selten sitzen die Webmaster, die eine Site technisch betreuen, bei einer Online-Agentur. Dadurch sind in den Firmen Jobs entstanden, die eine Art von Kreuzung zwischen Webmaster und Online-Redakteur darstellen, denn auch wenn die Erstellung der Website extern an Agenturen vergeben wird, muss jemand im Haus für die Betreuung des Angebots verantwortlich sein. Auf diese Weise kam Timo Kramp zu seinem Internet-Job bei Iglo-Langnese: »Da ich im Marketing schon viel mit dem Internet und anderen multimedialen Anwendungen zu tun hatte, ergab es sich bei einer Umstrukturierung, dass ich einen veränderten Aufgabenbereich bekam«, erzählt er. Heute besteht seine Aufgabe darin, alles Notwendige für das Bestehen der Website zu organisieren. »Dazu gehört zum Beispiel die Koordination der verschiedenen Agenturen und die Sammlung von Inhalten, die man ins Netz stellen könnte. Außerdem Absprachen mit den Produktmanagern und dem Verkauf zu möglichen Aktionen und das Beobachten des Markts, um entsprechende Änderungen an der Site vornehmen zu können. Ich überwache die Zugriffsstatistiken und noch einiges mehr.«

Wer sich auf einen der vielen Webmaster-Posten bewerben möchte, die zurzeit die Stellenanzeigen bevölkern, der sollte eine Menge praktische Erfahrung mit dem Internet und Kenntnisse der wichtigsten Web-Programmiersprachen (JAVA, HTML) mitbringen. Darüber hinaus sollte man sich mit Datenbanken und dem Design von Webpages auskennen. »Wer eine IP-Nummer von einer MAC-Nummer unterscheiden kann und weiss, warum Nutzer die eine Seite nicht so sehr mögen wie die andere, hat schon die besten Voraussetzungen«, meint Harald Stief. »Unser zuletzt eingestellter Webmaster ist zum Beispiel ein Politikwissenschaftler, der die Website einer Uni betrieben hat.« Mehr gefragt als ein Informatikstudium sind Eigeninitiative, Belastbarkeit und Flexibilität.

Da der Beruf praktisch bei jeder Firma oder Agentur anders definiert wird und man sowohl selbstständig als auch als Angestellter arbeiten kann, reichen Webmaster-Gehälter von 630 Mark im Monat bis zum ansehnlichen sechsstelligen Jahresgehalt.

Infos:
webmasters akademie
Multimedia Internet Park, Geb. 1
Flugplatz
66482 Zweibrücken
Telefon: (0 63 32) 79-14 98
Telefax: (0 63 32) 79-14 99
E-Mail: info@webmasters-akademie.de
Internet: www.webmasters.de
Bieten Kurse und Lehrgänge zum Webmaster und in Webdesign an.

Berufliche Fortbildungszentren der Bayerischen Wirtschaft (bfz) gGmbH
Landshuter Allee 174
80637 München
Telefon: (0 89) 1 59 26-1 63
Telefax: (0 89) 15 51 28
E-Mail: info@zentrale.bfz.de
Internet: www.bfz.de
Bieten Weiterbildung zum Webmaster in Vollzeit oder 12-monatig berufsbegleitend in mehreren Städten in Bayern an.

Wirtschaftskammer Salzburg
(WIFI)
Julius-Raab-Platz 2
A-5027 Salzburg
Telefon: (06 62) 88 88-4 11
oder 4 12
Telefax: (06 62) 88 32 14
E-Mail: info@sbg.wifi.at
Internet: www.sgb.wifi.at
Bieten Webmaster-Lehrgänge an.

Stellenbörsen im Internet:
www.computerjobs.de
www.dv-jobs.de

Buchtipps:
Eduard Heindl, Karin Maier: *Der Webmaster. Praktische Realisierung der Internetpräsenz.* Mit CD-ROM. München: Addison-Wesley, 1999 (59,90 Mark)

Andreas Kösters, Marc Renner, Christiane Rudolph: *Job Guide Multimedia.* Frankfurt/New York: Campus, 1999 (29,80 Mark)

Ähnliche Berufe:
- *Web-Designer/Web-Publisher:* hat die optische und redaktionelle Verantwortung für eine Page. Kommt meist entweder aus der informatisch-technischen Ecke oder aus dem Bereich Grafik/Design
- *Web-Architekt/Web-Application-Developer:* konzipiert Architekturen für E-Business-Anwendungen, entwickelt Websites und baut sie aus. Betreut E-Commerce-Server. Häufig Informatiker

Wellness-Trainer

Kurzbeschreibung: in einem Wellness-Hotel oder einer Freizeitanlage angestellter Trainer, der Gäste in den Bereichen Ernährung, Bewegung und Entspannung betreut und berät

Voraussetzungen/Ausbildung: Ausbildung in den Bereichen Gesundheit oder Sport

Es ist schon irgendwie unfair: Um einen herum relaxen die Leute, lassen sich genüsslich ins Thalasso-Bad zurücksinken, sporteln, meditieren und laben sich an gesunden Gourmet-Menüs. Man selbst macht zwar fast alles mit, aber so richtig abschalten kann man dabei nicht, denn sonst würde man gefeuert. Dieses Problem hat der Wellness-Trainer, der die Gäste durch die Angebote führt, die er zusammengestellt hat. »Es bewerben sich viele, doch die meisten stellen sich den Beruf falsch vor«, beschreibt es Wellness-Trainerin Gabriele Körner. »Man muss sieben Tage in der Woche Präsenz zeigen und gerade dann zur Verfügung stehen, wenn andere Freizeit haben. Wer da keinen Spaß an dieser Arbeit mitbringt, der ist schnell wieder weg.«

Das Verwöhnprogramm liegt voll im Trend: Nach einer Umfrage der Zeitschrift *Für Sie* träumt jede zweite Frau von einem Aufenthalt auf einer Wellness-Farm. Mühelos läuft die Kombination aus gesunder Ernährung, Bewegung und Meditation in puncto Beliebtheit Kulturangeboten und Einkaufstouren den Rang ab. Mit dem Boom ist vor wenigen Jahren in Hotels, Kurbetrieben, Clubs und Gesundheitszentren die neue Trainer-Unterart entstanden, denn theoretisch gehört eine aufwändige individuelle Betreuung zum Konzept. Hotels und Kurbetriebe, die dem Deutschen Wellness-Verband e. V. (DWV) angehören und dessen Qualitätsstandard folgen, müssen mindestens einen dieser Trainer vorweisen können, denn, so Geschäftsführer Lutz Hertel, »ein Wellness-Hotel ohne Wellness-Trainer ist wie ein Kosmetiksalon ohne Kosmetikerin«.

Petra Wohlleber, die gemeinsam mit ihrem Mann das Kronen-Hotel Vital in Bad Liebenzell führt, absolvierte als eine der ersten die Weiterbildung zum Wellness-Trainer. Trifft ein neuer Gast ein, führt die gelernte Arzthelferin und Hotelfachfrau als Erstes ein Check mit ihm durch, inklusive Muskelfunktionstest und Ernährungsberatung. Dann kann er sich am Programm aus Sport und Entspannung beteiligen, das Petra Wohlleber jeden Tag wechselnd inszeniert: »Das geht morgens mit Wassergymnastik los, nach dem Frühstück gibt es dann Qui Gong, Walking und so weiter, nach der Mittagszeit meditative Gymnastik, am Abend zum Beispiel eine Fantasiereise.« Nicht alle Gäste sind von Anfang an für meditative Reisen aufgeschlossen, gerade Männer sind ihrer Erfahrung nach skeptisch. Im von Kerzen erleuchteten Raum »Blaue Oase« liest die Wellness-Trainerin ihren Gästen, die auf Matten und Teppichen liegen, mit ruhiger Stimme vor. »Manche schlafen ein, manche gehen in Gedanken mit«, erzählt Wohlleber. »Es hat auf jeden Fall eine tief entspannende Wirkung.«

Nicht nur in den Bereichen Meditation und Sport sollte ein Wellness-Trainer ein Programm anbieten können, auch die Ernährungsberatung gehört dazu: Das bedeutet Kontakt zur Küche, anschließend mit den Gästen das Mittagessen einnehmen und sie durch das Menü führen.

Nach sechzehn Jahren im Außendienst einer Kosmetikfirma entschloss sich vor zwei Jahren auch die Kosmetikerin Gabriele Körner, sich in dem Beauty- und Wellness-Bereich eines Hotels zu bewerben. »Für mich war es schwierig, den sportlichen Bereich abzudecken. Die meisten Wellness-Trainer kommen ja aus dieser Ecke«, meint sie. Zu Anfang stellt sie das Programm zusammen und führte außerdem die Behandlungen durch, doch inzwischen ist sie als Abteilungsleiterin vor allem für die Planung und Koordinierung zuständig. Ein Jonglierjob: »Am Wochende haben wir hundert Gäste, die alle individuell behandelt werden wollen. Jeder kommt mit seinen Wünschen, und wir müssen trotz ausgebuchten Planers eine Lösung finden. Und da die Gäste auf Relaxen eingestellt sind, verschlafen sie die Termine manchmal.«

Der Job macht ihr Spaß, gerade weil er so viele Kundenkontakte mit sich bringt, aber üppig ist die Entlohnung nicht. Von 3500 Mark aufwärts kann man in diesem Beruf verdienen. »Leider ist die Bereitschaft der Hoteldirektoren, diese qualifizierten Leute angemessen zu bezahlen, nicht so hoch«, klagt Hertel. Generell gilt: Je vielseitiger man ist, desto besser. Wenn jemand eine Ausbildung zum Masseur hat, kann er zwischen den Sportangeboten in diesem Bereich eingesetzt werden, während andere Wellness-Trainer nun zwei Stunden Leerlauf haben. Meist machen sich die Trainer in dieser Zeit in der Sauna nützlich, bauen einen Infostand für die Terminabsprachen auf oder klinken sich in den Hotelbereich ein. Und wenn ein Gast zum Bahnhof gefahren oder abgeholt werden muss, dann springt der Wellness-Trainer auch mal ein beziehungsweise ins Auto.

Wer Wellness-Trainer werden will, sollte möglichst eine Ausbildung aus dem Sportbereich – zum Beispiel Physiotherapeut oder

Sportlehrer – mitbringen, aber auch Berufe aus dem Bereich Ernährung, Psychologie und Kosmetik und Hotel können eine Basis sein. Kaufmännisches Wissen und Organisationstalent helfen, nach ein paar Jahren in Leitungsfunktionen aufzusteigen. Bisher ist der Wellness-Verband in Deutschland der einzige, der die Trainer-Fortbildung anbietet. Sie besteht aus einem siebentägigen Praxisseminar mit Referenten aus den Bereichen Sport, Psychologie, Ernährung, Entspannung und Animation und drei Monaten Theorie per Fernstudium, Kostenpunkt: 3000 Mark. Eine Ausbildung in einem gesundheitsorientierten Beruf wird dafür vorausgesetzt. In Österreich gibt es einen zweijährigen berufsbegleitenden Lehrgang zum Wellness-Trainer, der von der Niederösterreichischen Landesakademie an mehreren Standorten durchgeführt wird. Er umfasst 480 Unterrichtslektionen und schließt mit einem internationalen Diplom ab; Voraussetzung sind »gymnastische Erfahrungen«. »Die künftigen Wellness-TrainerInnen sind berechtigt, Kurse und Beratungen in den verschiedensten Bereichen der Gesundheitsförderung und Gesundheitsprävention durchzuführen, vom Wellness-Kurs bis zum Herz-Kreislauf-Training. Die guten Jobchancen reichen vom/von Trainer/in in Fitnesscentern, Gesundheitshotels, Kursanstalten bis hin zum Wellness-Beauftragten in Firmen«, heißt es von der NÖ Landesakademie. Als Aufbaukurs zu ihrem Lehrgang »GesundheitstrainerIn« hat auch die Wirtschaftskammer Salzburg (WIFI) einen Wellness-Trainer-Kurs im Programm.

Bisher funktionierte der Einstieg in diesen Beruf, indem man von einem Hotel eingestellt wird und dann auf die Trainer-Weiterbildung geschickt wird. Aber wer die Ausbildung schon vorweisen kann, hat natürlich noch bessere Karten. Lutz Hertel ist jedenfalls überzeugt, dass der Job des Wellness-Trainers Zukunft hat: »Der Wellness-Boom als Werbefloskel wird bald wieder gehen – Wellness als fachlich qualifizierte Gesundheitsdienstleistung wird bleiben und sich in den nächsten Jahren noch weiter verstärken.«

Infos:
Deutscher Wellnessverband e. V. (DWV)
Wetterstraße 7
40233 Düsseldorf
Telefon: (02 11) 6 79 69 11
Telefax: (02 11) 6 79 69 12
E-Mail: wellness@vossnet.de

NÖ Landesakademie
Neue Herrengasse 17 A
A-3109 St. Pölten
Telefon: (0 27 42) 2 94-74 01
Telefax: (0 27 42) 2 94-74 00
E-Mail: karl.sablik@noe-lak.at
Internet: www.eb.salzburg.at/wellness.htm

Wirtschaftskammer Salzburg (WIFI)
Julius-Raab-Platz 2
A-5027 Salzburg
Telefon: (06 62) 88 88-4 11 oder 4 12
Telefax: (06 62) 88 32 14
E-Mail: info@sbg.wifi.at
Internet: www.sgb.wifi.at

Deutscher Fitness- und Aerobic-Verband e. V.
Potsdamer Platz 2
53119 Bonn
Telefon: (02 28) 72 53 0-0

Ähnliche Berufe:

- *Fitness-Trainer:* Seit wenigen Jahren gibt es neben den diversen Trainerlizenzen den von der IHK anerkannten Ausbildungsgang zum Fitness-Fachwirt für diejenigen, die eine Karriere als Leiter eines Fitness-Studios planen. Zur Prüfung zugelassen wird, wer eine kaufmännische Ausbildung hat oder Physiotherapeut, Masseur, Gymnastiklehrer oder Sportlehrer ist. Aber auch mit sechs Jahren Berufserfahrung in einem Fitnesscenter ist man dabei.

5.

Was passt zu mir? Job-Finder nach Neigungen und Fähigkeiten

Mithilfe der folgenden Tabelle, in der die neuen Berufe nach Interessen und Fähigkeiten aufgeschlüsselt sind, können Sie schnell einschätzen, welche Berufe aus dem Hauptteil dieses Buches sich eventuell für Sie eignen könnten. Je häufiger Sie einem bestimmten Beruf dann sozusagen »begegnen«, desto besser eignet er sich für Sie. Es lohnt sich aber auch, einfach mal im Anhang zu stöbern – vielleicht finden Sie ja etwas, was Ihnen Spaß machen würde und was Sie sich zutrauen.

Interessen und Fähigkeiten	**Vor-/Ausbildung**	
	Kaufmännisch-administrativer Bereich und Banken	**Technischer Bereich, Chemie, Biologie und Umwelt**
Spaß am Umgang mit Menschen	Allrounder Call-Center-Agent Event-Manager Fundraiser Forschungsmanager Gesundheitsberater Ideenmanager Investor-Relations-Manager Merchandiser Mobilitätsberater Outsourcing-Berater Recruiter Travel-Manager Venture-Capitalist	Account-Manager Application-Engineer Energie-/Solarberater Forschungsmanager Ideenmanager IT-Consultant Mobilitätsberater Outsourcing-Berater Öko-Auditor Umweltberater Teletutor Venture-Capitalist
Organisationstalent	Allrounder Event-Manager Multimedia-Producer Merchandiser Travel-Manager	E-Shopbuilder Event-Manager Facility-Manager IT-Consultant Multimedia-Producer
Genauigkeit und Systematik	Data-Warehouse-Analyst Financial-Analyst Fraud-Analyst Outsourcing-Berater Risk-Manager Underwriter	Bioinformatiker Datenbank-Administrator Data-Warehouse-Analyst Fraud-Analyst Mikrotechnologe Öko-Auditor Outsourcing-Berater Risk-Manager
Handwerkliches Geschick/Bastler		Facility-Manager IT-Systemelektroniker Mechatroniker Mikrotechnologe Netzwerk-Administrator Solarteur
Spaß am Verkaufen	Call-Center-Agent Energietrader/-broker Merchandiser Underwriter	Application-Engineer Energietrader/-broker Energie-/Solarberater
Spaß am Verhandeln/ Handeln/Überzeugen	Energiebroker/-trader Fundraiser Energie-/Solarberater IT-Consultant	Application-Engineer Energiebroker/-trader Energie-/Solarberater Forschungsmanager

Vor-/Ausbildung		
Dienstleistungen und Tourismus	**Pädagogik und Recht**	**Gesundheit, Medizin und Pflege**
Call-Center-Agent Event-Manager F-&-B-Manager Gesundheitsberater Merchandiser Mobilitätsberater Travel-Manager Wellness-Trainer	Event-Manager Fundraiser Gesundheitsberater Ideenmanager Investor-Relations-Manager Mediator Mobilitätsberater Recruiter Travel-Manager Teletutor	Event-Manager Fundraiser Forschungsmanager Gesundheitsberater Mediator Wellness-Trainer
Allrounder Event-Manager F-&-B-Manager Merchandiser Travel-Manager	Allrounder Event-Manager Merchandiser Travel-Manager	Event-Manager Gesundheitsmanager Wellness-Trainer
	Datenbank-Administrator Data-Warehouse-Analyst Risk-Manager	Risk-Manager
Call-Center-Agent F-&-B-Manager Merchandiser	Call-Center-Agent	
Travel-Manager	E-Jurist Energie-/Solarberater Fundraiser Mediator	Fundraiser Forschungsmanager Gesundheitsmanager Mediator

Interessen und Fähigkeiten	**Vor-/Ausbildung**	
	Kaufmännisch-administrativer Bereich und Banken	**Technischer Bereich, Chemie, Biologie und Umwelt**
	Investor-Relations-Manager Mediator Recruiter Travel-Manager Underwriter	IT-Consultant Multimedia-Producer
Analysefähigkeit	Data-Warehouse-Analyst Financial-Analyst Fraud-Analyst Infobroker Outsourcing-Berater Risk-Manager Underwriter	Bioinformatiker Datenbank-Administrator Data-Warehouse-Analyst Forschungsmanager Infobroker IT-Consultant Öko-Auditor Outsourcing-Berater Risk-Manager
Gut im Lösen von Problemen	Data-Warehouse-Analyst Event-Manager IT-Consultant Merchandiser Netzwerk-Aministrator Outsourcing-Berater Travel-Manager Venture-Capitalist	Application-Engineer Data-Warehouse-Analyst Event-Manager Facility-Manager IT-Consultant Netzwerk-Administrator Outsourcing-Berater Travel-Manager Venture-Capitalist
Gutes mathematisches Verständnis und abstraktes Denkvermögen	Data-Warehouse-Analyst Datenbank-Administrator Risk-Manager	Bioinformatiker Data-Warehouse-Analyst Datenbank-Administrator Risk-Manager
Interesse an Natur und Umwelt	Solar-/Energieberater Mobilitätsberater Öko-Auditor Energietrader/-broker	Abfalltechniker Energiebroker/-trader Forschungsmanager Mobilitätsberater Öko-Auditor Solar-/Energieberater Solarteur
Interesse am Internet	E-Shopbuilder Infobroker Multimedia-Producer Online-Redakteur Screen-Designer Teletutor Webmaster	E-Shopbuilder Infobroker IT-Consultant Multimedia-Producer Online-Redakteur Screen-Designer Webmaster

Vor-/Ausbildung		
Dienstleistungen und Tourismus	**Pädagogik und Recht**	**Gesundheit, Medizin und Pflege**
	Investor-Relations-Manager Travel-Manager Underwriter	
	Data-Warehouse-Analyst E-Jurist Financial-Analyst Fraud-Analyst Infobroker Outsourcing-Berater Underwriter Risk-Manager	Fraud-Analyst Forschungsmanager Infobroker Outsourcing-Berater Risk-Manager
Event-Manager F-&-B-Manager Merchandiser Netzwerk-Aministrator Travel-Manager	Event-Manager Netzwerk-Administrator Outsourcing-Berater Travel-Manager Venture-Capitalist	Event-Manager Gesundheitsmanager Outsourcing-Berater
	Risk-Manager	Risk-Manager
Mobilitätsberater Solarberater	Mobilitätsberater Öko-Auditor Solarberater	Forschungsmanager Mobilitätsberater Solarberater
Researcher Teletutor	E-Jurist E-Shopbuilder Infobroker Multimedia-Producer Online-Redakteur Screen-Designer Teletutor Webmaster	Infobroker Online-Redakteur Webmaster Multimedia-Producer Teletutor

Interessen und Fähigkeiten	**Vor-/Ausbildung**	
	Kaufmännisch-administrativer Bereich und Banken	**Technischer Bereich, Chemie, Biologie und Umwelt**
Interesse an Technik und Computern	Data-Warehouse-Analyst DTP-Layouter Energietrader-/broker Energie-/Solarberater E-Shopbuilder Infobroker Infografiker IT-Consultant Online-Redakteur Multimedia-Producer Screen-Designer Teletutor Webmaster	Abfalltechniker Application-Engineer Bioinformatiker Datenbank-Administrator Data-Warehouse-Analyst DTP-Layouter Energie-/Solarberater E-Shopbuilder Facility-Manager Infobroker Infografiker IT-Consultant IT-System-Elektroniker Mechatroniker Mikrotechnologe Netzwerk-Administrator Multimedia-Producer Online-Redakteur Outsourcing-Berater Öko-Auditor Screen-Designer Solarteur Teletutor Webmaster
Interesse am Bauen und Konstruieren	Solar-/Energieberater Solarteur	Application-Engineer Solar-/Energieberater Facility-Manager Solarteur
Spaß am Lehren und Vermitteln	Gesundheitsberater Teletutor	Gesundheitsberater Teletutor
Spaß am Umgang mit Zahlen und Daten	Data-Warehouse-Analyst Datenbank-Administrator Financial-Analyst Fraud-Analyst Infobroker Investor-Relations-Manager Risk-Manager Underwriter Venture-Capitalist	Bioinformatiker Data-Warehouse-Analyst Datenbank-Administrator Fraud-Analyst Infobroker Investor-Relations-Manager Outsourcing-Berater Risk-Manager Venture-Capitalist

Vor-/Ausbildung		
Dienstleistungen und Tourismus	**Pädagogik und Recht**	**Gesundheit, Medizin und Pflege**
DTP-Layouter Infobroker Infografiker IT-Consultant Online-Redakteur Screen-Designer Webmaster	DTP-Layouter E-Jurist Energie/-solarberater E-Shopbuilder Infobroker Infografiker IT-Consultant Online-Redakteur Multimedia-Producer Screen-Designer Teletutor Webmaster	Bioinformatiker DTP-Layouter Infobroker Infografiker IT-Consultant Multimedia-Producer Online-Redakteur Webmaster
Solar-/Energieberater Solarteur	Solar-/Energieberater Solarteur	Solar-/Energieberater Solarteur
Gesundheitsberater Teletutor Wellness-Trainer	Gesundheitsberater Teletutor	Gesundheitsberater Teletutor Wellness-Trainer
Datenbank-Administrator Infobroker F-&-B-Manager	Data-Warehouse-Analyst Datenbank-Administrator Fraud-Analyst Infobroker Investor-Relations-Manager Risk-Manager Venture-Capitalist	Data-Warehouse-Analyst Datenbank-Administrator Infobroker Investor-Relations-Manager Risk-Manager Venture-Capitalist

Interessen und Fähigkeiten	**Vor-/Ausbildung**	
	Kaufmännisch-administrativer Bereich und Banken	**Technischer Bereich, Chemie, Biologie und Umwelt**
Spaß am Umgang mit Sprache	Investor-Relations-Manager Online-Redakteur	Investor-Relations-Manager Online-Redakteur
Spaß am Recherchieren	Data-Warehouse-Analyst Financial-Analyst Fraud-Analyst Infobroker Mobilitätsberater Recruiter Underwriter	Data-Warehouse-Analyst Fraud-Analyst Infobroker Mobilitätsberater Recruiter
Spaß am Designen und Entwerfen	DTP-Layouter E-Shopbuilder Infografiker Online-Redakteur Screen-Designer Webmaster	DTP-Layouter E-Shopbuilder Infografiker Online-Redakteur Screen-Designer Webmaster
Viele gute Ideen	DTP-Layouter Event-Manager Infografiker Multimedia-Producer Merchandiser Online-Redakteur Screen-Designer Webmaster	DTP-Layouter Event-Manager Infografiker Multimedia-Producer Online-Redakteur Screen-Designer Webmaster

Vor-/Ausbildung		
Dienstleistungen und Tourismus	**Pädagogik und Recht**	**Gesundheit, Medizin und Pflege**
Online-Redakteur	Investor-Relations-Manager Online-Redakteur	Investor-Relations-Manager Online-Redakteur
Mobilitätsberater Recruiter	Data-Warehouse-Analyst Fraud-Analyst Infobroker Mobilitätsberater Recruiter	Data-Warehouse-Analyst Infobroker Mobilitätsberater
DTP-Layouter Webmaster	DTP-Layouter E-Shopbuilder Infografiker Online-Redakteur Screen-Designer Webmaster	DTP-Layouter Infografiker Online-Redakteur Webmaster
DTP-Layouter Event-Manager Merchandiser Online-Redakteur Screen-Designer Webmaster	DTP-Layouter Event-Manager Infografiker Multimedia-Producer Merchandiser Online-Redakteur Screen-Designer Webmaster	DTP-Layouter Event-Manager Infografiker Multimedia-Producer Online-Redakteur Screen-Designer Webmaster

Anhang

Kurzbeschreibungen zum Nachschlagen

Natürlich gibt es noch viele neue Berufe, Bezeichnungen und Ausbildungen, die im Hauptteil dieses Buches keinen Platz gefunden haben. Einige davon sind hier mit kurzen Hintergrundinformationen aufgeführt – zum Nachschlagen und zum Stöbern nach neuen Karriereideen. Zur besseren Orientierung sind auch einige alte Berufe dabei, hinter deren Namen man einen neuen Beruf vermuten könnte.

Da jedes Unternehmen die Aufgaben und Anforderungen nach seinen Bedürfnissen definiert, kann sich die Beschreibung, die Sie hier finden, von der konkreten Stellenanzeige, die Sie vor sich haben, unterscheiden.

3-D-Animator: entwirft in Agenturen oder Produktionsfirmen computeranimierte Grafiken/Special-Effects für Film, Fernsehen und Internet. Vor allem ein Job für Grafiker und Quereinsteiger, die sich gut mit den entsprechenden Grafikprogrammen auskennen; möglich sind auch Kurse in privaten Ausbildungsinstituten. Meist schafft man den Einstieg über Praktika in Filmproduktions-, Filmbearbeitungsfirmen und Special-Effects-Studios.

Account-Manager: auch Territory-Account-Manager, Sales-Executive oder Junior-Sales-Executive genannt. Neudeutsche, vor allem in innovativen Branchen verwendete Bezeichnung für Verkäufer oder Gebietsvertriebsleiter. Während sich der Key-Account-Manager auf wichtige Großkunden spezialisiert hat, beackert der gewöhnliche Account-Manager das Feld aller Firmen in einem bestimmten Bereich oder Postleitzahlengebiet. Die Aufgaben sind in jeder Branche, ja sogar in jeder Firma unterschiedlich, Reisen und Verkaufen gehört jedoch fast immer dazu. Gesucht werden für diesen Job Sales-Profis, die kommunikativ und teamfähig sind. Studium ist meist Nebensache. Wenn ein kompliziertes Produkt verkauft werden soll, eignen sich am besten Bewerber, die sich sowohl in Betriebswirtschaft als auch in Technik auskennen, zum Beispiel Wirtschaftsingenieure. Berufserfahrung ist meist Bedingung, solche Stellen werden Anfängern gewöhnlich nicht angeboten.

Accounting-Project-Manager: befasst sich mit der Optimierung und Reorganisation von Geschäftsabläufen und -prozessen (intern und mit Geschäftspartnern). Meist wird ein Studium mit dem Schwerpunkt Rechnungswesen, Wirtschaftsinformatik oder Organisation verlangt.

Agent: in den meisten Fällen vermutlich ein Literaturagent, der Autoren oder ausländische Verlage gegenüber deutschen Verlagen vertritt und an jedem vermittelten Manuskript zwischen 15 und 25 Prozent Provision verdient. Besonders in Amerika verbreiteter Beruf, der seit einigen Jahren auch in den deutschsprachigen Ländern boomt.

Das englisch ausgesprochene »Agent« kann aber auch einen Callcenter- oder Hotline-Mitarbeiter bezeichnen.

Arbeitsmarktberater: berät zu Fragen der Berufswahl und informiert über Ausbildungsmöglichkeiten. Erarbeitet Informationsmaterial, hält Vorträge und leitet Bewerbertrainings, führt Einzelgespräche und Tests durch. Zum Teil auch in der eigentlichen Arbeitsvermittlung tätig. Solche Stellen werden meist von privaten Arbeitsvermittlungsorganisation ausgeschrieben, gesucht werden dafür Psychologen, Pädagogen oder Sozialwissenschaftler mit Erfahrung in der Erwachsenenbildung.

Arbeitszeitexperte: erarbeitet Arbeitszeitsysteme und stimmt sie mit den Bereichen und dem Betriebsrat ab. Analysiert und plant den Personalbedarf und informiert/berät das Management in Arbeitszeitfragen. Sinnvoll ist dafür meist ein Hochschulstudium mit Schwerpunkt Personal sowie gute Kenntnisse von Arbeitszeitregelungen.

Asset-Manager: andere Bezeichnung für Vermögens- oder Finanzverwalter. Mitarbeiter in diesem Wachstumsbereich haben häufig die Aufgabe, Portfolios, Fonds oder Immobilien so zu managen, dass sich ihr Wert gut entwickelt. Nicht selten arbeiten Asset-Manager aber auch als eine Art Anlageberater. In manchen Firmen oder Gesellschaften gibt es keine einzelnen Asset-Manager, sondern eine Asset-Management-Abteilung, in der verschiedene Portfolio-Manager arbeiten.

Ein wirtschaftswissenschaftliches Studium ist meist Bedingung, manchmal reicht auch eine Ausbildung zum Bankkaufmann. Im Moment professionalisiert sich die Ausbildung deutschsprachiger Asset-Manager: An der Wirtschaftsuniversität Wien gibt es bereits einen Studiengang Investment-Research and Asset-Management. In Deutschland wird zum Beispiel von den IHKs eine Fortbildung zum Fachwirt für Finanzberatung angeboten.

Audio-Engineer: neue Praxisausbildung für alle, die einmal als Toningenieure arbeiten wollen und kein theorielastiges Universitätsstudium absolvieren wollen. Angeboten wird sie in Deutschland von sechs Schulen, unter anderem der SAE (School of Audio-Engineers) in München. Voraussetzungen sind mittlere Reife und ein Alter von mindestens 18 Jahren; zudem muss eine Eignungsprüfung bestanden werden. Die Chancen der Absolventen sind sehr gut. Arbeit finden sie in der Werbebranche, bei Fernseh- und Radiosendern und in der Filmproduktion.

Automobilkaufmann/-frau: neuer Ausbildungsberuf in der Automobilwirtschaft: Früher lernten zukünftige Angestellte in Autohäusern »Kaufleute im Einzelhandel«, heute ist die dreijährige Ausbildung stärker auf die Branche zugeschnitten. Auf dem Stundenplan stehen Kostenrechnung, Finanzierungskonzepte, Lagerwirtschaft, und technisches Wissen. In der Praxis gehören Vertrieb, Kundendienst und Beschaffung zu den Hauptaufgaben. Vor allem für Realschüler und Abiturienten geeignet.

Backoffice-Mitarbeiter: Sachbearbeiter aus der Bank- und Finanzbranche, der ohne Kundenkontakt sozusagen im »Hinterzimmer« wirkt. Meist unterstützt et Händler und Broker und wickelt die von ihnen in Auftrag gegebenen Transaktionen ab.

Bildingenieur: macht Live-Einspielungen und Schaltungen, baut mithilfe von digitaler Technik Signalverbindungen auf und überwacht sie. Voraussetzungen sind eine technische Ausbildung, Berufserfahrung im Fernsehbereich (analoge und digitale Bild- und Tonsignale) sowie Belastbarkeit.

Billing-Manager: auch Billings-Administrator genannt. Verwaltet und betreut meist das Abrechnungssystem und kümmert sich um dessen Weiterentwicklung. Bei allen Fragen der Rechnungsstellung Schnittstelle zu Lieferanten und Geschäftskunden. Manchmal wird unter dieser Bezeichnung aber auch nur ein Sachbearbeiter verstanden, der Ausgangsrechnungen und Zahlungseingänge überprüft. Dann würde eine kaufmännische Ausbildung reichen. Ansonsten ist ein wirtschaftswissenschaftliches Studium für den Job von Vorteil.

Biologielaborant: voraussichtlich zum 1. August 2000 neugeordneter Beruf aus der biologischen Forschung und der Pharmakologie. Ein Biologielaborant züchtet Zellen, führt Versuchsreihen mit Mikroorganismen, Tieren und Pflanzen durch und protokolliert die Ergebnisse mit dem Computer. Voraussetzung ist mindestens Realschulabschluss, (in der Praxis jedoch meist Abitur) und Interesse an Naturwissenschaft. Es ist zu erwarten, dass der Beruf in Zukunft mit dem Boom der Biotechnologie und Gentechnik noch wichtiger werden wird. Ähnlich: Biologisch-technischer Assistent (BTA)

Biotechnologe: entwickelt technische Verfahren zur Produktion von Biomasse, Enzymen oder Zellprodukten mithilfe von Mikroorganismen. Auch an Methoden zum biologischen Schadstoffabbau arbeiten Biotechnologen. Durch die Fortschritte der Gentechnik ist die Biotechnologie ein wichtiger Forschungsbereich für Lebensmittelindustrie, Pharmazie/Medizin und Umweltschutz. Studieren kann man das Fach zum Beispiel an der TU Berlin, in Würzburg, Freiburg und Karlsruhe.

Brand-Manager, Assistant-Brand-Manager: der »Marken-Manager«, so die Übersetzung seiner Bezeichnung, befasst sich meist mit einer Produktgruppe und baut sie auf dem Markt auf. Dazu gehört die Analyse von Trends, die Identifikation von Marktlücken, Sortimentserweiterung mit neuen Produkten und die Planung der dazugehörigen Marketingaktivitäten. Voraussetzung ist meist ein betriebswirtschaftliches Studium mit Schwerpunkt Marketing und Branchenkenntnisse.

Business-Development-Manager: plant zusammen mit dem Geschäftsführer die zukünftige Geschäftsentwicklung eines Unternehmens. Dazu gehört die Erarbeitung von neuen Geschäftsfeldern und die Umsetzung. Ein Betriebswirtschaftsstudium ist meist Voraussetzung, sehr gute organisatorische Fähigkeiten, Führungs- und Verhandlungsgeschick ebenfalls. Am beliebtesten sind für solche Positionen erfahrene Berater oder Vertriebsleute.

Business-Process-Analyst: analysiert und optimiert Geschäftsprozesse und definiert in Zusammenarbeit mit den Anwendern, was für Spezifikationen neue Systeme haben müssen. Führt Kosten-Nutzen-Analysen durch. Sehr gute Analysefähigkeiten und ein sicheres Auftreten werden meist gefordert. Ähnlich: Systems-Analyst.

Büroinformationselektroniker: gibt es nicht mehr, er ist 1999 aufgegangen im neuen Beruf des »Informationselektronikers«.

Call-Dispatcher: kümmert sich um die Weiterleitung von Anrufen. Wenn Service-Anrufe eingehen, überprüft er die Anrechte der

Kunden, vergibt Bearbeitungsprioritäten und ordnet die Problemstellungen Fachgebieten zu. Sicheres Auftreten am Telefon, Vertrautheit mit Arbeiten am Computer und technisches Interesse sind Voraussetzung.

Category-Manager: auch Trend-Category-Manager genannt. Wird meist von Unternehmen im Internethandel gesucht. Die Aufgaben sind ähnlich wie beim Produktmanager, nur dass dem Category-Manager gleich ein ganzer Bereich untersteht, zum Beispiel Kleidung, Computer, Sport, Reisen, Uhren und Schmuck. Dafür macht er Marketing und Promotion, Einkauf, Nachfrageanalyse und Preisgestaltung. Außerdem stellt er sicher, dass die Produkte und Dienstleistungen immer verfügbar sind. Meist wird ein abgeschlossenes Hochschulstudium verlangt, Erfahrung in der Marketingabteilung wird ebenfalls gern gesehen.

Change-Control-Ingenieur, Change-Control-Engineer: verwaltet, steuert und überwacht alle Änderungsvorgänge und Weiterentwicklungsprozesse an einer großen Maschine und informiert Kunden über geplante technische Änderungen. Meistens wird dafür ein Diplom in Maschinenbau oder Luft- und Raumfahrttechnik gefordert.

Channel-Marketing-Specialist: zuständig für Marketingmaßnahmen und Vertriebskonzepte, die sich nicht direkt an den Kunden, sondern an Vertriebspartner (Fachhandel, Reseller, Distributoren) richten. Hat meist die Rolle, Händler über neue Produkte zu informieren, sich absatzfördernde Maßnahmen auszudenken und die Kontakte zum Handel auszubauen. Es werden oft Außendiensterfahrung und Kenntnisse des Fachhandels verlangt, manchmal auch ein wirtschaftswissenschaftliches Studium.

Chemikant/in: Ausbildungsberuf, der demnächst neu geregelt werden soll. Die Absolventen der dreieinhalbjährigen Ausbildung bedienen große Anlagen der chemisch-industriellen Produktion. Voraussetzung ist ein Haupt- oder Realschulabschluss. Gibt es auch in der Variante Pharmakant (wird ebenfalls bald modernisiert).

Clinical-Engineer: Krankenhaustechniker oder Medizintechniker, der sich entweder um biomedizinische Technik oder um die klassische Krankenhaustechnik kümmert. Dafür werden Elektrotechnik-Ingenieure und Techniker mit Erfahrung im Klinikbereich gesucht.

Commissions-Specialist: kalkuliert Provisionen (»Commissions«) auf der Basis von Richtlinien und Vereinbarungen. Außerdem berechnet er die monatlichen Rückstellungen für Provisionen und ist verantwortlich für die Abrechnung. Voraussetzung ist meist eine kaufmännische Ausbildung und Erfahrung im Finanzbereich.

Commodity-Buyer: kümmert sich bei einem großen Unternehmen um den Einkauf von Metallen, Textilien, Elektronik, Verpackungsmaterialien, Rohstoffen. Er arbeitet meist eng mit den Projektteams zusammen. Eine Ausbildung als Wirtschaftsingenieur wird gern gesehen, die Praxis im Einkauf jedoch oft als wichtiger eingeschätzt.

Community-Manager, Community Specialist: baut im Auftrag eines Website-Betreibers Internet-Communities auf, also virtuelle Gemeinschaften, die der Kundenbindung dienen. Meist gruppieren sich diese Communities um spezielle Themen wie zum Beispiel Gesundheit. Aufgabe des Managers ist es, auf der Website Online-Events zu organisieren sowie Expertengruppen und Chats zu moderieren. Außerdem ist er verantwortlich dafür, dass E-Mail-Anfragen bearbeitet werden. Erfahrung im Bereich Marketing/Kommunikation ist meist die Voraussetzung.

Compliance-Manager: gehört zum Bereich Qualitätssicherung. Legt Standards für chemische, pharmazeutische und biotechnologische Infrastruktur und Geräte fest und berät die einzelnen Bereiche bei Fragen der Einhaltung von gesetzlichen Vorgaben. Ingenieurs-, Chemie- oder Pharmaziestudium wird meist verlangt.

Concept-Engineer: Ingenieur in der Entwicklungsabteilung, der sich in bestimmten Bereichen ein umfassendes Know-how erarbeitet und dann in enger Zusammenarbeit mit den Kunden die Produkte von morgen definiert.

Conference-Manager: organisiert Kongresse und Konferenzen und plant die Veranstaltung meist von Anfang an, vom Konzept über die Akquise von Rednern bis zur Anmietung des Saales und der Veranstaltungsleitung. Organisationstalent und eine touristische oder betriebswirtschaftliche Ausbildung sind dafür Voraussetzung. Ähnlich: »Sitzungmanager«.

Consultant: Berater, der entweder in einer Beratungsfirma, innerhalb eines Unternehmens oder selbstständig arbeitet. Ein abgeschlossenes, sehr gutes Hochschulstudium wird gewöhnlich vorausgesetzt. Gibt es in sehr vielen Varianten. Meist gesucht als

- Internal-Consultant, der als Angestellter innerhalb der Firma im Team Managementberatung oder IT-Beratung leistet und Geschäftsprozesse unter die Lupe nimmt;
- Consultant (extern), der bei einer Beratungsfirma arbeitet und sich vor allem mit Geschäftsprozessen oder der IT von Kunden befasst. Oft auf bestimmte Bereiche spezialisiert, zum Beispiel Materialkostensenkung oder Lieferantenberatung;
- Consultants Human-Resources (Personalberater), die bei einer Personalberatungsfirma arbeiten und Managementpersonal suchen. Wer vor allem als »Headhunter« arbeitet, nennt sich zum Teil auch Research-Consultant.

Content-Manager: meist zuständig für die (redaktionellen) Inhalte auf Websites von Firmen. Baut Angebote für bestimmte Zielgruppen auf. Eng verwandt mit dem Beruf des Online-Redakteurs, wird vor allem mit Journalisten besetzt. Auch Manager-Site-Content genannt.

Contract-Manager, Contract-Administrator: auch Contracts-Officer genannt. Findet sich vor allem in Unternehmen mit zahlreichen Vertragspartnern. Seine Aufgaben sind, Verträge vorbereiten und verhandeln sowie bestehende Verträge optimieren. Auch kaufmännische Aufgaben wie Auftragserfassung und Rechnungsstellung können dazugehören. Nicht nur für Rechtsanwälte interessante Position, auch Bewerber mit einer kaufmännisch-technischen Ausbildung und Erfahrung im Einkauf und in der Vertragserstellung haben eine Chance.

Cost-Engineer: auch Estimator und seltener Kalkulant genannt. Oft Wirtschaftsingenieur, der die Kalkulation und Kostenkontrolle bei Leistungen, Lieferungen oder dem Bau kompletter Anlagen übernimmt. Analytische und organisatorische Fähigkeiten sind ein Muss.

Customer-Care-Agent: auch Mitarbeiter Customer-Service genannt. Ansprechpartner für Anfragen der Kunden, der häufig den Vertrieb bei Kundenakquisitionen unterstützt. Verwandt mit dem Call-Center-Agent, hat aber mehr Eigenverantwortung. Gewünscht wird meist eine kaufmännische oder technische Ausbildung. Wenn die Kundenbetreuung per Internet stattfindet, wird die Tätigkeit als Web-based Customer-Care bezeichnet.

Customer-Service-Manager, Relationship-Manager: ist für Kundenservice und Kundenzufriedenheit verantwortlich und berichtet meist direkt an die Geschäftsleitung. Besucht gemeinsam mit dem Vertrieb wichtige Kunden. Wichtig ist in diesem Bereich eine hohe Dienstleistungsorientierung, Einfühlungsvermögen, Überzeugungskraft und Erfahrung in der Mitarbeiterführung. Auf die Ausbildung kommt es weniger an. Infos gibt es zum Beispiel beim Center for Customer-Relationship-Management (www.ccrm.org) in Amsterdam.

Data-Mining-Specialist: hilft Unternehmen, mit Data-Mining-Verfahren aus riesigen Datenbeständen wichtige Informationen und Zusammenhänge herauszufiltern. Dadurch hilft er bei Entscheidungen, beim Aufstellen von Richtlinien oder beim Erkennen von Trends. Diese Verfahren werden im Moment besonders bei der Risikoanalyse eingesetzt, zum Beispiel bei Versicherungen, die das Risiko bei einem Neukunden einschätzen wollen. Data-Mining-Spezialisten sind oft Mathematiker, Physiker und Statistiker. Ähnlich: Data-Warehouse-Manager.

Developer: in der Immobilienbranche jemand, der große Projekte entwickelt. Er zieht Aufträge an Land, erstellt Machbarkeitsstudien, erstellt Finanzierungskonzepte und vermarktet große Objekte. Gefordert werden meist gute Branchen- und Marktkenntnisse sowie Verhandlungsgeschick. Als Ausbildung ist mittlerweile der »Kaufmann in der Grundstücks- und Wohnungswirtschaft« möglich, aber auch eine technische Ausbildung oder ein wirtschaftswissenschaftliches Studium sind gute Voraussetzungen.

Development-Specialist, Development-Manager: andere Bezeichnung für einen Mitarbeiter in der Entwicklungsabteilung, der neue Produkte gestaltet. Meist Ingenieur oder Wissenschaftler.

DV-Organisator: ist in einem Unternehmen zum Beispiel dafür verantwortlich, dass neue Software angeschafft und installiert wird. Er betreut und schult die Anwender in den Programmen und kümmert sich um Updates. Manchmal gehört auch der Ausbau firmenspezifischer IT-Architektur für neue Anforderungen zu seinem Job. Meist werden für diese Position Wirtschaftsinformatiker, Wirtschaftsingenieure oder auch Betriebswirte gesucht.

Electronic-Ordering-Specialist: wie der Name schon sagt – ein Spezialist für elektronische Bestellungen und meist für die Auftragsabwicklung verantwortlich. Dafür sind eine kaufmännische Ausbildung und Computerkenntnisse sinnvoll.

Estimator: meist jemand, der bei großen Projekten Kosten schätzt und Budgets festlegt. Siehe → Cost-Engineer.

Event-Elektroniker: neuer Ausbildungsberuf mit dreijähriger Lehrzeit, für den man mindestens einen Hauptschulabschluss mitbringen muss. Der Event-Elektroniker betreut bei Konzerten oder anderen Veranstaltungen die gesamte Technik: Er baut Mikros und Verstärker, Beleuchtung und Bühne auf und steuert den Ablauf des Events elektronisch. Mithilfe der neuesten Technik lässt er die Special-Effects nur so knallen. Organisationstalent und technisches Wissen gehören zu den wichtigsten Voraussetzungen. Ähnlich: »Fachmann für Veranstaltungstechnik«

Executive-Assistant: amerikanische Bezeichnung für Assistent der Geschäftsführung. Meist hat er organisatorische und administrative Aufgaben. Vorerfahrung in dem Beruf wird meist verlangt, jedoch keine bestimmte Ausbildung.

Fachinformatiker: sehr beliebter neuer Ausbildungsberuf. Ein Fachinformatiker plant und realisiert große Hard- und Softwaresysteme. Es gibt die Fachrichtungen Anwendungsentwicklung und Systemintegration – in Ersterer werden für Kunden Softwareanwendungen konzipiert, modifiziert und Schulungen durchgeführt. Im Letzteren konzipiert und realisiert der Fachinformatiker komplexe IT- und Telekommunikationssysteme, kümmert sich um deren Inbetriebnahme und Administration und führt Anwenderschulungen durch. Arbeitsplätze gibt es vor allem in großen Firmen, manche Fachinformatiker arbeiten aber auch als selbstständige Dienstleister. Voraussetzung für die Ausbildung ist in der Praxis meist Abitur.

Fachangesteller für Medien- und Informationsdienste: Mitte 1998 geschaffener Ausbildungsberuf im öffentlichen Dienst sowie Industrie und Handel. Der Absolvent soll Informationsspezialist sein, der in Bibliotheken, Archiven, Informations- und Dokumentationsstellen, Bildagenturen und im Bereich medizinische Dokumentation arbeitet. Seine Aufgaben sind laut Bundesakademie für Berufsbildung »die professionelle Beschaffung, Aufbereitung und Vermittlung von Informationen und Medien aller Art mithilfe moderner Informations- und Kommunikationstechniken«. Die Ausbildung dauert drei Jahre.

Fachmann/-frau für Systemgastronomie: 1998 geschaffener, kaufmännisch orientierter Ausbildungsberuf in der Gastronomie, der McDonald's, Nordsee, Block House & Co. qualifizierten Führungsnachwuchs (Restaurantleiter/Franchisenehmer) sichern soll. Der Deutsche Hotel- und Gaststättenverband (DEHOGA) schätzt, dass die Systemgastronomen sehr gute Chancen auf dem Arbeitsmarkt haben werden, da die Umsätze der Restaurantketten noch immer wachsen. Während der dreijährigen Ausbildungszeit lernen die Azubis (die mindestens 18 Jahre alt sein sollten) neben der Essenszubereitung auch Personaleinsatz, Marketing, Budgetplanung und die Einhaltung von Qualitätsstandards. Chancen haben Realschüler, Abiturienten oder Hauptschüler mit sehr gutem Abschluss.

Fachkraft für Veranstaltungstechnik: 1998 geschaffene Ausbildung, die sozusagen den Allrounder für Veranstaltungen hervorbringen soll. Er ist nicht nur für die Bühnentechnik verantwortlich wie ein Event-Elektroniker, sondern organisiert und konzipiert das ganze Ereignis nach den Wünschen des Kunden. Dazu gehört, die Kosten zu kalkulieren, die »Location« zu prüfen, sich um Sicherheitsfragen und Energieversorgung zu kümmern und die nötige Ton-, Licht- und Aufnahmetechnik zu beschaffen und aufzubauen. Mitbringen sollte man dafür mittlere Reife oder mindestens Hauptschulabschluss, außerdem Organisationstalent und handwerkliches Geschick.

Fachwirt/in für Finanzberatung: erste staatlich anerkannte Ausbildung für Finanzberater und -vermittler, die seit Mitte der 90er Jahre sicherstellen soll, dass der Markt seriöser und der Verbraucher besser geschützt wird. Berufsbegleitend dauert die Ausbildung circa zwei bis drei Jahre, man kann aber auch ohne Kursteilnahme, nur durch Nachweis von sechs Jahren Berufserfahrung an einer der Prüfungen der IHK teilnehmen. Mit einer Ausbildung aus dem Sektor Banken und Versicherungen genügen zwei Berufsjahre.

Field-Service-Manager: dirigiert die Field-Service-Engineers (Reparatur- und Wartungsspezialisten) seines Teams zur rechten Zeit an den rechten Ort. Er steuert und koordiniert die Einsätze, sorgt aber auch dafür, dass die nötigen Ersatzteile vor Ort sind und seine Ingenieure in neue Produkte eingewiesen werden. In manchen Firmen repariert er noch ab und zu selbst, in anderen hält er nur noch den Kontakt mit dem Kunden und verkauft zum Beispiel Wartungsverträge. Nach einem Ingenieursdiplom wird selten gefragt, Techniker oder Elektriker haben eine ebenso gute Chance. Ein Händchen für Maschinen und etwas Basteltalent sollte man als Service-Engineer jedoch mitbringen, außerdem reichlich Stresstoleranz.

Film- und Videoeditor: neuer Ausbildungsberuf für Realschüler und Abiturienten, bislang war in diesem Bereich der Quereinstieg die Regel. Ein Editor bearbeitet an Mischpulten und mit Schnittsystemen Bild- und Tonmaterial und formt es zu einem fertigen Produkt, zum Beispiel einem Beitrag in den Abendnachrichten, einer Dokumentation oder einem Fernsehspiel. Man sollte unter Zeitdruck arbeiten können und ein Geschick für Gestaltung und Technik haben. Stellen gibt es vor allem bei Fernsehanstalten und Filmproduktionsfirmen.

Finance-Manager, Administration-Manager: meist leitender Mitarbeiter, der mehrere Abteilung unter sich hat, zum Beispiel Rechnungswesen, Auftragsbearbeitung, Verträge, Materialwirtschaft, IT, Qualitätssicherung, Logistik und Personalwesen. In der Regel wird ein wirtschaftswissenschaftliches Studium mit Schwerpunkt Rechnungswesen/Finanzen verlangt.

Fitnessfachwirt: Der Fitnessbereich professionalisiert sich. Seit wenigen Jahren gibt es diesen von der IHK anerkannten Ausbildungsgang. Zur Prüfung zugelassen werden Physiotherapeuten, Masseure, Gymnastiklehrer, Sportlehrer oder Bewerber mit einer kaufmännischen Ausbildung. Ersatzweise reichen auch sechs Jahre Berufserfahrung in einem Fitnesscenter aus. Vermittelt werden in den Kursen unter anderem Kenntnisse in Personalführung, Datenverarbeitung, Marketing, Gerätekunde, Ernährungswissenschaft und Sportmedizin. Besonders geeignet ist die Ausbildung für zukünftige Fitnessstudioleiter. Informationen gibt es beim Deutschen Fitness- und Aerobic-Verband in Bonn. Ähnlich: Wellness-Trainer.

Fotomedienlaborant: neue dreijährige Ausbildung. Fotomedienlaboranten arbeiten für Profifotografen: In Werbe- und Presseagenturen, Redaktionen von Zeitschriften und Buchverlagen, aber auch in industriellen Betrieben und Forschungseinrichtungen. Er entwickelt Filme, fertigt Abzüge an, korrigiert und bearbeitet Film- und Fotovorlagen digital. Nötig ist die Fachoberschulreife, gute Noten in den naturwissenschaftlichen Fächern und technisches Interesse sowie handwerkliches Geschick und Geduld.

Frachtagent: Das Geschäft mit der Luftfracht expandiert stark, und damit auch der Bedarf an Frachtagenten: Er arbeitet in den Cargo-Abteilungen der Flughäfen und Fluggesellschaften. Dort stellt er die Frachtpapiere aus, überprüft Dokumente, koordiniert die Lieferungen und sind Ansprechpartner für Speditionen und die Abteilung Frachtreservierung. Meist wird keine spezielle Ausbildung verlangt, das Training findet »on the Job« statt. Speditionsmitarbeiter werden jedoch bevorzugt.

Front-Office-Manager: leitender Mitarbeiter an der Rezeption eines Hotels oder einer anderen Dienstleistungsfirma.

Gästemanager: in manchen Hotels verantwortlich für den Kontakt mit den Kunden, aber auch für das Personal- und Schulungswesen. Spaß am Umgang mit Menschen und Organisationstalent sind dabei wichtiger als die Ausbildung, Erfahrung im Dienstleistungsbereich oder Hotelfach aber sehr nützlich.

Gesundheitswirt: arbeitet in der Gesundheitsförderung und in der Planung von Krankenhäusern, Pflegeheimen und ambulanten Diensten. Zu finden ist er auch in der »Gesundheitsberichterstattung«, wo er sich einen Überblick darüber verschafft, was bei der Versorgung der Bevölkerung noch verbessert werden könnte. Häufig besteht die Arbeit aus zeitlich befristeter Projektarbeit, aber es gibt auch Festanstellungen in Organisationen wie Krankenkassen, der WHO und anderen. Zugang ist zum Beispiel das neue FH-Studium, das im Hamburg angeboten wird – dabei geht es vor allem um die Gesundheit der Bevölkerung.

Group-Manager: meist andere Bezeichnung für Projektmanager oder Teamleiter.

Group-Treasurer: Manager Finanzen einer Unternehmensgruppe.

Help-Desk-Support-Specialist: erste Anlaufstelle für Anrufer, die mit dem Produkt der Firma technische Probleme haben. Die einfachen Anfragen bearbeitet er selbstständig, die anderen gibt er an die Experten der zweiten und dritten Support-Ebene weiter. Je nach Branche braucht man für den Job eine Fachausbildung oder einfach nur entsprechende Kenntnisse. Auch im Stress korrekt und höflich bleiben zu können ist eine der wichtigsten Voraussetzungen. Chefs des Help-Desk-Teams werden manchmal etwas militärisch Help-Desk-Officer genannt.

Holding-Controller, Group-Controller: Controller, der für die gesamte Unternehmensgruppe zuständig ist.

Human-Resources-Generalist: auch Human-Resources-Specialist oder -Associate oder Referent/in Human-Resources genannt. In der Personalabteilung meist verantwortlich für alle anfallenden Arbeiten in einem bestimmten Land beziehungsweise Bereich der Firma, inklusive Personalrekrutierung und -betreuung. Berichtet meist direkt dem Personalleiter (Human-Resources-Manager). Gefordert wird zum Teil ein BWL-Studium Schwerpunkt Personalwirtschaft und Interesse im Umgang mit Menschen, manchmal einfach nur ein Studium oder eine Berufsausbildung plus Erfahrung in der Personalbetreuung.

IC-Designer, ASIC-Designer: Ingenieur, der integrierte Schaltungen (ICs, Computerchips) entwirft. Meist ist dafür ein Elektrotechnik-Studium notwendig. Ist der Chip anwenderspezifisch, also für einen bestimmten Kunden beziehungsweise Kundenkreis vorgesehen, nennt man ihn ASIC und seinen Schöpfer ASIC-Designer.

Implementation-Manager: baut Netze und andere Infrastruktur auf und überwacht die Bauaktivitäten. Kümmert sich um alle nötigen Antragstellungen und Genehmigungen und ist Ansprechpartner für alle Beteiligten. Gesucht werden für diesen Job Leute mit viel Eigeninitiative, die selbstständiges Arbeiten gewohnt sind. Eine technische Ausbildung oder ein Ingenieurstudium sind meist Voraussetzung, aber auch erfahrene Praktiker bekommen eine Chance.

Industrietechnologe: Der Ingenieurmangel hat manche Firmen dazu gebracht, ungewöhnliche Wege zu gehen: So bietet Siemens in seinen vier deutschen Technikakademien Abiturienten eine zweijährige Ausbildung zum »Industrietechnologen« an. In weiteren zwei Jahren kann man den Abschluss zum »Bachelor« draufsatteln. Eingesetzt werden die Absolventen (deren Abschluss staatlich anerkannt ist) in Bereichen des Unternehmens, wo nicht unbedingt studierte Elektrotechnik-Ingenieure benötigt werden.

Informatikkaufmann/-frau: neuer Ausbildungsberuf seit 1997. IT-Kaufleute führen in ihrer Firma IT-Systeme ein, betreuen sie und entwickeln sie weiter. Sie sind Mittler und Schnittstelle zwischen den einzelnen Abteilungen des Unternehmens und den Systemanbietern von draußen. Für den Einkauf von Computerkomponenten können sie ebenso zuständig sein wie für die Schulung der Benutzer.

Informationselektroniker: 1999 eingeführte Ausbildung. Der Informationselektroniker erbringt Serviceleistungen rund um Informations- und Kommunikationssysteme – er konzipieren, installiert und repariert sie und schult zudem die Nutzer. In dem neuen Beruf werden der Büroinformationselektroniker und der Radio- und Fernsehtechniker zusammengefasst. Die Ausbildung verknüpft Service, Technik und Kaufmännisches und dauert dreieinhalb Jahre. Nach zwei Jahren unterteilt sich die Ausbildung in die Schwerpunkte Büro-Systemtechnik und Geräte- und Systemtechnik.

Inside-Sales-Coordinator: amerikanische Bezeichnung für Vertriebsmitarbeiter Innendienst oder Innendienst-Vertriebsleiter.

Meist hat er die Aufgabe, Projekte weiterzuverfolgen und ist Ansprechpartner für bestimmte Kundengruppen. Ein technisches oder wirtschaftliches Studium, Kundenorientierung und Kommunikationstalent sind für diesen Beruf wichtig.

Institutional-Advisory-Support: ist für Vorbereitung und Unterstützung der Verkaufsaktivitäten in einem Unternehmen der Finanzbranche zuständig. Erstellt Marketingmaterial, beantwortet erste Kundenanfragen und kümmert sich um anfallende Aufgaben nach dem Verkauf. Eine Ausbildung als Bankkaufmann oder Industriekaufmann ist dafür sinnvoll.

International-Relocation-Specialist: unterstützt und berät Mitarbeiter des Konzerns, die sich in einen neuen Kulturkreis zurechtfinden müssen. Hilft bei der sozialen und gesellschaftlichen Integration, berät die Mitarbeiter in arbeits- und sozialrechtlichen Fragen und gibt zu diesen Bereichen Broschüren heraus. Voraussetzung ist in der Regel ein abgeschlossenes Studium im Bereich Wirtschafts-, Kultur- oder Sozialwissenschaften und Erfahrungen im internationalen Umfeld. Interkulturelle Kompetenz und Offenheit sollte man für diesen Job ebenso mitbringen wie gute Fremdsprachenkenntnisse.

Interview-Koordinator: koordiniert sämtliche im Vorfeld einer Sendung anfallenden Aufgaben, findet Interviewpartner, führt Gespräche, macht Termine. Bei der stetig steigenden Anzahl von Talkshows ein zukunftsträchtiger Job, für den man keine bestimmte Ausbildung braucht.

Inventory-Controller: optimiert den Lagerbestand, überwacht Warenein- und -ausgang, organisiert Inventuren und kümmert sich um die Liefer- und Rechnungskontrolle. In anderen Varianten dieses Berufs ist der Inventory-Controller mehr im Bereich Finanzmanagement/Controlling angesiedelt, überwacht Bewegungen im Anlagevermögen und ist verantwortlich für die Verbesserung von Geschäftsprozessen mithilfe von Kennzahlen. Je nach Anforderungen ist eine kaufmännische oder betriebswirtschaftliche Ausbildung sinnvoll.

IT-Manager: leitet die IT-Abteilung in einem Unternehmen. Dazu gehört es, die IT-Strukturen und -Arbeitsabläufe des Unternehmens zu planen, zu realisieren und zu koordinieren. Dabei ist er ebenso für die Mitarbeiter seiner Abteilung verantwortlich wie für die Führung externer Programmierer und IT-Consultants. Meist wird für diesen Job ein Informatikstudium, Organisationstalent, gute Kommunikationsfähigkeit und einige Jahre Berufserfahrung gewünscht.

IT-Security-Manager: auch Spezialist IT-Sicherheit genannt. Verantwortlich für Sicherheitsfragen bei komplexen IT-Systemen, zum Beispiel bei Banken oder im Bereich E-Commerce. Plant Sicherheitsvorkehrungen, testet, ob es noch Sicherheitslücken gibt und hilft bei der Abwehr von elektronischen Angriffsversuchen. Meist wird dafür ein technisches Studium verlangt, mit Vorliebe natürlich Informatik. Außerdem sollten sich Bewerber mit Datensicherheit, Firewalls oder Verschlüsselungsverfahren auskennen.

Kaufmann/-frau für audiovisuelle Medien: neuer Beruf speziell für kaufmännische und organisatorische Aufgaben bei Radio- und Fernsehsendern. Vorher wurden von Sendern und Produktionsfirmen Industriekaufleute eingesetzt, die neue Ausbildung ist nun stärker auf die Medien zugeschnitten. Medienkaufleute planen Produktionen, erstellen Marktanalysen und Marketingkonzepte, verkaufen Werbezeit und arbeiten zum Teil auch redaktionell. Chancen, einen der begehrten Ausbildungsplätze zu bekommen, haben hoch motivierte und flexible Abiturienten, am besten mit Medienerfahrung.

Kommunikationselektroniker: Elektroberuf für Jugendliche mit mittlerer Reife, der aus bisherigen Berufen (zum Beispiel dem Fernmeldehandwerker) hervorgegangen ist. Absolventen arbeiten entweder im Außendienst, wo sie auf Baustellen Kabel und Leitungen verlegen, Systeme montieren und in Betrieb nehmen, oder im Innendienst. Es gibt die Fachrichtungen Funktechnik, Informationstechnik und Telekommunikationstechnik.

Kultur(bau)techniker: kümmert sich um die Verbesserung von Kulturlandschaften und um Fragen der Wasserwirtschaft. Zu den Aufgaben gehört zum Beispiel die Sanierung von Gewässern, die Ertragssteigerung von landwirtschaftlichen Flächen und die Trockenlegung von sumpfigen Gebieten. Studieren kann man dieses Fach zum Beispiel an der Universität für Bodenkultur in Wien. In Deutschland ist es meist in die Ausbildung von Bauingenieuren integriert. Ähnlich: Wasserbauer.

Legal-Assistant: verantwortlich für administrative Arbeiten in der Rechtsabteilung eines Unternehmens. Berufserfahrung in der Büroorganisation oder im Sekretariat, speziell in einer Rechtsanwaltskanzlei, sind von Vorteil.

Listbroker: verwaltet große Adressendatenbanken und kümmert sich um den Ankauf weiterer Adresslisten von Listbroking-Agenturen für die Mailingaktivitäten eines Unternehmens. Eine spezielle Ausbildung dafür wird nicht verlangt, aber man sollte einschlägige Berufserfahrung haben.

Listmanager: auch Database-Manager genannt. Ist in einer Firma für Direktmarketing zuständig, wählt die Adressen beziehungsweise Listen aus, die dafür verwendet werden, und managt die Kampagne. Er entwickelt die Marketing-Datenbank weiter und arbeitet mit externen Listbrokern zusammen.

Location-Coordinator: leitet ein Team inklusive Personalverantwortung und -planung, kümmert sich um Einsätze in seinem Gebiet und liefert seinen Leuten administrative Unterstützung vor Ort. Führungserfahrung, Sozialkompetenz und eine hohe Motivation sollte man mitbringen. Besonders nützlich sind eine Ausbildung zum Beispiel im Hotelfach oder im Bereich Tourismus.

Manager-Client-Relationsship: verantwortlich für den Aufbau von Geschäftsbeziehungen zu neuen Kundenkreisen. Gefordert wird gewöhnlich ein Hochschulstudium, Vertriebs- oder Consultingerfahrung und ein angenehmes und seriöses Auftreten.

Manager-Customer-Relations: verantwortlich für die Kundenbetreuung, zum Beispiel die Abwicklung der Bestellungen, Callcenter et cetera. Man sollte Organisationstalent und sehr gute kommunikative Fähigkeiten mitbringen.

Manager-Research-Administration: plant und koordiniert die Forschung einer Firma. Überwacht die Aktivitäten der Mitarbeiter, die die einzelnen Studien leiten und für die Erhebung und Verwendung von Daten zuständig sind. Auch die Budgets liegen oft in seiner Verantwortung. Voraussetzung können zum Beispiel ein naturwissenschaftliches Studium, Erfahrung im Monitoring klinischer Studien und im Management von Daten sein.

Market-Planner: überwacht die tatsächlichen Absätze im Vergleich zu Schätzungen und analysiert frühere Verkaufszahlen. Manchmal gehört auch dazu, die Lagerbestände im Blick zu behalten, damit das Unternehmen immer lieferfähig ist, sowie die Markteinführung von Produkten zu planen und zu betreuen.

Market-Research-Manager: führt Markt-, Kunden- und Wettbewerbsanalysen durch und beobachtet internationale Trends in bestimmten Bereichen, um daraus Prognosen für die zukünftige Marktentwicklung abzuleiten. Meist wird ein wirtschaftswissenschaftliches Studium (mit Schwerpunkt Marketing) verlangt. Man sollte sich in Marktforschung auskennen und eine analytische Denkweise haben.

Media-Designer: stellt am Monitor Printprodukte und Multimedia her, gestaltet Websites und Grafiken für das Fernsehen. Künstlerisches Talent ist oft Voraussetzung für die Teilnahme an einer Fortbildung zum Media-Designer, die von Fachschulen oder Berufsakademien angeboten wird. Gewöhnlich müssen Bewerber einen Test bestehen und Arbeitsproben einsenden. Ähnlich: DTP-Layouter, Screen-Designer.

Medical-Advisor: Mediziner oder Pharmazeut, der die Bereiche Marketing, Vertrieb und Öffentlichkeitsarbeit einer pharmazeutischen Firma wissenschaftlich unterstützt. Manchmal auch Medical-Manager genannt, da die Abgrenzung zum Gesundheitsmanager fließend ist. Erarbeitet und aktualisiert gemeinsam mit anderen Abteilungen Informationsmaterial für Apotheker, Ärzte und Patienten, repräsentiert das Unternehmen auf Kongressen und pflegt den Kontakt zu wichtigen Meinungsbildnern wie Mitarbeitern von Fachzeitschriften, Organisationen, Interessenvertretungen et cetera. Auch für die Beobachtung medizinischer Trends zuständig, seltener für die Planung und Dokumentation von klinischen Studien. Als Medical-Advisor sollte man kommunikativ sein und komplexe Sachverhalte verständlich und didaktisch aufbereiten können.

Mediengestalter/in: Mediengestalter »Bild und Ton« arbeitet als Bild- und Tontechniker bei der Aufzeichnung von Bildern und Tönen mit, bearbeitet das Material und gestaltet damit Fernsehspots, Filme, Videos und Multimediaprodukte. Es gibt auch Mediengestalter »Digital- und Printmedien«, die ihre Einsatzgebiete in Agenturen, Zeitungen und Zeitschriften finden, wo sie gedruckte Produkte und Multimedia herstellen. Dieser neue Beruf löst gleich mehrere etwas antiquierte Ausbildungen ab, unter anderem Reprohersteller, Schriftsetzer sowie Werbe- und Medienvorlagenhersteller.

Monitor: beschäftigt sich mit klinischen Versuchen und Erprobungen neuer Medikamente. Hilft in Zusammenarbeit mit der Forschungsabteilung bei der Konzeption der (oft internationalen) Studie, besucht die Prüfzentren und hält einen kritischen Blick auf die Durchführung, indem er die Prüfpläne durchsieht, auf Einhaltung internationaler Standards achtet, mit den Mitarbeitern diskutiert, das Datenmanagement überprüft und Berichte erstellt. Seltener übernimmt er auch PR-Aufgaben und informiert Fachmedien, Sponsoren und Öffentlichkeit über die Studie. Vorausgesetzt wird ein naturwissenschaftliches Studium oder eine Ausbildung als medizinische Dokumentarin, Erfahrung in der Pharmaindustrie ist hilfreich. Meist muss man in diesem Job viel reisen.

Multimedia-Assistent, Multimedia-Referent, Multimedia-Operator: kleine Auswahl aus der verwirrenden Fülle der Bezeichnungen, die Fortbildungsanbieter sich ausgedacht haben. Es empfiehlt sich, beim Deutschen Multimedia-Verband (dmmv) nachzufragen, ob das Ausbildungsinstitut seriös ist und sein Angebot und Konzept sinnvoll sind. Außerdem sollte man die konkrete Bezeichnung und das Ausbildungsprofil mit den in Agenturen anfallenden Standardtätigkeiten vergleichen: Laut dmmv kristallisieren sich die Multimedia-Berufe in die Bereiche Projektmanagement, Konzeption, Design und Programmierung. Es gibt jedoch auch Allround-Ausbildungen, wie sie zum Beispiel unter dem Namen Technical-Multimedia-Master von der Medienakademie Köln in Kooperation mit dem DITEC Bildungszentrum angeboten wird. In der sechsmonatigen Fortbildung werden Grundlagen zur Technik, Konzeption der Inhalte bis hin zum Screen-Design, vermittelt.

Mystery-Fair-Visitor: Testbesucher von Messeständen, der hilft, den Messeauftritt zu optimieren. Mystery-Fair-Visitors besuchen den entsprechenden Stand »undercover« und prüfen dort, ob die Standgestaltung und Produktpräsentation dem Interesse des Unternehmens entspricht. Außerdem mimen sie Kunden mit unterschiedlichem Kaufinteresse. Auf Wunsch schulen sie die Mitarbeiter gleich an Ort und Stelle, nachdem sie sich zu erkennen gegeben haben.

Mystery-Shopper: anonyme, unangekündigte Besucher, die im Auftrag des Besitzers den Service eines Geschäfts oder Restaurants testen. Nach jedem Besuch muss ein Bericht geschrieben werden. Verantwortungsbewusstsein und Zuverlässigkeit sind in diesem Job wichtig, eine Ausbildung im Einzelhandel oder im Dienstleistungssektor wird in manchen Fällen verlangt.

New-Business-Developer: wirbt neue Kunden an, indem er Kontakte zu Unternehmen herstellt, Geschäftschancen erkennt und ausbaut sowie allgemein die Dienstleistung des Unternehmens vermarktet. Position im Marketing. Ideal dafür ist ein BWL-Studium mit Schwerpunkt Marketing, außerdem sollte man gut telefonieren können.

Non-Profit-Manager: auch Sozialmanager genannt. Setzt seine betriebswirtschaftlichen Kenntnisse in einer gemeinnützigen Institution oder einem Verein ein. Er trägt zwar ein »Non-Profit« in seinem Namen, doch es gehört durchaus auch zu seinen Aufgaben, Geld aufzutreiben, zum Beispiel durch Fundraising. Gesucht werden dafür vor allem Betriebswirte.

Office-Manager: (erweiterte) Sekretariatsstelle, bei der neben Büroorganisation meist auch die Betreuung der Telekommunikations- und Computer-Infrastruktur, Reiseplanung, Fuhrpark- und Archivsystem-Management oder telefonische Betreuung von Kunden anfällt. Manchmal gehört auch die Mitarbeit an Beratungsprojekten dazu.

Online-Advertising-Manager, Offline-Advertising-Manager: Während der Offline-Advertising-Manager für die klassischen Werbe- und Marketingmaßnahmen zuständig ist, koordiniert der Online-Advertising-Manager diese Dinge im Online-Bereich. Ein Hochschulstudium und sehr gute Kenntnisse des Mediums Internet sind meist Voraussetzung.

Operations-Manager: hat als »Kopf und Motor« die gesamte Organisation eines Bereichs/einer Niederlassung inklusive Betreuung der Mitarbeiter in den Händen. Kann auch der Manager eines Produktionsbereichs sein, der von der Planung der Produktion über die Terminüberwachung bis zum Erfüllen von Bestellungen (mithilfe eines Operations-Assistant) für alles verantwortlich ist. Bedingung ist meist eine technische oder kaufmännische Ausbildung/Studium sowie die Fähigkeit, Verantwortung zu übernehmen und Mitarbeiter zu führen.

Order-Administrator: Sachbearbeiter Auftragsbearbeitung. Stellt sicher, dass die Aufträge der Kunden schnell, zuverlässig und kompetent abgewickelt werden. Gewünscht wird dafür meist eine kaufmännische oder technische Ausbildung, Erfahrung im Warenwirtschaftssystem und der Lagerwirtschaft sind ebenfalls ein Plus.

Outfitberater/in: andere Bezeichnung für Kleidungsverkäufer/in. Ausbildung im Textileinzelhandel und ein Gespür für Mode werden meist gefordert.

Payroll-Executive: andere Bezeichnung für Lohn/Gehaltsbuchhalter in der Personalabteilung. Er hat die Aufgabe, die Gehaltsabrechnungen vorzubereiten und abzuwickeln oder mit Krankenkassen zu korrespondieren, die Urlaubs- und teilweise auch die Reisekostenabrechnung durchzuführen. Gefordert wird dafür in der Regel eine kaufmännische Ausbildung und Erfahrung in der Gehalts- oder Finanzbuchhaltung.

Performance-Engineer, Performance-Analyst: führt verschiedene Leistungstests durch und legt Systemgrenzwerte fest. Hilft aber auch beim Design neuer Produkte. Der Radio-Performance-Engineer beschäftigt sich zum Beispiel mit der Optimierung eines Funknetzes und der Fehlerbeseitigung. Ein technisches, naturwissenschaftliches oder mathematisches Studium und gute Computerkenntnisse (am besten auch in einigen Programmiersprachen) werden vorausgesetzt.

Pre-Sales-Engineer, Post-Sales-Engineer: Ingenieure, die den Vertrieb vor beziehungsweise nach dem Vertragsabschluss unterstützen und teilweise auch bei der Kundenbetreuung mithelfen. In manchen Unternehmen gehören sie selbst zum Vertrieb. Die Aufgaben, die im Pre-Sales anfallen, sind meist Neukundengewinnung, Produktpräsentationen, Teilnahme an Messen und das Aufbauen von Testinstallationen. Im Post-Sales hat man mit Installationen, dem Schulen der Anwender und dem Lösen technischer Probleme zu tun. In beiden Bereichen fangen Mitarbeiter meist als »Junior« an und können sich später ein »Senior« vor die Berufsbezeichnung setzen. Ein technisches Studium – die Richtung variiert je nach Branche – wird vorausgesetzt, ebenso Kommunikationsstärke. Ideal ist zusätzlich Beratungserfahrung.

Process-Engineer: Prozessingenieur. Wählt die beste Fertigungstechnik für neue Produkte aus, plant die Fertigung, organisiert die

Beschaffung der erforderlichen Anlagen und überwacht die Inbetriebnahme. Notwendig ist dafür eine Techniker- oder Ingenieurausbildung im jeweiligen Bereich.

Product-(Group-)Manager: verantwortlich für eine bestimmte Produktfamilie oder ein Produkt – von der Idee über die Preisgestaltung bis zur Positionierung und Werbung. Organisiert Tests, Markt- und Konkurrenzanalysen und die Weiterentwicklung von bestehenden Produktportfolios. Dafür wird meist ein betriebswirtschaftliches Studium verlangt sowie Erfahrung im Produkt- oder Projektmanagement und ein Gespür für Kunden- und Marktbedürfnisse. Ähnlich: Product- oder Category-Manager.

Product-Consultant: berät Kunden zu einem bestimmten Produkt der Firma.

Produktioner, Productioner: plant und koordiniert die Anfertigung von Printprodukten, zum Beispiel Katalogen. Für die Auftragsvergabe und -abwicklung zuständig, überwacht die Herstellung oder erledigt sie selbst. Da er die verschiedenen Druckverfahren genau kennen muss, werden für diesen Job Leute mit einer Ausbildung im Bereich Druck/Produktion oder Grafik gesucht. Man sollte gut organisieren können.

Profiler: auch Fallanalytiker genannt. Polizeispezialist, der aus konkreten Fällen Hinweise auf die Persönlichkeit des Täters herausliest. Der Beruf ist vor allem in den USA verbreitet, dringt aber nach einem erfolgreichen Pilotprojekt im Morddezernat München langsam auch nach Deutschland vor.

Project-Manager: neue Bezeichnung für Projektleiter.

Propagandist: Mitarbeiter, der in einer geschlossenen Verkaufseinheit für ein einzelnes Unternehmen arbeitet, zum Beispiel einen Verkaufsstand für Modeschmuck in einem Kaufhaus führt. Der Verkaufsstand gehört nicht zum Kaufhaus, sondern einer externen Firma. Ähnliches gilt bei Verkaufsständen verschiedener Marken in der Parfümabteilung eines Kaufhauses. Gesucht werden dafür Leute mit Verkaufstalent, die Ausbildung ist nicht weiter wichtig.

Purser: kein neuer Beruf, sondern traditionelle Bezeichnung des leitenden Stewards an Bord eines Schiffs oder in der Stewarding-(Geschirr-)Abteilung eines Restaurants oder Hotels. An Bord von Flugzeugen Chef der Flugbegleiter. Bei kurzen Strecken bedient er mit, bei Langstrecken hat er mit Führungsaufgaben genug zu tun. Kümmert sich darum, dass im Bereich Service an Bord alles läuft. Wird meist nach Dienstalter ernannt.

Quality-Assurance-Analyst: ist meist für Qualitätsstatistiken und ein System von Qualitätsreporting verantwortlich. Außerdem führt er Qualitätsprüfungen (Audits) im Unternehmen durch. Meist sind für diesen Job Ingenieure, Naturwissenschaftler oder Betriebswirte mit Erfahrung im Qualitätsmanagement und Audit-Erfahrung gefragt.

Quality-Consultant: baut Dokumentenablagen auf und unterstützt die Projektleiter organisatorisch. Dokumentiert und pflegt Geschäftsprozesse sowie Inhalte im Intra- und Internet, verfolgt die Kommunikation mit Kunden.

Quality-Manager: achtet darauf, dass die Produkte von Lieferanten den Qualitätsanforderungen entsprechen, ist also auch an der Auswahl und Auditierung von Lieferanten beteiligt. In manchen Unternehmen ist er primär für die Qualitätssicherung der eigenen Produkte verantwortlich, hält einen kritischen Blick auf die Herstellungsverfahren und befasst sich mit Kundenbeschwerden. Je nach Industrie werden entsprechende technische oder pharmazeutische Fachkenntnisse verlangt, außerdem Erfahrung in Qualitätssicherung und Qualitätsmanagement.

Receptionist, Facilities-Assistant: Allround-Sekretärin. Meist telefonisch und persönlich erster Ansprechpartner für Besucher und Kunden. Erledigt Schreibarbeiten, ist verantwortlich für die Bestellung von Büromaterial, die Verwaltung von Konferenzräumen oder die Beauftragung von Reinigungsdiensten. Meist werden eine kaufmännische Ausbildung, Organisationstalent und Kommunikationsstärke gewünscht.

Regulatory-Manager, Regulatory-Affairs-Director: kümmert sich um Zulassungen, Lizenzierungen und alle anderen Dinge, für die Genehmigungen notwendig sind (zum Beispiel von neuen Medikamenten oder Telekommunikationsanwendungen). In der Pharmabranche werden dafür Apotheker, Naturwissenschaftler und Mediziner gesucht, in anderen Bereichen eher ein wirtschaftswissenschaftliches oder Jura-Studium.

Rental-Sales-Agent: amerikanischer Begriff für »Vermietassistent/in« bei einer Autovermietung, der sich allmählich auch in Deutschland einbürgert. Man arbeitet am Schalter und übernimmt in flexibler Arbeitszeit die Kundenbetreuung. Eine kaufmännische Ausbildung ist meist willkommen.

Researcher: Mitarbeiter in Personalberatungsunternehmen (Executive-Search), die geeignete Kandidaten für eine Führungsposition suchen und ansprechen. Dazu muss der Researcher Daten zu Branchen, Unternehmen und Führungskräften aus einer Vielzahl von Quellen recherchieren. Meist unterstützt er die Berater, die für das jeweilige Projekt verantwortlich sind. Die Fähigkeit zum selbstständigen Arbeiten sowie Kommunikationsfähigkeit (denn der Researcher ist oft derjenige, der potenzielle Kandidaten als Erster am Telefon hat) sind dafür wichtig. Einige Researcher arbeiten aber auch bei gewöhnlichen Unternehmen und sind dort für Produkt-, Marken- und Branchenanalysen oder das Sammeln und Aufbereiten von Wirtschafts- und Finanzdaten verantwortlich, manchmal im Vorfeld von Firmenübernahmen. Für diese oft Research-Analyst genannte Position wird häufig ein wirtschafts- oder naturwissenschaftliches Studium verlangt, analytische Fähigkeiten sollte man mitbringen.

Research-Analyst: Berater mit Expertenwissen in einem bestimmten Sektor, das er sich durch Recherche erarbeitet. Er analysiert Entwicklungstrends, Märkte und Unternehmensstrategien.

Solche Analysten finden sich oft in Beratungsfirmen, ein sehr guter Studienabschluss wird vorausgesetzt. Siehe auch »Researcher«

Resident-Engineer: gehört zur Entwicklungsabteilung. In manchen Firmen unterstützt der Resident-Engineer innerhalb der Firma aus der Abteilung Kundenservice heraus die Entwicker: Er informiert sie über kundenspezifische Produktanforderungen, wirkt bei Tests, Produktentwicklung und -design mit und widmet sich der Problemanalyse und dem Ausbrüten von neuen Ideen. In anderen Unternehmen unterstützt er zwar ebenfalls die Entwicklungsabteilung und die Marketingabteilung während der Phase der Entwicklung und Produkteinführung, muss aber häufig vor Ort bei den Kunden arbeiten. Ein technisches Studium und Erfahrungen in der jeweiligen Branche sind Bedingung.

Retail-Manager: leitet entweder ein einzelnes Geschäft oder ist in einem Unternehmen für die Koordinierung aller Einzelhandelsfilialen verantwortlich. Dazu gehört die Suche nach neuen Standorten und Partnern, die gesamte Planung und Einrichtung der neuen Geschäfte und die Abwicklung der Lieferungen an die Shops. Gefordert wird für Ersteres gewöhnlich eine kaufmännische Ausbildung, für Letzteres ein betriebswirtschaftliches Studium und Erfahrung mit Konsumgütern.

Rollout-Techniker: leistet Hilfe bei der Einrichtung von Systemen, kümmert sich zum Beispiel um Installation, Konfiguration und Problemlösung bei Programmen im IT-Netzwerk einer Firma.

Runner: In den Dokumentationsarchiven der Fernsehsender, in denen Runner arbeiten, gehört neben der Bänderverwaltung, Botengängen, Einkauf und anderen organisatorischen Tätigkeiten nach wie vor auch die Erledigung des Posteingangs und -ausgangs zu ihrem Arbeitsgebiet. Konkret heißt das: Runner hecheln nicht selten mit Sendebändern zwischen Redaktion und Produktion hin und her. Sie kommen viel herum in den Abteilungen, kennen alle wichtigen Leute und träumen gerade deshalb oft davon, von der Kabelhilfe zum Moderator aufzusteigen. Pfiffige Laufburschen schaffen es nicht selten, zumindest für andere Aufgaben im Unternehmen herangezogen zu werden. Gesucht werden für den Runner-Job aktive Menschen, die gut und gern zu Fuß unterwegs sind und in einem turbulenten Arbeitstag den Überblick behalten. Auch PC-Kenntnisse und die Bereitschaft zum schnellen Lernen sollte man mitbringen. Zum Teil sind Runner fest angestellt, zum Teil arbeiten sie auf Stundenbasis.

Safety-Manager: stellt fest, ob die Maschinen seines Unternehmens sicher bedient werden können und ob von den Produkten der Firma Gefahren ausgehen könnten. Führt Sicherheits- und Unfallvermeidungsprogramme durch. Recht häufig finden sich diese Leute auch in der Pharmabranche, sie werden dann auch Drug-Safety-Manager genannt. In dieser Variante erfasst und dokumentiert er unerwünschte Arzneimittelwirkungen, erstellt Expertisen und Meldungen an die Behörden sowie Sicherheitsprofile für Arzneimittel. Muss sich gut in der nationalen und internationalen Gesetzgebung auskennen. Im ersten Fall ist ein technisches Studium, im zweiten Fall ein naturwissenschaftliches oder medizinisches Studium Bedingung. Kommunikationsstärke und Organisationstalent sollten Bewerber mitbringen.

Sales-Executive: er ist meist für den aktiven Aufbau neuer Geschäftsbeziehungen auf hoher Ebene verantwortlich, führt Präsentationen durch und betreut Kunden. Ein betriebswirtschaftliches Studium wird meist verlangt, noch wichtiger sind jedoch ein sicheres, sympathisches Auftreten, Kontaktfreudigkeit und Verhandlungsgeschick.

Sales-Representative: amerikanische Bezeichnung für einen Vertriebsmitarbeiter im Außendienst, der für eine bestimmte Region verantwortlich ist.

Scan-Operator: liest Dokumente mit Scannern ein und kümmert sich dann um die digitale Bearbeitung (meist an Macintosh-Computern). Einerseits in Archiven, Grafik- und Multimediastudios beschäftigt, aber auch im Bereich Entwicklung von neuen Scan-

Verfahren. Gesucht werden dafür Leute mit entsprechenden Softwarekenntnissen und Erfahrung in diesem Bereich; eine Multimedia-Ausbildung schadet nicht.

Scientific-Affairs-Specialist: berät den Außendienst eines Unternehmens wissenschaftlich und hat dadurch mit Anfragen von Kunden und Problemlösungen zu tun. Meist gilt es außerdem, Präsentationen zu organisieren und durchzuführen, Workshops zu veranstalten und Broschüren zu erstellen. Ähnlich: Medical-Advisor.

Service-Agent: meist Mitarbeiter eines Travel-Centers, der Abteilung im Unternehmen, die sich um Geschäftsreisen der Mitarbeiter kümmert. Reisebürokenntnisse sind erwünscht. Der Aufstieg zum Travel-Manager ist möglich (siehe Beitrag im Hauptteil dieses Buches).

Servicekaufmann/-frau im Luftverkehr: neuer Ausbildungsberuf rund um den Bodendienst am Flughafen; früher wurden die Mitarbeiter zum Beispiel im Bereich Luftverkehr und Abfertigung von den Arbeitgebern selbst geschult. Voraussetzung ist mindestens mittlere Reife. Mitbringen sollte man Spaß am Umgang mit Menschen, denn die Fluggastbetreuung – zu oft ungewöhnlichen Tageszeiten – bedeutet einigen Stress. Informationen über diesen Beruf gibt es direkt bei den Flughäfen.

Shop-Manager: kann genauso gut den Manager eines Bekleidungsgeschäfts (Shop oder Store) bezeichnen wie den Manager eines Online-Shops.

Sitzungsmanager: plant Sitzungen, erledigt die Vor- und Nachbereitung der Meetings, Gremiensitzungen und leitet die Veranstaltungen meist auch. Dazu sollte man sehr durchsetzungs- und kommunikationsfähig sein, gut Konflikte lösen und auch komplexe Sachverhalte sicher präsentieren können. Meist werden für diesen Job betriebswirtschaftliche Kenntnisse und Know-how im Projektmanagement gefordert. Siehe auch Conference-Manager.

Solution-Architect, Solution-Engineer: verantwortlich für die Planung und Umsetzung einer maßgeschneiderten Lösung auf der Basis von Analyseergebnissen und Kundenwünschen und -anforderungen. Meist geht es dabei um IT-Lösungen oder sogar die komplette Neugestaltung der IT-Architektur eines Kunden.

Specialist Launch-Management: technischer Mitarbeiter, der für die Einführung neuer Produkte zuständig ist. Verlangt wird meist ein Studium der Wirtschafts-, Ingenieurs- oder Naturwissenschaften, Durchsetzungsvermögen und Teamfähigkeit.

Specialist Mergers-&-Acquisitions: findet sich meist im Bereich Konzernfinanzen. Bewertet in- und ausländische Unternehmen und analysiert, ob sie interessante Kaufobjekte wären. Dazu wertet er alle verfügbaren Unterlagen wie Bilanzen oder Geschäftsberichte über diese Unternehmen aus. Außerdem wirkt er meist mit externen Beratern an der Gestaltung von Übernahmeverträgen mit. Verlangt wird gewöhnlich ein wirtschaftswissenschaftliches Studium oder eine Banklehre sowie mehrere Jahre Erfahrung im Bereich Konzernfinanzen.

Store-Accounting-Analyst: analysiert die Leistung der einzelnen Läden/Restaurants einer Kette und erstellt Kosten-/Ertragsanalysen und Auswertungen. Ein Studium der Betriebswirtschaft oder Wirtschaftsinformatik und Erfahrungen im Controlling sind in der Regel Voraussetzung.

Supervisor Order-Processing: auch »Manager Order-Processing« genannt. Amerikanischer Begriff für »Leitender Mitarbeiter im Bereich Auftragsabwicklung«.

Supply-Chain-Manager: entwickelt und optimiert Nachschubketten für Konsumprodukte. Meist tätig im Bereich Fertigungslogistik. Gefordert wird ein Studium mit Schwerpunkt Logistik und Erfahrung im Projektmanagement und in der Anwendung von Logistiksystemen.

Supporter: betreut Kunden, die Probleme mit dem Produkt der Firma haben. Meist wird ein Ingenieursstudium verlangt. Aufstieg ist möglich zum Technical-Support-Manager, der in Zusammenarbeit mit den Vor-Ort-Technikern technische Aufgabenstellungen löst.

System-Analyst: arbeitet beim Ausbau und der Weiterentwicklung der Systemarchitektur eines Unternehmens mit: Analysiert, welche Geschäftsanforderungen es gibt und welche Systeme dafür gebraucht werden. Sind die Geschäftsprozesse klar definiert, setzt er sie in neue technische Systeme und Abläufe um. Nötig sind für diesen Job vor allem gute DV-Kenntnisse und analytische Fähigkeiten.

System-Architect: entwickelt Anforderungen an komplexe neue IT-Produkte und konzipiert deren Architekturen. Gefordert wird ein Studium der Physik, Informatik, Nachrichtentechnik oder Elektrotechnik. Ähnlich: System-Analyst, Solution-Architect.

System-Engineer: erarbeitet technische Lösungen und begleitet große IT-Projekte vom ersten Kundenkontakt bis zur Inbetriebnahme. Dazu gehören Präsentationen ebenso wie Hilfe bei technischen Problemen (in Zusammenarbeit mit Support- und Entwicklungsabteilungen). Technisches Wissen ist dabei Voraussetzung, ein Informatikstudium wird meist gewünscht.

Systems-Engineer: betreut und berät Kunden in Zusammenarbeit mit dem zuständigen Account-Manager. Er analysiert die Bedürfnisse des Kunden, präsentiert ihm seine Lösung, stimmt sich mit ihm ab und setzt das Design technisch um. Für diesen Job sollte man ein technisches Studium vorweisen können, zum Beispiel Nachrichtentechnik, Informatik oder Elektrotechnik.

Tax-Manager: koordiniert und steuert alle steuerrechtlichen Fragen in einem Unternehmen, erarbeiten zum Beispiel Steuerrichtlinien und sucht nach Optimierungsmöglichkeiten. Solche Posten werden meist in größeren Konzernen vergeben. Verlangt wird oft ein betriebswirtschaftliches Studium und eine Steuerberater-Prüfung.

Technical-Director: leitet ein Werk (häufig im Ausland), ist verantwortlich für die technische Seite der Produktion. Verlangt wird dafür meist eine Ausbildung zum Techniker oder ein technisches Studium, vor allem aber sollte man ein pragmatischer Mensch sein, ein Team führen können und Verantwortungsbewusstsein haben.

Technical-Trainer: Fachtrainer, der im Haus und außer Haus Vertriebsmitarbeiter und Mitarbeiter von Vertriebspartnern schult. Meist entstehen solche Jobs bei Firmen, die sehr komplexe technische Produkte wie spezialisierte Software verkaufen. Häufige Reisen (auch ins Ausland, je nach Firma) gehören in der Regel zum Job dazu.

Technical-Writer: erstellt technische Dokumentationen und Schulungsunterlagen. Führt auch Übersetzungen durch. Eine Ausbildung als Technischer Redakteur oder entsprechende Berufserfahrung werden meist verlangt.

Telematiker: Telematik ist die Kombination aus Informatik und Telekommunikation. Eingesetzt werden Telematiker überall dort, wo es um Datenübertragung geht; sie befassen sich zum Beispiel mit Netzwerkprojekten. Der Beruf ist vor allem in der Schweiz bekannt, angeboten wird die Weiterbildung zum Beispiel von der Technischen Berufsschule Zürich.

Tele-Sales-Professional, Tele-Sales-Agent: andere Bezeichnung für Mitarbeiter, die per Telefon Dienstleistungen und Produkte verkaufen und Auskünfte zu Preisen und Konditionen geben. Erfahrung im Telefonmarketing wird von Bewerbern meist erwartet.

Touristikfachwirt: zweijährige Fortbildung für Reiseverkehrskaufleute, Hotelkaufleute und Leute aus kaufmännischen Berufen, mit der man sich als Reisebüroleiter, Abteilungsleiter in einem Reiseunternehmen oder für eine leitende Position im Fremdenverkehrssektor qualifizieren kann.

Traffic-Clerk: betreut Fluggäste am Flughafen. Eng verwandt mit dem Beruf der Ground-Hostess.

Traffic-Manager: bucht meist Mediapläne, begleitet und überwacht den Einsatz laufender Kampagnen und berichtet den Kunden darüber.

Treasury-Manager: pflegt die Geschäftsbeziehungen zwischen Firma und Kapitalgebern, analysiert den Finanzierungsbedarf, überwacht die Risiken und ist für den Handel mit Zinsprodukten und das Cash-Management zuständig. Meist wird dafür ein wirtschaftswissenschaftliches Studium mit Schwerpunkt Finanzen und Erfahrung im Bankgeschäft gewünscht.

Trend-Category-Manager: siehe Category-Manager.

Umweltberater: berät Gemeinden, Verbände, Unternehmen und Privatpersonen zum Beispiel zum Thema gesetzliche Bestimmungen, Energiesparen oder Abfallwirtschaft, informiert aber auch darüber, wie man ökologische Schäden vermeidet. Ist häufig ein Tätigkeitsfeld für Ingenieure mit entsprechender Weiterbildung, die Bezeichnung ist jedoch nicht geschützt und auch Handwerker, Naturwissenschaftler und Leute aus Industrie oder Verwaltung arbeiten als Umweltberater. Viele arbeiten selbstständig, Arbeitsplätze gibt es jedoch auch in Ingenieurbüros und Umweltberatungsbüros. Ähnlich: Solar- oder Energieberater (siehe Beitrag in diesem Buch).

Welcome & Sales-Manager: ein Job ganz nach amerikanischem Vorbild. Welcome & Sales-Manager beraten und informieren Kunden und Interessenten im Eingangsbereich der Firmenzentrale über die Angebote der Firma. Bei Bedarf unterstützen sie das Team am Empfang. Für diesen Job sollte man Spaß am Verkaufen und am Kontakt mit dem Kunden haben und auf Leute zugehen können. Erwünscht ist eine Ausbildung im Dienstleistungsbereich.

Wissensmanager, Knowledge-Manager: Um effektiver mit Wissen umzugehen, haben manche Unternehmen Wissensmanagement-Projekte begonnen, die sich unter anderem mit dem Informationsfluss im Unternehmen befassen. Gefragt sind dafür vor allem Betriebswirte und Kommunikationswissenschaftler, aber auch Quereinsteiger mit Erfahrung im Innovationsmanagement. Spezifische Aus- und Weiterbildungen sind derzeit noch Mangelware, zu den wenigen Angeboten zählt ein halbjährliches berufsbegleitendes Qualifizierungsprogramm zum Knowledge-Master, das von der Ludwig-Maximilians-Universität München angeboten wird. Weitere Infos zum Beispiel unter www.wissenskapital.de.

Workflow-Entwickler: Die meisten großen und komplexen IT-Anlagen sind über Jahrzehnte gewachsen und bestehen aus vielen unterschiedlichen Komponenten. Aufgabe des Workflow-Entwicklers ist es, organisatorische und technische Konzepte und Prozesse für das effiziente Management dieser IT-Systeme zu erarbeiten und mithilfe von Tools abzubilden. Zum Teil versteht man unter der Bezeichnung auch einen technischen Mitarbeiter, der komplexe Softwarelösungen im Bereich Archivierung und Dokumentenmanagement entwickelt. Verlangt wird meist ein betriebswirtschaftliches oder ein Informatikstudium. Ähnlich: System-Analyst.

Workshop-Manager: Werkstattleiter. Organisiert und überwacht alle Abläufe. Meist wird eine technische Ausbildung und Erfahrung in der Mitarbeiterführung verlangt, manchmal auch ein Maschinenbaustudium.

Mini-Wörterbuch zum Entschlüsseln englischer Berufsbezeichnungen

Account	Wird meist im Sinne von Kunde verwendet. Key-Accounts sind Großkunden.
Accounting	Buchhaltung
Administrator	Verwalter
Advisor	Berater, Betreuer
Agent	Mitarbeiter
Analyst	Analytiker
Architect	Jemand, der eine Struktur baut – kann auch informationstechnisch oder administrativ sein.
Area	Gebiet
Assistant	Assistent
Associate	Wird meist im Sinne von Gesellschafter oder Mitarbeiter/Kollege verwendet. In Amerika ist beispielsweise ein Associate-Editor der Mitherausgeber, ein Associate-Professor ein Lehrbeauftragter.
Assurance	Sicherstellung, wie zum Beispiel in Quality-Assurance = Qualitätssicherung
Back-Office	Sachbearbeiter ohne Kundenkontakt
Billing	Abrechnung
Branch	Zweigstelle, Niederlassung
Brand	Marke
Broker	Vermittelt Transaktionen zwischen Käufer und Verkäufer.
Buyer	Einkäufer
Call	Anruf
Chief	Chef-, Leiter
Community	(virtuelle) Gemeinschaft/Gemeinde
Consultant	Berater (intern oder extern)
Content	Inhalte
Controller	Überprüfer, Überwacher
Coordinator	Jemand, der sich um die Koordination kümmert.

Customer	Kunde
Data	Daten
Database	Datenbank
Developer	Entwickler
Editor	Lektor/Redakteur
Engineer	Ingenieur
Event	Ereignis, Veranstaltung
Executive	Leitender Angestellter
Field	Zum Beispiel in Field-Engineer. Bedeutet vor Ort beim Kunden oder bei dessen Anlagen zu arbeiten, im Gegensatz zu »Inside« oder »Resident«, was eher Innendienst signalisiert.
Finance	Finanzen
Fraud	Betrug
Front-Office	Mitarbeiter mit Kundenkontakt
IT	Information-Technology, das heißt Computersysteme und -netzwerke
Leader/Lead	Wird meist im Sinne von Gruppenleiter verwendet, zum Beispiel in Form von Team-Leader oder Lead-Analyst
Location	Veranstaltungsort, wird in Deutschland manchmal auch im Sinne von Niederlassung verwendet.
Market	Markt
Network	Netzwerk
Online	Alles, was mit dem Internet zu tun hat.
Order	Auftrag
Plant	Werk
Performance	Leistung
Post-Sales	Verantwortlich für die Kundenbetreuung nach dem Verkauf.
Presales oder Pre-Sales	Verantwortlich für die Kundenbetreuung vor dem Verkauf.
Process	Technischer oder administrativer Prozess
Professional	Wird meist im Sinne von Fachmann oder einfach »qualifizierter Mitarbeiter« verwendet.
Project	Projekt

Purchaser	Einkäufer
Quality	Qualität
Regional	Für eine Region zuständig
Relation(s)	Beziehung, so wie in Customer-Relations = Kundenbeziehung
Research	Forschung
Sales	Verkauf
Shop	Laden
Solution	Lösung
Specialist	Spezialist/Fachmann
Store	Laden/Geschäft
Supervisor	Aufseher (in psychosozialen Berufen andere Bedeutung!)
Support	Technische Unterstützung
Technical	Technisch
Technician	Techniker
Tool/Tooling	Werkzeug/Werkzeugbau
Trader	Händler
Treasury	Finanzabteilung

Allgemeine Buchtipps

Buchtipps zu den einzelnen Berufen finden Sie im Kapitel 4 direkt nach den jeweiligen Berufsbeschreibungen.

- Bundesanstalt für Arbeit (Hg.): *Studien- und Berufswahl.* Wird jedes Jahr neu herausgegeben. Circa 650 Seiten. Gibt es kostenlos in den Berufsinformationszentren der Arbeitsämter oder für 10,80 Mark im Buchhandel.

Listet in dicht gedrängter, nicht sehr leserfreundlicher Form auf, was man wo studieren kann und welche Ausbildungsmöglichkeiten es wo gibt. Außerdem finden Sie hier die Adressen von Hochschulen, Fachhochschulen et cetera.

- Richard Nelson Bolles: *Durchstarten zum Traumjob. Das Bewerbungshandbuch für Ein-, Um- und Aufsteiger.* Frankfurt/New York: Campus, 1999 (39,80 Mark).

Ausgezeichnet geschriebenes Buch für Berufsanfänger und Karrierewechsler, das Jobsuchenden hilft, sich über seine persönlichen Ziele und Talente klar zu werden und nicht in der Masse anderer Bewerber unterzugehen.

- Oluf F. Konstroffer: *American Job Titles und was sie bedeuten.* Frankfurt am Main: Nest, 1998 (29,80 Mark).

Stellt sehr ausführlich amerikanische Funktionen und Titel vor, von denen sich bereits einige in die deutschen Stellenanzeigen eingeschlichen haben, zum Beispiel den General-Services-Manager, den International-Systems-Coordinator oder den European-Purchasing-Manager. Dazu nennt er Stellenbeschreibungen aus der Praxis als Beispiele.

- Martin Massow: *So finde ich den Beruf, der zu mir passt.* München: Econ & List, 1999 (19,90 Mark).

Klassischer Berufswahl-Ratgeber, der sowohl alte als auch neue Berufe und Ausbildungen, von Agraringenieur bis Zahnarzthelfer, kurz vorstellt und die Möglichkeit gibt, sich selbst zu testen und festzustellen, ob man sich für den Job interessiert und sich ihn zutraut. Außerdem wird die Entwicklung verschiedener Branchen skizziert.

- Christiane Naumann (Hg.): *Sprung in die Zukunft. Mit Medien- und Kommunikationsberufen zum Erfolg.* Stuttgart: DVA, 1999 (29,80 Mark).

Zahlreiche Porträts von Menschen, die Medien- und Kommunikationsberufe ausüben, vom Medienhändler über die freie Hörfunkregisseurin bis hin zum Literaturagenten. Zu jedem Beruf werden darüber hinaus kurze allgemeine Informationen gegeben.

Register